Burg und Herrschaft

Die Neuenburg und die Landgrafschaft Thüringen
im hohen Mittelalter

Beiträge zur Ausstellung

Herausgegeben vom Museum Schloss Neuenburg
und dem Verein zur Rettung und Erhaltung der Neuenburg e.V.

Freyburg/Unstrut 2004

Inhalt

Vorwort

Die Burg als Zeugnis von Herrschaft, Herrschaft als Voraussetzung für das Entstehen einer Burg. Untrennbar miteinander verbunden, prägte dieses Begriffspaar die hochmittelalterliche Geschichte der Neuenburg. Ausgehend davon präsentiert sich die Burg in der neuen Ausstellung als das Hauptexponat in seinem zeitgeschichtlichen Kontext. Anliegen der vorliegenden Publikation ist es, die Inhalte der Exposition wissenschaftlich fundiert zu vertiefen und in anschaulicher Darstellung einer breiten interessierten Leserschaft zugänglich zu machen. Gleichermaßen wird dabei Ergebnissen wie Fragestellungen Raum gegeben. Ein herzlicher Dank gilt an dieser Stelle den Autoren für die Überlassung ihrer Manuskripte.

Mit der Eröffnung von „Burg und Herrschaft" im Juni 2003 erfuhr zugleich das seit 1990 schrittweise umgesetzte museale Konzept der Neuenburg im Wesentlichen seine Vollendung. Prägend und beispielhaft für diesen Prozess insgesamt wie für die neue Ausstellung war das gemeinsame Engagement vieler Partner. Für die großzügige Unterstützung ist zu danken: dem Land Sachsen-Anhalt, der Lotto-Toto GmbH Sachsen-Anhalt, der Norddeutschen Landesbank, der MITGAS GmbH, der Envia Mitteldeutsche Energie AG, der Rotkäppchen Sektkellerei GmbH, Herrn Prof. Dr. Volker Schupp (Freiburg im Breisgau), Herrn Albert Berthold (EGQ mbH Querfurt) sowie den zahlreichen weiteren privaten Förderern.

Eine Ausstellung, deren Hauptgegenstand ein Bauwerk ist, wäre ohne die grundlegenden Arbeiten der bauhistorischen Forschung schlichtweg nicht denkbar. Die fast zwanzigjährige Beschäftigung mit der Neuenburg hat dazu geführt, dass die Anlage zu einer der am besten untersuchten Burgen Mitteldeutschlands zählt. Dank dafür gebührt dem Landesamt für Denkmalpflege und Archäologie Sachsen-Anhalt, hier vor allem Herrn Landeskonservator i. R. Gotthard Voß und Herrn Reinhard Schmitt, sowie Herrn Wilfried Weise/Museum Schloss Neuenburg.

Die Realisierung des musealen Vorhabens konnte nur durch die parallel vorgenommene bauliche Instandsetzung der Ausstellungsbereiche gelingen. Zuverlässiger und verständnisvoller Partner war hier die Stiftung Schlösser, Burgen und Gärten des Landes Sachsen-Anhalt mit ihrem Direktor Herrn Boje Schmuhl. Stellvertretend für alle an der musealen Umsetzung und der Bauausführung Beteiligten sei den Gestaltern von KOCMOC.NET/Leipzig sowie dem Architekturbüro Holz/Naumburg gedankt. Die langjährige Direktorin des Museums, Frau Kristine Glatzel, mit ihren Mitarbeitern sowie der Verein zur Rettung und Erhaltung der Neuenburg e.V. mit seinem Vorstand und dem Wissenschaftlichen Beirat haben durch ihre kontinuierliche Arbeit die erfolgreiche Umsetzung des Projekts gewährleistet.

Die Ausstellung bezieht einen Teil ihrer Faszination aus der Kombination von inhaltlichen Angeboten, die eine individuelle Annäherung an ein gleichermaßen reizvolles wie fernes Thema gestatten. Gleiches charakterisiert den vorliegenden Band, dem eine ebenso positive Resonanz zu wünschen ist.

Für die Herausgeber
Jörg Peukert (Direktor des Museums Schloss Neuenburg)

Empfehlung zum Rundgang durch die Ausstellung

Durch das Westportal der Doppelkapelle betreten Sie nicht nur das herausragende architektonische Kleinod der Neuenburg aus der Zeit des hohen Mittelalters: Gleichzeitig möchten wir Sie mit der Ausstellung einladen, eine Reise in die Geschichte der Neuenburg und ihrer Herren, der Landgrafen von Thüringen, zu unternehmen. Interessantes erwartet Sie – zum Burgenbau, zur Herrschaftsgeschichte, zur Wohnkultur, zur Frömmigkeit und Heiligenverehrung, zu wertvollen Fundstücken.

Herrschafts- und Baugeschichte

Um 1090 gründete Graf Ludwig der Springer die Neuenburg. Schon bald zeugte eine machtvolle Anlage vom herrschaftlichen Anspruch ihrer Besitzer. Mit dem Aufstieg der Ludowinger zu einem der mächtigsten Fürstengeschlechter des hochmittelalterlichen Reichs wurde auch die Neuenburg prachtvoll ausgebaut. Erleben Sie die Entstehung von Doppelkapelle und Palas, lernen Sie die Familie der Ludowinger kennen, erfahren Sie, was Steine erzählen können.

Zeugnisse herrschaftlicher Repräsentation

Der fürstliche Anspruch der Landgrafen hinterließ in den unterschiedlichsten Bereichen seine Spuren. Aufwändig gestaltete Brakteaten zeigen den Landgrafen prächtig und hoch zu Ross. Der seltene Neuenburger Pferdeschmuck vermittelt einen beeindruckenden Einblick in die Kunstfertigkeit hochmittelalterlichen Handwerks. Das Mäzenatentum Landgraf Hermanns I. für die Literatur ist weltberühmt. Entdecken Sie hochinteressante Details und erspüren Sie den Nachklang einer fernen Welt.

Wohnkomfort und Fürstenleben

Der aufwändig ausgestattete Wohnturm von 1225/26 vermittelt einen Eindruck von der herrschaftlichen Wohnkultur des hohen Mittelalters. Einzigartige und höchst seltene Zeugnisse der Sachkultur wie der Neuenburger Brettspielstein, ein Spielzeugpferdchen oder auch das Fragment eines ledernen Schuhs lassen uns etwas vom Alltag des hohen Mittelalters erahnen. Versuchen Sie doch einmal, sich das Leben in einem solchen Raum vorzustellen!
Aus den Jahren 1224 und 1225 stammen zwei Urkunden, die den Aufenthalt Landgraf Ludwigs IV. und seiner später heilig gesprochenen Gemahlin Elisabeth auf der Neuenburg belegen. Am Beispiel dieser bedeutenden Persönlichkeiten zeigt sich Gewöhnliches und Außergewöhnliches vom Leben am Thüringer Landgrafenhof, von herrschaftlichem Selbstverständnis, von fürstlicher Verpflichtung und religiösem Engagement. Folgen Sie diesen spannenden Lebenswegen!

↗ ❶ HERRSCHAFTS- UND BAUGESCHICHTE

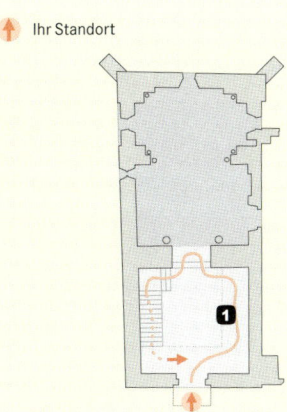

Ihr Standort

Eingang zur Ausstellung im Westteil der Unterkapelle

↗ ❶ HERRSCHAFTS- UND BAUGESCHICHTE
❷ GESCHICHTE DER HEIZUNG
❸ BAUHISTORISCHE FORSCHUNG
❹ ZEUGNISSE HERRSCHAFTLICHER REPRÄSENTATION

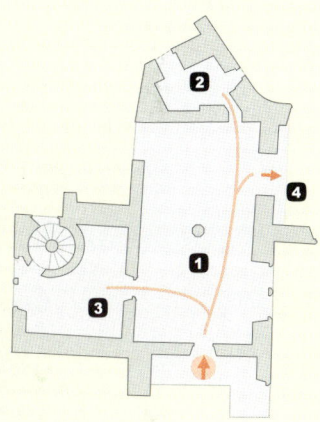

Blick in den Bereich Herrschafts- und Baugeschichte

↗ ❺ WOHNKOMFORT UND FÜRSTENLEBEN

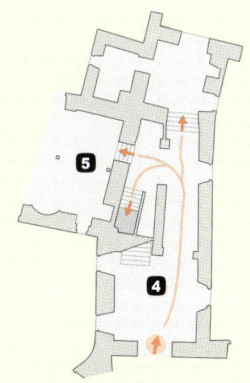

Blick in das Torhaus mit Gang zum Wohnturm

Geschichte der Latrinen

Die auf der Neuenburg erhaltenen Latrinen sind in ihrer unterschiedlichen Ausprägung und der zeitlichen Abfolge ihrer Entstehung einzigartig für den mittelalterlichen Burgenbau. Auch an ihrer Entwicklung lässt sich der herrschaftliche Anspruch an die Wohnqualität ablesen. Verfolgen Sie den Weg zum Luxus, erfahren Sie etwas über eine hochmittelalterliche „Wasserspülung" – und begeben Sie sich doch einmal auf eine fast 800 Jahre alte zweisitzige Latrine!

Das besondere Exponat

Die einzelnen Bereiche der Ausstellung versuchen, für die Geschichte der Neuenburg und der Landgrafschaft Thüringen wichtige und interessante Informationen zu vermitteln. Allerdings stellen diese nur eine Auswahl dar. Für die große Anzahl reizvoller Themen sind auch die Räume der Neuenburg zu klein. Außerdem gibt es eine Vielzahl bedeutender Exponate, die sich nicht im Besitz unseres Museums befinden. Diese wollen wir Ihnen themenbezogen und saisonal wechselnd präsentieren. Lassen Sie sich doch einfach überraschen.

Baugeschichte der Doppelkapelle

Die Doppelkapelle der Neuenburg gehört zu den wenigen erhaltenen Bauwerken ihrer Art. Bemerkenswert ist, dass sie nicht als reiner Neubau entstanden ist, sondern aus dem Umbau einer älteren einstöckigen Burgkapelle hervorging. Prachtvoll präsentiert sich vor allem die obere Kapelle, der Gottesdienstraum der fürstlichen Familie. Verschaffen Sie sich ein Bild von der Baugeschichte und der architektonischen Gestalt dieses einmaligen Kleinods, bevor Sie dann die Oberkapelle betreten.

Frömmigkeit und Heiligenverehrung

Die Doppelkapelle ist auch steinernes Zeugnis adliger Religiosität. Das Faksimile des „Landgrafenpsalters" vermittelt einen Eindruck von der künstlerischen Perfektion und der hohen Qualität hochmittelalterlicher Buchkunst. Vor allem ist dieser Raum aber der Verehrung Elisabeths von Thüringen gewidmet, der die Oberkapelle im späten Mittelalter geweiht war. Erfahren Sie etwas zu den jahrhundertealten Legenden, verweilen Sie etwas und erspüren Sie den Geist des Ortes ...

↗ **6** GESCHICHTE DER LATRINEN
7 DAS BESONDERE EXPONAT

Blick in den Wohnturm mit Gang zu den Latrinenerkern

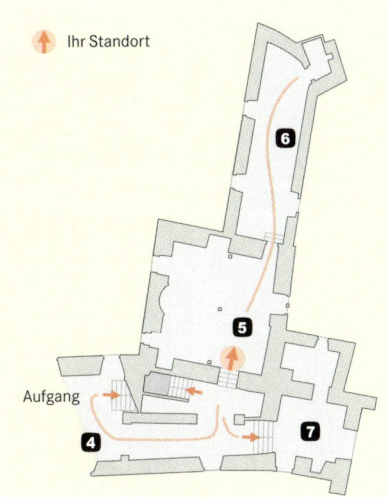

Ihr Standort

Aufgang

↗ **8** BAUGESCHICHTE DER DOPPELKAPELLE
9 FRÖMMIGKEIT UND HEILIGENVEREHRUNG

Adlerkapitell in der oberen Kapelle

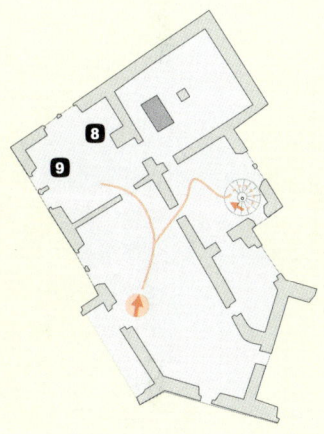

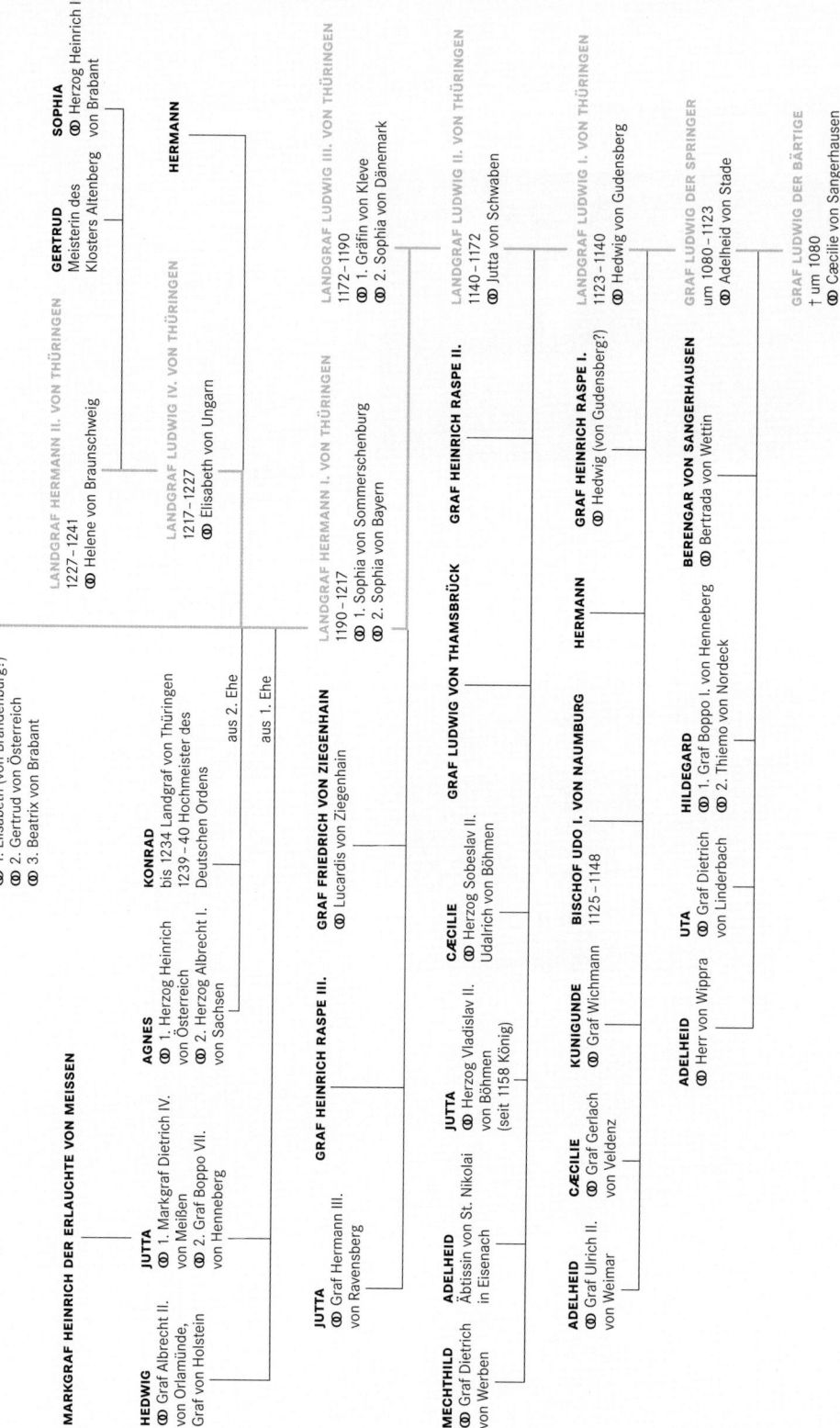

LANDGRAF HEINRICH RASPE IV. VON THÜRINGEN
1227–1247, 1246/47 Gegenkönig
⚭ 1. Elisabeth (von Brandenburg?)
⚭ 2. Gertrud von Österreich
⚭ 3. Beatrix von Brabant

SOPHIA
⚭ Herzog Heinrich II. von Brabant

GERTRUD
Meisterin des Klosters Altenberg

HERMANN

LANDGRAF HERMANN II. VON THÜRINGEN
1227–1241
⚭ Helene von Braunschweig

LANDGRAF LUDWIG IV. VON THÜRINGEN
1217–1227
⚭ Elisabeth von Ungarn

aus 2. Ehe

aus 1. Ehe

LANDGRAF LUDWIG III. VON THÜRINGEN
1172–1190
⚭ 1. Gräfin von Kleve
⚭ 2. Sophia von Dänemark

LANDGRAF LUDWIG II. VON THÜRINGEN
1140–1172
⚭ Jutta von Schwaben

LANDGRAF LUDWIG I. VON THÜRINGEN
1123–1140
⚭ Hedwig von Gudensberg

GRAF LUDWIG DER SPRINGER
um 1080–1123
⚭ Adelheid von Stade

GRAF LUDWIG DER BÄRTIGE
† um 1080
⚭ Cæcilie von Sangerhausen

LANDGRAF HERMANN I. VON THÜRINGEN
1190–1217
⚭ 1. Sophia von Sommerschenburg
⚭ 2. Sophia von Bayern

GRAF HEINRICH RASPE II.

GRAF HEINRICH RASPE I.
⚭ Hedwig (von Gudensberg?)

BERENGAR VON SANGERHAUSEN
⚭ Bertrada von Wettin

MARKGRAF HEINRICH DER ERLAUCHTE VON MEISSEN

JUTTA
⚭ 1. Markgraf Dietrich IV. von Meißen
⚭ 2. Graf Boppo VII. von Henneberg

AGNES
⚭ 1. Herzog Heinrich von Österreich
⚭ 2. Herzog Albrecht I. von Sachsen

KONRAD
bis 1234 Landgraf von Thüringen
1239–40 Hochmeister des Deutschen Ordens

GRAF FRIEDRICH VON ZIEGENHAIN
⚭ Lucardis von Ziegenhain

GRAF LUDWIG VON THAMSBRÜCK

CÆCILIE
⚭ Herzog Sobeslav II.
Udalrich von Böhmen

BISCHOF UDO I. VON NAUMBURG
1125–1148

HERMANN

HILDEGARD
⚭ 1. Graf Boppo I. von Henneberg
⚭ 2. Thiemo von Nordeck

UTA
⚭ Graf Dietrich von Linderbach

HEDWIG
⚭ Graf Albrecht II. von Orlamünde, Graf von Holstein

GRAF HEINRICH RASPE III.

JUTTA
⚭ Graf Hermann III. von Ravensberg

ADELHEID
Äbtissin von St. Nikolai in Eisenach

JUTTA
⚭ Herzog Vladislav II. von Böhmen (seit 1158 König)

KUNIGUNDE
⚭ Graf Wichmann

ADELHEID
⚭ Herr von Wippra

MECHTHILD
⚭ Graf Dietrich von Werben

ADELHEID
⚭ Graf Ulrich II. von Weimar

CÆCILIE
⚭ Graf Gerlach von Veldenz

Die Familie der Ludowinger

Kristine Glatzel

Abb. 1 Genealogie

Zur Überlieferung

Cunctis scire desiderantibus	Allen, die es zu wissen begehren,
breviter notum facere volumus	wollen wir in wenigen Worten kundtun,
a quibus principes Thuringie	woher die Fürsten Thüringens
sive lantgraviani	– also die Landgrafen –
originem duxerint	ihren Ursprung nahmen
ac principatum obtinuerint.	und wie sie ihre Herrschaft erhielten.

Aus: De ortu principum Thuringie, 1234/35

So beginnt eine der ältesten und bedeutendsten bekannten Aufzeichnungen zur Geschichte der Landgrafen von Thüringen aus dem Geschlecht der Ludowinger. Entstanden ist die Schrift „De ortu" um 1234/35 auf der Basis der nicht mehr erhaltenen so genannten „Reinhardsbrunner Gründungsgeschichte" (um 1190/98 – vor 1212). Berichtet wird von der Herkunft, dem Beginn und dem Ausbau der Herrschaft sowie den verwandtschaftlichen Beziehungen der landgräflichen Familie. Das 1234/35 verfasste Original ging mit vielen anderen unersetzlichen Büchern und Dokumenten beim großen Brand der Mainzer Dombibliothek im Jahr 1793 verloren. Zum Glück waren schon 1743 ein Druck und um 1750 eine Abschrift von „De ortu principum Thuringie" erfolgt, so dass die Schrift in dieser Form der Nachwelt erhalten blieb.

Die Aufzeichnung der Geschichte der Ludowinger erfolgte nachweisbar seit dem Ende des 12. Jahrhunderts in der 1085 durch Graf Ludwig den Springer gegründeten Abtei Reinhardsbrunn. Dort wurde dann um 1340/49 auch die wesentlich umfangreichere „Chronica Reinhardsbrunnensis" verfasst, die sich in ihren beiden ersten Teilen der Geschichte des ludowingischen Landgrafengeschlechts widmet. Der unbekannte Autor benutzte in diesen Abschnitten als wichtigste Vorlagen neben der „Reinhardsbrunner Gründungsgeschichte" die so genannten „Reinhardsbrunner Historien" und eine kurz nach 1308 entstandene „Vita Ludowici", die ihrerseits Teile einer um 1228 durch den landgräflichen Kaplan Berthold geschriebenen Lebensgeschichte Landgraf Ludwigs IV. enthielt. Zudem ergänzte er die Texte durch vielfältige ihm übermittelte Nachrichten vom Leben und Handeln der Landgrafen, aber auch zur Entstehung und Geschichte seines Klosters.[1]

Vor allem in der Wiedergabe der leider verlorenen älteren Quellen liegt die Bedeutung der Chronik, die eines der wichtigsten Zeugnisse mittelalterlicher Landesgeschichtsschreibung im deutschsprachigen Raum ist.

In diesem Zusammenhang bilden die Schrift „De ortu principum Thuringie" und die „Reinhardsbrunner Chronik" neben der urkundlichen Überlieferung eine wesentliche Grundlage für das heutige Wissen um das landgräfliche Haus.

Vom Beginn der Ludowinger

Die Gründerfamilie des Klosters Reinhardsbrunn ist mit der Geschichte der Neuenburg an der Unstrut auf das engste verbunden. Ihr in kürzester Zeit erfolgter Aufstieg in die Reihe der bedeutendsten Reichsfürstengeschlechter fasziniert uns noch heute. Die Geschichtswissenschaft bezeichnet die Familie als die „Ludowinger", weil in der Regel der erstgeborene Sohn auf den Namen Ludwig getauft wurde.

Der Stammvater der Ludowinger in Thüringen ist als Ludwig der Bärtige überliefert. Sein Todesdatum ist nicht gesichert und wird mit 1056 oder um 1080 angenommen. Der aus Mainfranken stammende Graf war in Franken und angrenzenden Gebieten des Thüringer Waldes begütert, als er durch Landerwerb, Rodungen und die Gründung von Dörfern in der Nähe des späteren Friedrichroda einen weiteren Herrschaftskomplex schuf. Er errichtete die Schauenburg und gewann durch die Heirat mit der sächsischen Edlen Cæcilie von Sangerhausen umfangreichen Besitz in Nordthüringen hinzu.

> Von Ludwig dem Bärtigen existiert kein mittelalterliches Bildzeugnis. Darstellungen hochmittelalterlicher Persönlichkeiten sind selten, haben keinen Porträtcharakter, und ihr Vorhandensein ist von zufälliger Überlieferung bestimmt.

Abb. 2
Graf Ludwig der Springer.
Grabplatte, Reinhardsbrunn, um 1300
(Georgenkirche Eisenach)

Ludwig der Springer † 1123

Der älteste Sohn Ludwigs des Bärtigen ist als Ludwig der Springer in die Geschichte eingegangen. Er sicherte seinen Herrschaftsbereich im Westen durch die Gründung der Wartburg und im Osten durch die Errichtung der Neuenburg. Mit der Wartburg kontrollierte er zugleich die große Ost-West-Verbindung des Reichs, die Hohe Straße von Frankfurt am Main nach Erfurt. Die hoch über der Unstrut gelegene Neuenburg beherrschte den östlichen Zugang zum ludowingischen Herrschaftsbereich und zur Hohen Straße. Über die landespolitische Bedeutung der Neuenburg berichtet die „Historia brevis", dass sie eine starke befestigte Anlage sei, die der sächsischen und thüringischen Bevölkerung dieser Gegend Schutz gewährte und den Fürsten östlich davon Schrecken einflößte.[2]

Auch Ludwig der Springer nutzte das probate Mittel einer klugen Heiratspolitik, um an Macht und Ansehen zu gewinnen. Seine Ehe mit Adelheid, der Witwe des ermordeten Pfalzgrafen Friedrich III. von Sachsen, ließ schon bei seinen Zeitgenossen den Verdacht aufkommen, er sei an der Ermordung des jungen Pfalzgrafen beteiligt gewesen oder habe gar den Mord verübt. Bereits Mitte des 12. Jahrhunderts wird in der Reichschronik des Annalista Saxo Ludwig als Mörder benannt. In vielfältiger Form wurde die dramatische Mordgeschichte über Jahrhunderte als Sage erzählt. Auch in der Reinhardsbrunner Chronik wird sie berichtet.[3]

Graf Ludwig von Thüringen, der in heftiger Liebe zu der schönen Pfalzgräfin Adelheid entbrannt war, wurde von ihr dazu gedrängt, ihren Gemahl zu ermorden. Ludwig jagte deshalb unerlaubt in des Pfalzgrafen Forst bei der Burg Zscheiplitz. In der Burg vernahm man den Klang des Jagdhorns. Adelheid beschwor ihren Gemahl, der gerade ein Bad nahm, den „unbekannten" Übeltäter zur Rede zu stellen. Der Pfalzgraf warf sich leicht bekleidet und ohne Waffen auf sein Pferd und ritt zornentbrannt in den Wald. Dort ermordete ihn der thüringische Graf mit seinem Jagdspieß. Der Reinhardsbrunner Chronist berichtet weiter, dass Adelheid als Ehefrau Ludwigs vom bösen Gewissen geplagt wurde. An einem Karfreitag erinnerte sie ihren Mann an den ungesühnten Mord. Dieser wandte sich an seine geistlichen Ratgeber, die ihn als Buß- und Sühneleistung zur Gründung des Klosters Reinhardsbrunn veranlassten. Auch Adelheid habe zur Sühne in ihrem Besitz in Zscheiplitz ein Kloster gegründet.

An der Stelle der Mordtat in der Nähe der Burg soll einst ein steinernes Sühnekreuz mit folgender Inschrift gestanden haben: An dieser Stelle gab Pfalzgraf Friedrich im Jahre des Herrn 1065 seinen Geist auf, als Graf Ludwig ihn mit seinem Speer durchbohrt hatte.[4]

Es ist erwiesen, dass Pfalzgraf Friedrich III. im Jahr 1085 ermordet wurde. Die Klostergründung in Zscheiplitz erfolgte allerdings erst im späten 12. Jahrhundert, also lange nach Adelheids Tod. Sie stiftete jedoch eine Kirche in Zscheiplitz, die Ludwig der Springer anlässlich ihres Begräbnisses zu ihrem Seelenheil dem Kloster Reinhardsbrunn übertrug.

Sowohl der Bau der Wartburg (vor 1080) wie auch die Gründung der Neuenburg (durch neueste Bauforschung bestätigt um 1090) erfolgten ohne königliche Legitimation. Das konnte nur gelingen, weil in dieser Zeit die Kräfte des Königtums durch die massiven Auseinandersetzungen mit dem sächsisch-thüringischen Adel gebunden waren.

Mit der 1085 erfolgten Gründung der Abtei Reinhardsbrunn südwestlich von Gotha entstand das Hauskloster der Ludowinger. In ihm wurden die verstorbenen Angehörigen der Familie bestattet, das Totengedächtnis gehalten und die Geschichte des Geschlechts aufgezeichnet. Als Anhänger und Förderer der kirchlichen Reformbewegung des 11. Jahrhunderts ließ Ludwig der Springer seine Klostergründung von Mönchen der Hirsauer Benediktiner besiedeln. Dadurch war das Kloster mit den Zentren der Reform in Cluny und Hirsau eng verbunden. Seit 1092 stand es unter päpstlichem Schutz. 1114 übertrug Ludwig dem Kloster die Schauenburg. Es gehörte schon bald zu den bedeutendsten Benediktinerklöstern Mitteldeutschlands.

Das kirchenreformerische Engagement des thüringischen Grafen verband sich mit heftiger Opposition zu den Saliern Heinrich IV. (1056–1106) und Heinrich V. (1106–1125).

Als **Salier** wurden die Angehörigen eines mittelrheinischen Adelsgeschlechts bezeichnet, aus dem Könige und Kaiser hervorgingen. Die Bezeichnung „Salier" tauchte vereinzelt im 12. Jahrhundert auf und fand im späten Mittelalter Verbreitung. Vermutlich wurde sie in Erinnerung an den so bezeichneten Hauptstamm der Franken gewählt.

Seine königsfeindliche Haltung brachte Ludwig den Springer zweimal in Gefangenschaft. Zugleich gewann er großes Ansehen bei den oppositionellen thüringisch-sächsischen Adligen, das noch durch seine Ehe mit der Witwe des sächsischen Pfalzgrafen gestärkt wurde. Die schweren Auseinandersetzungen Heinrichs IV. mit den Sachsen und Thüringern schwächten die königliche Macht. Diese Schwäche nutzte Ludwig der Springer offenkundig zum schnellen Ausbau seiner Herrschaft. Durch die Übereignung der „alten" Eckartsburg (sie befand sich vermutlich im heutigen Eckartsbergaer Ortsteil Mallendorf) aus dem Reichsbesitz gelang es Kaiser Heinrich V., mit dem mächtigen Grafen Frieden zu schließen.

Ludwig der Springer, der seinen Beinamen einer Sage verdankt, nach der er sich durch einen kühnen Sprung aus seinem Gefängnis auf der Burg Giebichenstein in die Saale rettete, verheiratete seine Kinder ebenfalls äußerst erfolgreich. Sein Sohn Ludwig ehelichte die Erbtochter des letzten Grafen Giso von Hessen. Dessen Witwe wurde mit dem jüngeren Bruder Ludwigs, Heinrich Raspe, dem künftigen Grafen von Hessen, verheiratet.

Ludwig I. Landgraf von Thüringen 1131–1140

Als 1123 der älteste Sohn des Springers die Herrschaft antrat, waren die Ludowinger auf dem besten Wege, zum mächtigsten Grafengeschlecht in der Mitte des hochmittelalterlichen Reichs zu werden. Dieser erstaunliche Aufstieg manifestiert sich in einem Ereignis, durch das der Familie der Zugang in die erste Reihe der Reichsfürsten eröffnet wurde.

Reichsfürsten: Gruppe der vornehmsten und mächtigsten geistlichen (Inhaber der Reichsbistümer und großen Reichsabteien) und weltlichen Fürsten des Reichs. Sie sonderte sich seit dem Investiturstreit verstärkt aus dem übrigen Adel ab.

Ludwig I. wurde durch König Lothar III. (1125–1137) zum Landgrafen von Thüringen erhoben. Er wird erstmals in einer in Lüttich ausgestellten Urkunde Lothars III. vom 29. März 1131 als „Lantgravus de Thuringia" unter den Zeugen genannt. Die Reinhardsbrunner Chronik berichtet, wie der Sohn des Klostergründers als erster Fürst des Landes den Fürstentitel erlangt habe: „ [...] das Thüringer Fürstentum [übergab König Lothar] vor der zahlreichen Menge [...] dem oben genannten Grafen und Landgrafen Ludwig mittels feierlicher Aushändigung der Fahnen, wie es üblich ist, mit kaiserlicher Gnade [...] und verlieh ihm unter freudiglauten Zurufen der Fürsten den Titel [...]".

Der Bericht schildert die Erhebung in Form eines Fahnlehns und geht davon aus, dass Ludwig I. Landgrafen von Thüringen zugleich der Titel eines Fürsten (princeps) verliehen wurde.

Fahnlehn: ein besonders qualifiziertes Lehnsobjekt, das mit einer Fahne als Investitursymbol (Einsetzungssymbol) verliehen wurde.

Mit der Verleihung des Fürstentitels übertrug der Chronist offenkundig die Gepflogenheit seiner Zeit auf das in der Vergangenheit stattgefundene Ereignis. Erst Hermann I. wird in den Quellen durchgehend als „princeps Thuringie" bzw. „princeps Thuringorum" bezeichnet.[5]

Der Begriff **princeps** (von dem sich übrigens die deutschen Bezeichnungen „Prinz" und „Prinzessin" ableiten) erfuhr im Mittelalter einen Bedeutungswandel, an dessen Ende er einen Reichsfürsten bezeichnete, der lehnsrechtlich unmittelbar unter dem König stand.

Die Verleihung der Landgrafenwürde an Ludwig I. bewirkte eine Annäherung der Ludowinger an das Königtum. Mit dem Titel „Landgraf" verband sich der königliche Auftrag, in der Provinz Thüringen stellvertretend für das Königtum den Landfrieden zu wahren und die Gerichtsbarkeit auszuüben.[6] Dieser Auftrag bestimmte die übergräfliche Stellung der Ludowinger in Thüringen. Nur ein Vertreter des mächtigsten Geschlechts in der Region zwischen Werra und Unstrut, Harz und Thüringer Wald konnte als Stellvertreter des Königs für Frieden und Recht sorgen. In dieser Funktion hielten die Landgrafen in der bedeutendsten Gerichtsstätte Thüringens – im nördlich von Erfurt gelegenen Mittelhausen – Gericht über Grafen, Freie, Ritter und Bauern. Die herzogsgleiche Autorität der Ludowinger beruhte jedoch nicht allein auf dem vom König verliehenen Amt. Eine entscheidende Grundlage bildete der eigene Herrschaftskomplex, bestehend aus weiträumigen Ländereien, wehrhaften Burgen, Städten und Schutzherrschaften über Klöster. Hinzu traten ebenso verzweigte Lehnsbindungen untergeordneter Adelsvertreter sowie herrschaftliche Gewalt über Dienstmannen. Der ludowingische Besitz bildete dabei kein geschlossenes Territorium, sondern lag zwischen dem anderer Herrschaftsträger verstreut. Im Unterschied zur Landgrafschaft Thüringen war die ludowingische Herrschaft in Hessen kein Reichslehen. Es war eine aus Eigenbesitz und Lehen zusammengesetzte übergräfliche Herrschaft, bestehend aus den oberhessischen Gütern mit dem Gerichtsort Maden-Gudensberg und der niederhessischen Grafschaft Hessen.

1125 erfolgte die Erhebung Udos I., eines weiteren Bruders von Ludwig I., zum Bischof von Naumburg. Das stärkte den Einfluss des Landgrafen im Osten seines Herrschaftsgebiets erheblich. Als der Staufer Konrad III. zum König gewählt wurde, stellten sich der Landgraf und sein Bruder Udo I. sofort auf dessen Seite und intensivierten damit die Bindung an das Königtum.

Die **Staufer** waren ein Königs- und Kaisergeschlecht, das sich nach seiner Stammburg Stauf auf dem Hohenstaufen benannte. Seit 1079 waren sie Herzöge von Schwaben. Von 1138 bis 1254 saßen Staufer auf dem deutschen Königsthron und trugen seit der Kaiserkrönung Friedrich Barbarossas auch die Kaiserwürde.

Aus der Ehe Ludwigs I. mit Hedwig von Gudensberg gingen sieben Kinder hervor. Seinen ältesten Sohn und Nachfolger Ludwig II. verheiratete er mit der Tochter Herzog Friedrichs II. von Schwaben, der Halbschwester des späteren Kaisers Friedrich Barbarossa. Zwei Töchter wurden mit den Herzögen Sobeslav II. von Böhmen und Vladislav II. von Böhmen vermählt, von denen Letzterer seit 1158 König von Böhmen war. In jedem Fall waren diese Heiraten von größter politischer Bedeutung für die Ludowinger.

Abb. 3
Landgraf Ludwig I.
Grabplatte, Reinhardsbrunn,
1. Viertel des 14. Jahrhunderts
(Georgenkirche Eisenach)

Ludwig II. Landgraf von Thüringen 1140–1172, genannt der „Eiserne"

Ludwig II. Landgraf von Thüringen wie auch später sein Sohn und Nachfolger Ludwig III. befanden sich häufig als Teilnehmer an Hoftagen und Reichsheerfahrten an der Seite Kaiser Friedrich Barbarossas. Die enge Verwandtschaft mit dem Kaiser beförderte Macht und Einfluss der Ludowinger. Barbarossa konnte dafür auf die treue Anhängerschaft und die Unterstützung der Landgrafen bei der Wahrung der Reichsinteressen zählen.

Welche Anforderungen für Ludwig II. aus dieser Beteiligung an den Unternehmungen seines kaiserlichen Schwagers neben den Aufgaben innerhalb der Landgrafschaft entstanden, sei an einigen Beispielen deutlich gemacht:
1157 begleitete Ludwig II. Barbarossa auf dem Feldzug gegen Polen.
1158 wird er bei der Belagerung von Mailand erwähnt.
1161 stieß der Landgraf mit 500 Rittern zum kaiserlichen Heer vor Pavia.
1162 gehörten Ludwig II. und Bischof Udo I. von Naumburg bei Verhandlungen mit dem französischen König wieder zur Begleitung des Kaisers.

Friedrich Barbarossa wollte erreichen, dass die durch zwei gleichzeitig amtierende Päpste verursachte Spaltung der Christenheit beigelegt wurde. Am zweiten Polenfeldzug Friedrich Barbarossas (1172) war Ludwig II. mit seinem Sohn und Nachfolger ebenfalls beteiligt.

Vor diesem Hintergrund macht ein Brief, der Ludwig zugeschrieben wurde und den er vermutlich an seinen Bruder Heinrich Raspe II. richtete, die Auffassung von fürstlicher Würde und Verantwortung deutlich. Er mahnt dazu, sich der Vorfahren würdig zu erweisen und das errungene Ansehen der Familie nicht durch minderwertige Taten – wie die Gefährdung des Lebens des Fürsten durch sinnlose Ritterspiele – zu schädigen. Fähigkeiten und Eifer müssten zum Nutzen der Reichsgeschäfte gebraucht werden.[7] Der Brief befindet sich in der von dem Reinhardsbrunner Bibliothekar Sindold zusammengestellten Briefesammlung des Klosters.

Die Verpflichtung, für die Interessen des Reiches zu stehen, hinderten den Landgrafen nicht, die Position und die Macht der Familie mit allen zur Verfügung stehenden Mitteln zu stärken. Wie diese Mittel mitunter aussahen, macht der Reinhardsbrunner Bericht über die Gründung der Burg Weißensee (der heutigen Runneburg) durch Jutta, die Gemahlin Ludwigs II. und Schwester des Kaisers, deutlich. Sie erfolgte ohne Legitimation durch den Kaiser und zudem auf einem Gebiet der Grafen von Beichlingen zu einem Zeitpunkt, als der Landgraf am Hofe Friedrich Barbarossas weilte. Der Landgraf musste berechtigte rechtliche Einwände gegen den usurpatorischen Akt abwehren. Am Ende wurde jedoch das gute Einvernehmen zwischen dem Kaiser und seinem Schwager nicht nachhaltig gestört. Die Burg wurde um 1168 an zentraler Stelle zwischen den im Westen und Osten gelegenen Besitzungen der Landgrafen angelegt. Auch sie kontrollierte bedeutende Handelsstraßen. Ebenfalls an strategisch wichtiger Stelle lag die durch Vermittlung Friedrich Barbarossas 1170 im Gütertausch durch den Landgrafen erworbene

Creuzburg. Hier überquerten Handelsstraßen, die von Köln über Kassel nach Innerthüringen und vom Rhein-Main Gebiet nach Erfurt führten, die im Mittelalter schiffbare Werra.

1172 starb Ludwig II. auf seiner Neuenburg. Kurz nach dem zweiten Polenfeldzug, von dem der Landgraf erkrankt zurückgekehrt war, hatte ihn sein kaiserlicher Schwager auf dieser Burg besucht. An das Ereignis aus dem Jahre 1172 knüpfte sich die Sage von der „lebenden Mauer" der Neuenburg, über die an anderer Stelle berichtet wird.

Um keinen der Landgrafen aus ludowingischem Hause ranken sich so viele Sagen wie um Ludwig II. Sie beginnen mit folgender Geschichte:

Der junge Landgraf hatte sich während einer Jagd in einem Wald in der Nähe des Ortes Ruhla verirrt. Er übernachtete, wie er glaubte unerkannt, bei einem Schmied. Ludwig belauschte den Schmied bei seiner nächtlichen Arbeit und musste hören, wie dieser laut und grimmig über die Anmaßung der Adligen schimpfte, die das Volk ausraubten und bedrückten. Und der Landgraf, den sie verachteten, sähe dem Treiben tatenlos zu. Bei jedem Hammerschlag rief der erzürnte Schmied: „Landgraf, werde hart wie dieses Eisen!"

Die zweite Sage setzt die Geschichte fort: Ludwig nahm den Kampf gegen die Adligen auf und besiegte sie. Er brachte deren gefangene Anführer auf einen Acker bei der Neuenburg, spannte sie vor einen Pflug und zwang sie, Furche für Furche das Feld zu ackern. Die ungeheure Demütigung, die damit verbunden war, wird deutlich, wenn man sich ins Bewusstsein ruft, dass Arbeit zu dieser Zeit jeden Adligen deklassierte. Das Feld, auf dem die Bestrafung der unbotmäßigen Edlen Thüringens stattgefunden haben soll, wird noch heute als „Edelacker" bezeichnet. Den Beinamen „der Eiserne" soll Ludwig erhalten haben, weil er wegen der ständigen Bedrohung durch Anschläge der aufsässigen Adligen stets eine eiserne Rüstung trug.[8] Mit Kettenhemd, Helm, Schild und Schwert zeigt ihn auch als Einzigen der Landgrafen seine Grabplatte aus dem Kloster Reinhardsbrunn. Wie erfolgreich der Eiserne Landgraf seine Macht gefestigt hatte, spiegelt sich in der Sage wieder, nach

der die vornehmen Herren das Gebot des Landgrafen erfüllten, ihn nach seinem Tode auf ihren Schultern von der Neuenburg zum 100 Meilen entfernten Kloster Reinhardsbrunn zu tragen, wo er wie seine Vorfahren bestattet werden sollte. Er hatte, als er ihnen das Gelübde auf seinem Sterbelager abnahm, angedroht, aus dem Sarge zu fahren und sie zu züchtigen, falls sie ihn unterwegs abzusetzen wagten. Der Sage nach trauten die Adligen ihm das offenkundig zu.

Selbst mit seinem Ergehen im Jenseits beschäftigt sich die sagenhafte Überlieferung. Ein Priester, der es vermochte, den Teufel zu beschwören, erhielt von seinem Bruder den Auftrag, sich nach dem Befinden der Seele des Eisernen Landgrafen zu erkundigen.

Der Auftraggeber stand dem Sohn des Landgrafen nahe, der sich um das Seelenheil seines Vaters sorgte. Nach einer fürchterlichen nächtlichen Fahrt auf den Schultern des Teufels gelangte der arme Priester an den Eingang zur Hölle. Der Teufel ließ die im Fegefeuer Qualen leidende Seele erscheinen, die verkündete, nur wenn sein Sohn der Kirche zurückgäbe, was er, der „Eiserne", ihr genommen habe, könne seine Pein in den Flammen gemindert und verkürzt werden. Die Geschichte endet erstaunlich: Der Priester als Überbringer der Botschaft war von den Schrecken der Höllenfahrt gelb geworden und flüchtete in das Kloster Volkerode, der fromme Landgrafensohn jedoch soll nichts an die Kirche zurückgegeben haben.[9]

Es ist bemerkenswert, dass von den fünf bekannten Sagen um den Eisernen Landgrafen, die alle in der schriftlichen Überlieferung ihren Ursprung in der Reinhardsbrunner Chronik haben, drei in direktem Bezug zur Neuenburg stehen.

Abb. 4
Landgraf Ludwig II.
Brakteat, Eisenach, 2. Hälfte des 12. Jahrunderts
(Schlossmuseum Gotha)

Abb. 5
Landgraf Ludwig III.
Siegel, Thüringen, 1172–1181
(Domstiftsarchiv Naumburg)

Ludwig III. Landgraf von Thüringen 1172–1190

Wie sein Vater verfolgte Ludwig III. eine stauferfreundliche Politik. Er war an den Italienfeldzügen Friedrich Barbarossas 1176 sowie 1184/85 beteiligt. Zusammen mit seinem Bruder Hermann stand er im Endkampf des Kaisers mit Heinrich dem Löwen, dem mächtigen Herzog von Sachsen und Bayern, auf der Seite Barbarossas. Die rigorose Ausweitung der Machtpositionen des Herzogs bedrohte auch den Herrschaftsbereich der Ludowinger im Norden.[10] Die Brüder gerieten sogar zeitweise in Gefangenschaft des abgesetzten Herzogs. Auf dem Reichstag zu Gelnhausen 1180 war das Herzogtum Sachsen zerschlagen und aufgeteilt worden. In einer zu diesem Anlass ausgestellten Urkunde wird Ludwig III. als „palatinus Saxonie et lantgravius Thuringie", als Pfalzgraf von Sachsen und Landgraf von Thüringen, bezeichnet. Er steht in dieser Urkunde unter den Zeugen noch vor den Herzögen von Westfalen, von Lothringen und von Schwaben. Das dokumentiert seinen hohen Rang. Mit der Pfalzgrafschaft Sachsen hatten die Ludowinger ein weiteres Reichslehen empfangen. Damit gehörten sie endgültig zu den Großen des Reichs. Das Lehen umfasste nicht die gesamte, in ihren Ursprüngen bis in die Zeit der sächsischen Kaiser zurückgehende Pfalzgrafschaft, sondern beinhaltete im Wesentlichen die Grafenrechte im Hassegau. Es handelte sich dabei um das Gebiet nördlich der unteren Unstrut zwischen Eisleben und Merseburg, mit dem alten Zentrum Querfurt und dem Gerichtsort Röblingen.[11]

Bereits im November 1181 lässt Ludwig III. durch Kaiser Friedrich Barbarossa die Pfalzgrafenwürde auf seinen Bruder Hermann übertragen. Hermanns Herrschaftsschwerpunkt lag damit bis zum Tode seines Bruders auf der Neuenburg, ein für das weitere Schicksal der Burg bedeutender Vorgang. Bereits in dieser Zeit gab Hermann mit der Förderung der Dichtkunst seiner Hofhaltung das Gepräge, das ihn weit über Thüringen hinaus berühmt machen sollte. Der hohe reichsfürstliche Anspruch Hermanns dokumentiert sich beeindruckend in seiner Bautätigkeit auf der Neuenburg. Es entstand in Verbindung mit einem prachtvollen Palas die Doppel-kapelle, ein in seiner Art einmaliges Bauensemble.

Im direkten Zusammenhang mit der landgräflichen Politik erfolgte sehr wahrscheinlich auch durch die Initiative Hermanns im letzten Drittel des 12. Jahrhunderts die Stadtgründung von Freyburg unterhalb der Neuenburg. Das recht-winklig gegliederte Straßennetz der planmäßig nahezu quadratisch angelegten Stadt hat sich bis heute erhalten. Da Stadt und Burg keinen baulichen Zusammen-hang aufwiesen, kam der Stadt erhebliche strategische Bedeutung zu. Die Freyburg passierenden Fern- und Handelsstraßen, die für die Erschließung und Sicherung des landgräflichen Herrschaftsgebiets von Bedeutung waren, konnten nun direkt kontrolliert werden. Zugleich übernahm die neue Siedlung in der unmittelbarer Nähe zu den Besitzungen der wettinischen Markgrafen von Meißen gemeinsam mit der Neuenburg die Schutzfunktion für das Umland.

Aus der Zeit der Regentschaft Hermanns als Pfalzgraf von Sachsen und Luwigs III. Landgrafen von Thüringen stammt die erste überlieferte Nachricht von Burggrafen auf der Neuenburg. Ihre Aufgabe bestand in der militärischen Sicherung der Burg in Abwesenheit der Ludowinger. Bis zum Aussterben der ludowingischen Land-grafen im Jahr 1247 übernahmen nacheinander Vertreter zweier Adelsgeschlech-ter als Vasallen das Amt: die Familie der „Godebolde" mit Besitz in Wetzendorf, Vitzenburg und Bornstedt sowie ab 1225 die „Meinheringer" aus Burgwerben bei Naumburg, Verwandte der Meißner Burggrafen. Für keine andere der ludowingi-schen Burgen ist bisher das Burggrafenamt nachzuweisen.

Wie seine Vorgänger beteiligte Ludwig III. seine jüngeren Brüder an der Herrschaft. Sein Bruder Heinrich Raspe III. hatte wie die Träger dieses Namens in den voraus-gegangenen Generationen seiner Familie die Herrschaft in Hessen ausgeübt. Nach dessen Tod 1180 übernahm der Landgraf Hessen selber. Er nutzte die Chance, die sich durch den Sturz Heinrichs des Löwen bot, zum Ausbau der ludowingischen Herrschaft in Nordhessen und schuf damit die Voraussetzungen für eine enge Verbindung von Hessen und Thüringen.[12] Als im März 1188 Kaiser Friedrich Barbarossa einen Kreuzzug gelobte, um das in die Hand Sultan Saladins gefalle-ne Jerusalem zurückzuerobern, nahm auch Ludwig III. das Kreuz. Er wählte im Unterschied zu Barbarossa den Seeweg von Brindisi aus. Während des Kreuzzugs erkrankte der Landgraf, der als Anführer der Deutschen galt. Er starb auf der Rück-fahrt am 16. Oktober 1190 auf hoher See. Seine Gebeine wurden über Venedig nach Thüringen gebracht und im Kloster Reinhardsbrunn beigesetzt.

Hermann I. 1190–1217 als Landgraf von Thüringen

Ludwig III. war ohne männliche Nachkommen gestorben. Die Nachfolge seines Bruders Hermann wurde zunächst von einer tief greifenden Krise für die ludowingische Herrschaft überschattet. Heinrich VI., Sohn des ebenfalls auf dem Kreuzzug umgekommenen Friedrich Barbarossa, war bestrebt, die Landgrafschaft Thüringen als erledigtes Lehen einzuziehen und die Nachfolge Hermanns als Landgraf zu verhindern. Es ist anzunehmen, dass der König bestrebt war, Thüringen der Krone als Reichsland direkt zu unterstellen.[13] Schwierige Verhandlungen und das Drängen einiger Fürsten führten schließlich zur Einsetzung Hermanns als Nachfolger seines Bruders. Hermann I. musste einen hohen Preis dafür zahlen, dass der für die Ludowinger existenzbedrohende Konflikt schließlich beigelegt werden konnte. Bis zum Tode des 1191 zum Kaiser gekrönten Heinrich VI. gab es immer wieder Auseinandersetzungen zwischen dem Staufer und dem Landgrafen.

Durch die Einsetzung Hermanns als Landgraf von Thüringen verlagerte sich sein Herrschaftsschwerpunkt von der Neuenburg in das geografische Zentrum der Landgrafschaft mit Eisenach und der Wartburg. 1197 beteiligte sich Hermann am Kreuzzug Heinrichs VI. Die Nachricht vom Tod des Kaisers erreichte den Landgrafen in Palästina. Er erneuerte mit den übrigen Fürsten den Eid auf Friedrich II., den Sohn des verstorbenen Kaisers. Außerdem gehörte Hermann I. zu den Kreuzfahrerfürsten, die 1198 vor Akkon die Ordensritter des Deutschen Ordens unter die Regel des Templerordens stellten.[14] Die Mitglieder der Bruderschaft, die sich der Pflege der Armen und Kranken widmeten, lebten nach der Regel des Johanniterordens.

Templer: 1120 als erster geistlicher Ritterorden in Jerusalem gegründet. Der Name des Ordens geht auf sein Haupthaus in Jerusalem, den Tempel, zurück. Die Mitglieder widmeten ihr Leben dem Gebet und der Verteidigung des Heiligen Landes und dem militärischen Schutz der nach Jerusalem strömenden christlichen Pilger.

Johanniter: Der Orden vom Hospital des heiligen Johannes zu Jerusalem wurde 1099 durch Kreuzfahrer begründet. Die Mitglieder verstanden sich als „Diener der Armen Christi" und widmeten sich der Pflege Verwundeter sowie Armer und Kranker. Sie bildeten, vermutlich unter dem Einfluss der Templer, auch einen militärischen Zweig aus.

Zu dem 1190 zunächst als Spitalorden zur Pflege der verwundeten und erkrankten Kreuzfahrer gegründeten Orden, der sich sehr schnell zum geistlichen Ritterorden entwickelte, hatten die Ludowinger in den folgenden Jahren eine intensive Beziehung. Hermanns Sohn Konrad wurde 1239 dessen 5. Hochmeister.

Als Hermann I. im Juli 1198 vom Kreuzzug zurückkehrte, war eine verhängnisvolle Doppelwahl erfolgt. Sowohl Philipp von Schwaben, der jüngste Sohn Barbarossas, wie auch Otto IV., Sohn Heinrichs des Löwen, waren zum König gewählt worden. Der Thronkrieg zwischen dem Staufer und dem Welfen war entbrannt. Siebenmal wechselte Hermann in dem fast zwei Jahrzehnte währenden Streit die Partei. Vor allem in Thüringen wurden die Kämpfe zwischen den beiden Königen ausgefochten. Wiederholt heftig umkämpft wurde die ludowingische Burg

Abb. 6
Landgraf Hermann I.
Miniatur (Ausschnitt), so genannter Landgrafen-
psalter, Niedersachsen, 1208 / 13
(Württembergische Landesbibliothek Stuttgart)

Weißensee am strategisch wichtigen Durchlass der großen Nord-Südstraße durch
Thüringen. Nach der Ermordung Philipps von Schwaben schloss sich der Landgraf
einer Gruppe von Fürsten an, die sich gegen den inzwischen zum Kaiser gekrönten
Otto IV. wandten. Zu ihnen gehörten auch Herzog Otto I. von Meranien und Bischof
Ekbert von Bamberg. Beide waren Brüder Gertruds von Andechs-Meranien, die
mit König Andreas II. von Ungarn verheiratet war. Hier wird bereits die politische
Verbindung Hermanns I. zu den Andechs-Meraniern und über sie zum König von
Ungarn deutlich. Landgraf Hermann I. gelang es, die Ludowinger durch die Heirat
seines Sohnes Ludwig mit Elisabeth, der Tochter des ungarischen Königpaars, fest
in das Netzwerk europäischer Eliten einzubinden. Verstärkt wurden diese Bindungen noch durch Hermanns Vetter, Ottokar I. König von Böhmen, der in zweiter Ehe
mit einer Schwester von König Andreas II. verheiratet war. Bereits unter Landgraf
Hermann I. wird eine Orientierung nach Osten deutlich, die schon bald die Neuenburg wieder in das Zentrum ludowingischer Politik rücken sollte. Er verheiratete
seine aus erster Ehe stammende Tochter Jutta mit dem Wettiner Dietrich von Wei-
ßenfels, der mit seinem Bruder um die Nachfolge in der Mark Meißen kämpfte.
Mehrfach griff Hermann zugunsten seines Schwiegersohns, der den Beinamen
„der Bedrängte" erhielt, in die Kämpfe ein. Dietrich der Bedrängte wurde schließlich
mit der Mark Meißen belehnt, ein Vorgang, der sich für die Ludowinger noch als
folgenreich erwies. 1214 endete der staufisch-welfische Thronstreit. Der Barbarossa-
Enkel Friedrich II. wurde König und Kaiser. Hermanns Sohn Ludwig IV. sollte es
vorbehalten sein, wieder fest an der Seite eines Staufers zu stehen.

Nicht nur als äußerst wankelmütiger Parteigänger machte sich Landgraf Hermann I. einen Namen. Sein Hof wurde zu einem der bedeutendsten kulturellen Zentren des hohen Mittelalters. Im Lied vom Sängerwettstreit auf der Wartburg blieb sein Ruhm erhalten. 1217 starb der Landgraf in geistiger Umnachtung. Seine Bestattung erfolgte entgegen ludowingischer Tradition in dem von ihm gegründeten Katharinenkloster zu Eisenach. Dies und Hermanns Förderung der Zisterzienser, so auch des unweit der Neuenburg gelegenen Zisterzienserklosters Pforte, verursachten im Kloster Reinhardsbrunn Besorgnis und Empörung.

Unter den Landgrafen Ludwig II., Ludwig III. und Hermann I. sind fast gleichzeitig auf der Wartburg, der Burg Weißensee und der Neuenburg aufwändige Palasbauten entstanden, die nicht nur vom reichsfürstlichen Selbstverständnis der Landgrafen von Thüringen zeugen, sondern auch Ausdruck eines umfangreichen wirtschaftlichen Potenzials sind. Die Dynamik des beeindruckenden Aufstiegs der Ludowinger manifestiert sich nicht zuletzt in der immensen Bautätigkeit an den zahlreichen Burgen ihres Herrschaftsbereichs. Die Burgen waren zugleich eine Demonstration militärischer Stärke, politischer Macht und repräsentativer Entfaltung von Herrschaftskultur.

Ludwig IV. Landgraf von Thüringen 1217–1227

Siebzehnjährig trat der Sohn Hermanns I. die Herrschaft an. Die Quellen beschreiben ihn als einen früh gereiften, zielbewussten Realpolitiker von großer Tatkraft und Intelligenz. Schon kurz nach seinem Regierungsantritt traf der junge Fürst mit dem vier Jahre älteren König Friedrich II. zusammen, zu dessen Vertrauten er lebenslang gehören sollte. Der König bestätigte ihn in seinen Fürstentümern, und Ludwig vereinte die Landgrafschaft Thüringen, die Pfalzgrafschaft Sachsen und die Grafschaft Hessen in seiner Hand. Anders als seine Vorgänger beteiligte er seine Brüder nicht an der Herrschaft. Damit beugte er einer Aufspaltung des großen ludowingischen Machtbereichs vor. Gleich zu Beginn seiner Herrschaft wurde Ludwig in kriegerische Auseinandersetzungen mit dem Erzbischof von Mainz bzw. mit dessen Verbündeten verwickelt. Die Erzbischöfe von Mainz, Stadtherren von Erfurt, waren von jeher die mächtigsten Rivalen der Ludowinger in Thüringen und Hessen und häufig in Auseinandersetzungen mit ihnen verstrickt. 1221 heiratete Ludwig Elisabeth, die Tochter von König Andreas II. von Ungarn und Gertruds von Andechs-Meranien. Die Heirat besiegelte ein politisches Bündnis auf höchster Ebene und festigte die Beziehungen nicht nur zu Ungarn, sondern vor allem zu den im Süden des Reiches mächtigen und einflussreichen Andechs-Meraniern. Im März 1222 wurde auf der Creuzburg der Sohn Hermann II. geboren. Ludwig IV. war nach dem Tod seines Vaters nicht nur der Vormund seiner Geschwister, sondern trat 1221 auch die Vormundschaft für den Sohn seiner Halbschwester Jutta und des verstorbenen Markgrafen Dietrich von Meißen an. Sein dreijähriger Neffe, Markgraf Heinrich von Meißen, war der einzige männliche Nachkomme der Hauptlinie der Wettiner. Die Vormundschaftsregierung betrieb der Landgraf mit größtem Nachdruck. Er sicherte in Dresden, Meißen, Tharandt und an vielen anderen

Abb. 7
Landgraf Ludwig IV. und die heilige Elisabeth.
Szene „Der Abschied", Fenster (Segment),
Marburg 1234 / 40
(Elisabethkirche Marburg)

Orten der Markgrafschaft nicht nur die Herrschaft seines Mündels, sondern auch seine eigene Stellung.[15] Dies brachte ihn in Konflikt mit Jutta. Sie heiratete ohne Wissen und Zustimmung des Landgrafen den Grafen Poppo von Henneberg etwa zum gleichen Zeitpunkt, als Ludwig IV. 1223 auf der Neuenburg sein Gefolge für einen Feldzug nach Osten zusammenzog. Es kam zum Krieg zwischen den Geschwistern, der erst 1224 durch die Vermittlung Herzog Ottos von Meranien mit einem Friedensschluss auf der Neuenburg beigelegt werden konnte. Mit dem machtvollen Ausgreifen des Ludowingers nach Osten rückte die im Nordosten der Landgrafschaft gelegene Neuenburg in das Zentrum seiner Politik. 1224 und 1225 fanden hochpolitische Zusammenkünfte der landgräflichen Familie auf der Neuenburg statt. In die Regierungszeit Ludwigs IV. fallen der prachtvolle Umbau des Obergeschosses der Doppelkapelle, der Bau des romanischen Wohnturms und damit in Zusammenhang stehend die Erweiterung der Befestigungen südlich der Kernburg.

Seit 1221 war Ludwig IV. intensiv in die Reichsangelegenheiten eingebunden. Das bewirkte eine unermüdliche Reisetätigkeit des jungen Fürsten, die ihn u. a. nach Aachen, Frankfurt, Regensburg, Würzburg, Ungarn und Italien führte. Obwohl Hessen in der Politik des Landgrafen zurücktrat, zeigte er auch dort jedes Jahr Präsenz. 1226 reiste Ludwig zu einem geplanten Hoftag Friedrichs II. nach Cremona. Der Hoftag fand nicht statt, der Landgraf weilte jedoch über mehrere Wochen bei Kaiser Friedrich II. Er erhielt von ihm die Zusage der Belehnung mit der Markgrafschaft Meißen im Falle des vorzeitigen Todes Heinrichs von Meißen.

Diese Eventualbelehnung wurde durch eine Urkunde des Kaisers aus dem Jahr 1227 auch auf Ludwigs jungen Sohn Hermann II. erweitert. Aus gutem Grund trachtete der Landgraf nach der Sicherung der Rechte seines Sohns. Bereits 1226 gelobte er dem Kaiser, sich an einem Kreuzzug in das Heilige Land zu beteiligen. 5.000 Silbermark und eine Reihe von Zugeständnissen erhielt er vom Kaiser für das Gelöbnis. Das Risiko, von diesem Kreuzzug nicht zurückzukehren, war groß. Ludwig IV., Verwandter und Vertrauter des Kaisers, machtvoller Politiker von höchstem Ansehen, regelte den Fortbestand ludowingischer Herrschaft und sicherte die Seinen für den Fall seines Todes. Zum Stellvertreter und Verwalter der Landgrafschaft in seiner Abwesenheit bestellte er seinen Bruder Heinrich Raspe IV. Dieser sollte auch, falls der Landgraf nicht zurückkehrte, die Vormundschaft für Ludwigs Sohn Hermann bis zu dessen Mündigkeit übernehmen und so lange die Regentschaft ausüben. Mit großem Geleit brach der Landgraf nach Brindisi im äußersten Süden Italiens auf. Dort breitete sich eine Seuche im Kreuzfahrerheer aus. Auch Ludwig erkrankte, ging aber noch mit dem Kaiser auf eines der Schiffe. Vor Otranto starb Ludwig IV. Landgraf von Thüringen, Pfalzgraf von Sachsen und Graf von Hessen, im Alter von 27 Jahren.

Heinrich Raspe IV. (1227–1247) und Hermann II. (1227–1241)

Wenn man sich den Stammbaum der Ludowinger ansieht, dann fällt auf, dass innerhalb des Zeitraums von 1227 bis 1247 zeitweise gleichzeitig drei Ludowinger den Titel „Landgraf" führten: Landgraf Heinrich Raspe IV. und Pfalzgraf von Sachsen (1227–1247), Konrad, Hochmeister des Deutschen Ordens (1239–1240), bis 1234 Landgraf von Thüringen, und Landgraf Hermann II. (1241–1227). Was war geschehen?

Nach dem Tod Ludwigs IV. trat sein jüngerer Bruder Heinrich Raspe IV. die Regentschaft als Landgraf an und war Vormund des damals fünfjährigen Landgrafen Hermann II. Der umfangreiche und aus vielen Einzelteilen und -rechten zusammengesetzte Herrschaftsbereich der Ludowinger erstreckte sich von der mittleren Saale bis an die obere Lahn, in den Raum nordöstlich von Kassel und das südliche Leinegebiet, griff mit vereinzelten Eigenbesitzungen und Lehen weit nach Osten über die Saale aus und erstreckte sich nach Westen bis an den Mittelrhein.[16] Das Gebiet war mit vielfältigen anderen Herrschaftsträgern durchsetzt, vor allem mit Positionen und Rechten des Erzstifts Mainz. Unter den Landgrafen Hermann I. und Ludwig IV. war der ludowingische Herrschaftskomplex „zu einer der expansivsten und reichspolitisch aktivsten fürstlichen Gewalten aufgestiegen".[17] In der zwanzigjährigen Regierungszeit Heinrich Raspes änderten sich die politischen Ambitionen und die Form der Herrschaftsausübung grundlegend. Eindeutige Priorität hatten bei ihm der Ausbau der ludowingischen Machtstellung und die Intensivierung der Herrschaft in Hessen und Thüringen. Dahin zielten auch seine Bemühungen um die Beilegung der Spannungen mit dem Erzbischof von Mainz. Eine völlig andere Position bezog Heinrich Raspe im Gegensatz zu Ludwig IV. hinsichtlich des wettinischen Erbes. Er griff weder in die Angelegenheiten der Mark

Abb. 8
Landgraf Heinrich Raspe IV. als König.
Goldbulle, 1246 (Staatsarchiv Würzburg)

Abb. 9
Schild Landgraf Konrads von Thüringen,
vor 1240 (Universitätsmuseum für Kunst
und Kulturgeschichte Marburg)

Meißen ein noch übte er die Vormundschaft über Heinrich von Meißen aus. Diese
Neuorientierung blieb nicht ohne Folgen für die Neuenburg. Während die Wartburg unter Landgraf Heinrich Raspe residenzähnliche Funktionen übernahm und
mit seiner Verleihung des Stadtrechts an Eisenach die erste bekannte Stadtrechts-
verleihung durch die Ludowinger in Thüringen stattfand, geriet die Neuenburg
vollkommen an die Peripherie landgräflicher Politik. Anlässlich seiner Eheschließung mit Beatrix von Brabant im Jahr 1241 überließ der Landgraf die Neuenburg,
die Eckartsburg und die Städte Sangerhausen und Gotha, die bisher zu den wichtigsten Orten und Burgen der Ludowinger zählten, seiner Gemahlin zur lebens-
länglichen Nutzung. Damit wurden sie aus der landgräflichen Verfügungsgewalt
herausgenommen.[18]

Auch in seiner Herrschaftspraxis wich Heinrich Raspe von der Verfahrens-
weise seines Vorgängers ab. Er beteiligte seinen Bruder Konrad an der Ausübung
der Herrschaft, indem er ihm spätestens 1231 den Rang eines Landgrafen und die
Herrschaft Hessen zuerkannte. Damit war sogar die Option verbunden, eine eigene Linie zu begründen. Konrad hatte eine eng mit dem Hof Heinrich Raspes ver-
netzte Hofhaltung und eine eigene Kanzlei. Vom Selbstbewusstsein Konrads zeugt
sein Thronsiegel. Er war der erste deutsche Reichsfürst, der ein Siegel führte, auf
dem er auf dem Thron sitzend dargestellt wurde. Mit dem Eintritt Konrads in den
Deutschen Orden, dessen Hochmeister er 1239 wurde, musste Heinrich Raspe IV.
die Regentschaft in Hessen übernehmen. Der Sohn Ludwigs IV. und der heiligen
Elisabeth, Hermann II., war 1234 mündig geworden. Der Zwölfjährige taucht in
vereinzelten Urkunden Heinrich Raspes als Mitwirkender und Mitaussteller auf.
Er führte den Titel des Landgrafen von Thüringen und Pfalzgrafen von Sachsen,
war jedoch von der Regierung ausgeschlossen. Die Herrschaft trat Hermann II.
in der ersten Hälfte des Jahrs 1238 in Hessen an. Er berief sich in seiner Titulatur

ausdrücklich auf seine 1235 heilig gesprochene Mutter als „iunior lantgravius, filius sankte Elyzabet". Heinrich Raspe behielt sich Thüringen und die Pfalzgrafschaft Sachsen vor. Die Herrschaftsbereiche beider Landgrafen waren strikt getrennt. Die kurze Regierungszeit des jungen, offenkundig begabten und tatkräftigen Landgrafen Hermann II. endete 1241 mit seinem frühen Tod auf der Creuzburg.

Heinrich Raspe IV. wurde 1246 zum Gegenkönig zu Friedrich II. gewählt und starb 1247, obwohl er drei Ehen eingegangen war, kinderlos auf der Wartburg. Mit seinem Tod erlosch die Familie der Ludowinger im Mannesstamm. Im folgenden thüringisch-hessischen Erbfolgekrieg stritten als wichtigste Anwärter auf das ludowingische Erbe Sophia, Herzogin von Brabant, und Heinrich von Meißen aus dem Hause Wettin. Sophia war eine Tochter Ludwigs IV. und der heiligen Elisabeth, Heinrich von Meißen der Sohn der Halbschwester Ludwigs IV., der Markgräfin von Meißen. Nach siebzehn Jahre währendem Krieg verzichteten Sophia von Brabant und ihr Sohn Heinrich auf alle Ansprüche in Thüringen. Beide stehen am Beginn einer selbständigen Geschichte Hessens. Thüringen und damit die Wartburg und die Neuenburg fielen an Heinrich den Erlauchten aus dem Hause Wettin. Für die Neuenburg begann damit ein neues Kapitel ihrer Geschichte.

Zusammenfassung

Die Gründung, der Ausbau und die Funktionen der Neuenburg im hohen Mittelalter standen in unmittelbarer Wechselwirkung mit den politischen Ambitionen und Entscheidungen der Landgrafen von Thüringen aus ludowingischem Hause. Mit der Gründung der Burg um 1090 schuf Graf Ludwig der Springer einen bedeutenden Stützpunkt für seinen nach Nordosten erweiterten Herrschaftsbereich. Die bereits damals beträchtliche Ausdehnung und Befestigung der Burganlage stehen im Zusammenhang mit ihrer strategischen und machtpolitischen Bedeutung für die Herrschaft des Ludowingers. Nach 1150 unter den Landgrafen Ludwig II., Ludwig III. und vor allem Hermann I., Pfalzgraf von Sachsen, setzte eine zweite große Ausbauphase der Neuenburg ein, die sie zur größten Burg der Landgrafen von Thüringen machte. Mit dem machtvollen Ausgriff Ludwigs IV. nach Osten geriet die Neuenburg in das Zentrum landgräflicher Politik. Häufige Aufenthalte Ludwigs IV., der sie zum Ausgangspunkt militärischer Aktionen in die Mark Meißen und darüber hinaus machte, bedeutende Anlässe, wie der Friedensschluss mit der Markgräfin von Meißen und Zusammenkünfte der landgräflichen Familie, ließen die mit hohem Wohnkomfort ausgestattete Burg zum repräsentativen Treffpunkt für Entscheidungsträger der politischen Geschichte des hochmittelalterlichen Reichs werden. Mit der Aufgabe der weitreichenden Pläne Ludwigs IV. für die Erweiterung der ludowingischen Herrschaft in den Osten durch den letzten Landgrafen von Thüringen, Heinrich Raspe IV., geriet die Neuenburg an die Peripherie landgräflicher Politik. Damit endete ihre Glanzzeit im Mittelalter. Die prachtvolle Doppelkapelle, der mächtige Bergfried und der romanische Wohnturm mit der Latrinenanlage sowie ihre gewaltige Ausdehnung zeugen noch heute von dieser Zeit.

Zur Baugeschichte der Neuenburg I

Reinhard Schmitt

Abb. 10　Bergfried III („Dicker Wilhelm") von Westen

Überblick

Nordwestlich von Naumburg erhebt sich in einer Entfernung von acht Kilometern hoch über dem Unstruttal mit dem Winzerstädtchen Freyburg der Schlossberg, der seit etwa 910 Jahren von der Neuenburg bekrönt wird. An urgeschichtlichen Funden sind bisher fast nur solche aus der Steinzeit und der Bronzezeit bekannt geworden.

Hinweis
Fett gedruckte Begriffe werden im Glossar zur Baugeschichte S. 44/45 erläutert.

Der Blick vom **Bergfried** dieser mächtigen Bergspornburg reicht weit in die alte Kulturlandschaft des Unstruttals hinein und hinüber sowohl zum älteren Ort Zscheiplitz als auch zur nahe gelegenen Markgrafenburg und zum Bischofssitz Naumburg. Ein Arm der uralten Straße „via regia" (Hohe Straße) kreuzte den Fluss – von Erfurt kommend und nach Halle führend. Zugleich trennte die Unstrut die Zuständigkeiten der Bistümer Mainz (südlich und westlich) sowie Halberstadt (nördlich und östlich). Das traditionell zu Thüringen zählende Gebiet westlich stieß hier an die seit etwa 1000 nachweisbare Pfalzgrafschaft Sachsen, der vielleicht sogar die Sorge über den Flussübergang anvertraut gewesen ist. Ein zweiter Arm der „via regia" zog über Kleinjena oder auch Nißmitz, aber vor Freyburg abbiegend, über Roßbach nach Merseburg und Leipzig. Dessen Flussübergang könnten längere Zeit die Ekkehardinger als Markgrafen von Meißen von ihrer Burg „Gene" oberhalb Kleinjenas unter Kontrolle gehabt haben. Mit dem Fortzug des Geschlechts in die von ihnen gegründete „neue Burg" (Naumburg) im frühen 11. Jahrhundert und der Umwandlung der Burg in eine bischöfliche Residenz nach 1028 sank die gerade erst gewachsene Bedeutung dieses weltlichen Burgortes.[1] Als die Pfalzgrafen von Goseck

Abb. 11
Die Neuenburg von Norden, 2002

mit der Gründung eines Klosters in ihrer „Stammburg" im Jahre 1041 ebenfalls ein
weltliches Zentrum im Bereich von unterer Unstrut und mittlerer Saale aufgaben
und die Burg sogar zerstörten[2], mochte diese Situation wenige Jahrzehnte später
den inzwischen im Raum zwischen Gotha und Eisenach ansässig gewordenen
Ludwig den Springer ermuntert haben, hier Fuß zu fassen und mit dem Bau einer
eigenen Burg den Flussübergang und das umgebende Territorium zu beherrschen.
Inwieweit sich Ludwig beim Abstecken der jeweils interessierenden Ziele und terri-
torialen Ansprüche mit Graf Wiprecht von Groitzsch (südlich von Leipzig) abge-
stimmt haben wird, muss offen bleiben. Es ist aber unstrittig, dass sich beide
kannten; 1112 und 1113 kämpften sie gemeinsam gegen Kaiser Heinrich V. Auffällige
Übereinstimmungen in der baulichen Gestaltung ihrer Burgen sind zudem nicht
zu übersehen.

Nach der Ermordung des Pfalzgrafen von Sachsen, Friedrich III., im Jahr 1085 [3]
und einem Jahr Witwenstand heiratete dessen Gattin Adelheid den Grafen Ludwig
den Springer. Zeitnah muss auch – wie die ältere Forschung stets angenommen
hatte – mit dem Bau einer neuen Burg, der Neuenburg, begonnen worden sein.
Wahrscheinlich gehörten das Burgareal und angrenzende Gebiete zu Adelheids
Witwengut.[4] Die hochmittelalterliche thüringische Geschichtsschreibung verrät
hinsichtlich der Gründung der Neuenburg (wie auch der Wartburg) keine konkreten rechtlichen Grundlagen; beide waren „usurpatorische Akte ohne Legitimation
durch das Königtum".[5]

Nach intensiven bauarchäologischen und bauhistorischen Forschungen der
letzten zwanzig Jahre wissen wir mit großer Sicherheit, dass man mit dem Bau
einer steinernen Ringmauer im Bereich des Tores zur **Kernburg** – dem heute so
genannten „Löwentor" – bereits kurz vor 1090 begonnen hat, denn ein hölzerner
Türsturz in einem dort an die Burgmauer angebauten Wohngebäude konnte jüngst
durch dendrochronologische Untersuchungen in diese Jahre datiert werden.[6] Das
heißt, zumindest im Süden der Burg hat Ludwig sogleich nach der Eheschließung
und Besitzergreifung der zuvor fremden Liegenschaften den Bau der neuen Burg
beginnen lassen. Entlang der nördlichen Ringmauer konnte festgestellt werden,
dass man vor dem Baubeginn das Gelände zumindest partiell eingeebnet hat.[7]
Die äußere Burgmauer ist beinahe ringsum erhalten. Lediglich an der Westspitze
zum Unstruttal hin konnte sie nicht nachgewiesen werden und hat dort anhand
der archäologischen Befunde auch nie existiert. Da diese exponierte Stelle aber
nicht ungeschützt geblieben sein kann, geht man derzeit davon aus, dass dort ein
Bauwerk weiter nach außen ragte, aber auf dem abfallenden Felshang im Laufe der
Jahrhunderte vollends verloren gegangen ist. Auf einem Modell der Burg für die
Zeit um 1150 und in einem so genannten „virtuellen Modell" für die Zeit um 1230 ist
an dieser unsicheren Stelle ein **oktogonaler** Turm rekonstruiert worden – freilich
ohne Befund, aber unter der Voraussetzung, dass zwei weitere oktogonale Türme
archäologisch bewiesen sind, und unter der Annahme, dass an dieser exponierten
Stelle der Burg über dem Tal ein „repräsentatives Symbol" eine gewisse Wahrscheinlichkeit besitzt. Diese Annahme wird durch die Baureste auf der Ostseite der
Kernburg überzeugend bestätigt:

Abb. 12
Die Neuenburg von Nordosten um 1150 (Rekonstruktion / Virtuelles Modell)

Dort wurde die Burg durch einen hoch aufgeschütteten Wall geschützt, der wiederum auf der Innenseite von einer Mauer „eingefasst" war. Die Aufschüttung des Walls mit Material (Kalksteinbruch), das beim Aushub des unmittelbar östlich davor befindlichen und ca. 10 m tiefen Grabens anfiel, und der Bau jener Mauer sind im Prinzip zeitgleich entstanden, wie die Grabungen an mehreren Stellen belegten. An einigen Stellen existierte die Mauer schon (bis in unbekannte Höhe) und wurde das Gestein für den Wall angeschüttet; an anderen wuchsen Mauer und Wall gleichzeitig empor, wie die Stein- und die Wallschichten zeigten. In die innere Mauer waren im Nordosten und Südosten je ein achteckiger Turm von 10 m Durchmesser eingebunden. Dazwischen und dicht hinter der Mauer stand ein Rundturm von 13,10 m Durchmesser und einer unteren Mauerstärke von 2,65 m. Die Höhe ist unbekannt, könnte aber bei 25 bis 30 m gelegen haben: ein gewaltiges Bauwerk!

Der Rundturm muss mit den beiden Achtecktürmen eine höchst beeindruckende „Schauseite" der Burg gebildet haben, verstärkt durch den Wall mit einer auf ihrem abgeflachten Podest errichteten äußeren Mauer und dem tiefen Graben davor. Von der äußeren östlichen Ringmauer konnten Reste in Plänen des 19. Jahrhunderts wahrscheinlich gemacht werden. Mit Gebäudeabbrüchen 1832 und dem Abtrag des Walls seit 1979 sind die letzten Zeugen verloren gegangen.

Innerhalb dieser Burg entstanden seit kurz vor 1090 mehrere Wohn- und Wirtschaftsgebäude sowie eine Kapelle, konzentriert auf den Bereich um das Burgtor im Süden. Der Hof im Südosten scheint von Anfang an mehr herrschaftlichen Wohnzwecken gedient zu haben, während der westliche Hof vermutlich die Funktionen aufnahm, die man später einer **Vorburg** zuordnen würde. Ein **„Vortor"** könnte sich an Stelle des gotischen Osttorhauses befunden haben, wo auch eine hölzerne Brücke über den Graben geführt haben muss.

Dass die Errichtung der Ringmauern, Türme und Gebäude nicht gleichzeitig erfolgt sein kann, liegt auf der Hand. Im Falle von Wall und Mauer konnte sehr schön beobachtet werden, dass dies schrittweise und von Stelle zu Stelle durchaus unterschiedlich geschah. Und da Ludwig die Nutzung seiner neuen Burg nicht erst der Enkelgeneration überlasen wollte, ist davon auszugehen, dass innerhalb von 3 bis 10 Jahren die wichtigsten Mauern und Gebäude bereits vorhanden waren.[8] Dafür sprechen auch zahlreiche Baubefunde. Irgendwann in dieser frühen Phase des Burgbaus, der ersten romanischen Bauphase, ist der im Osten gelegene Rundturm verstärkt worden, indem man ihn außen mit einen zweiten Mauerring umbaute (2,15 m stark), so dass schließlich ein Gesamtdurchmesser von 17,40 m entstand: wahrhaftig ein riesiger Turm. In Analogie zu einem quadratischen Bergfried in der Pfalz Kaiserswerth mit einer Seitenlänge von ca. 10 m und einer Höhe von ca. 55 m kann auch für den Neuenburger Turm eine ähnliche Höhe vermutet werden.[9] Ob der Ursprungsbau bereits die Funktionen des von der Burgenkunde so benannten Bergfrieds wahrnahm oder Wohnzwecken diente, wird sich nie mit abschließender Sicherheit sagen lassen. Der erweiterte Turm war aber gewiss ein Bergfried (I der Zählung aller drei nachgewiesenen auf der Neuenburg) – und ein sehr früher zudem! Neben zwei nicht sicher zu beurteilenden Türmen auf Burg Anhalt im Harz (ca. 18 m) und in Bernburg (ca. 17 m) sind insbesondere die Bauten in Broich im Rheinland (17,20 m) und Stolpe bei Angermünde (17,80 m) oder der in Frankfurt/Main ausgegrabene mit 21,75 m Durchmesser anzuführen. Der Neuenburger Turm gehört demzufolge zu den größten nachgewiesenen in Deutschland.

Reste von Wohngebäuden haben sich bisher entlang der nördlichen Ringmauer auffinden lassen, vor allem aber westlich und südöstlich des Kernburgtors: rechteckige oder quadratische (vermutlich turmartig erhöhte) Wohnbauten mit Heizungsanlagen und **Latrinen**. Als erste Burgkapelle konnte ein rechteckiger Saal mit einer östlich schließenden halbrunden **Apsis** dokumentiert werden. Große Teile davon stecken noch heute in der **Doppelkapelle**. Desweiteren muss von verschiedenen Wirtschaftsgebäuden ausgegangen werden, die jedoch nicht nachzuweisen waren: Ställe (vor allem für die Pferde, aber auch für Schweine, Schafe, Federvieh), Scheunen (für Getreide) und Werkstätten für die notwendigsten Reparaturen.

Als einzige Baumaßnahme aus der Mitte des 12. Jahrhunderts ist der direkt vor die südliche Ringmauer gebaute Latrinenturm zu nennen. Dieser nahm je eine Latrine auf, die von zwei Geschossen eines nur sehr wenig bekannten Wohnbaus zu erreichen gewesen ist. Derlei Latrinentürme finden sich gelegentlich im Burgenbau der ersten Hälfte des 12. Jahrhunderts (Steinenschloss bei Pirmasens, Schlössel bei Klingenmünster, Habsburg, Burg Südtirol).

Mit dieser vergleichsweise außerordentlich großen Burg mit ca. 6.000 m² Grundfläche (ohne den östlichen Graben) hat Ludwig im Gebiet von Saale und Unstrut ein deutliches machtpolitisches Zeichen gesetzt und offensichtlich auch den Schwerpunkt seiner Herrschaft von Westthüringen (Schauenburg und Wartburg) nach Osten verlagert. Diese Politik erhielt um 1121 eine zusätzliche Aufwertung durch die kaiserliche Übertragung der Eckartsburg.

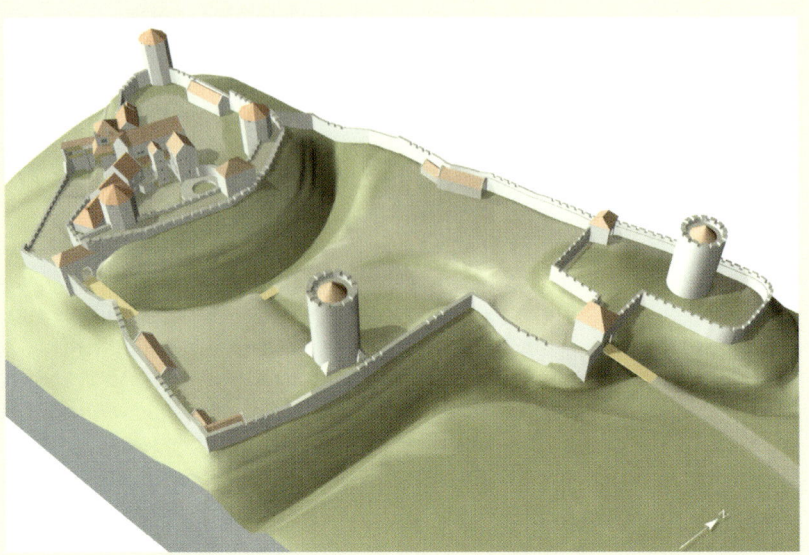

Abb. 13
Die Neuenburg mit der Vorburg von Osten um 1230 (Rekonstruktion / Virtuelles Modell)

Ein Sohn Ludwigs wurde 1130/31 Landgraf von Thüringen: Ludwig I. – eine enorme politische Rangerhöhung. Er konnte die unter seinem Vater errichtete Neuenburg weiter nutzen und wohl ausbauen, denn es ist davon auszugehen, dass Burgen wie moderne Wohnhäuser letztlich niemals „fertig" waren, sondern in kleineren oder auch größeren Abständen modernisiert wurden – jeweils nach persönlichen, repräsentativen oder wirtschaftlichen Erfordernissen.

So ist deshalb auch die seit der zweiten Hälfte des 12. Jahrhunderts nachweisbare Bautätigkeit zu verstehen, die als eine zweite romanischen (Haupt-) Bauphase bezeichnet werden kann. Zeitgleich wurde mit dem Bau einer großen Vorburg östlich der bisherigen Kernburg begonnen, die ohne Gräben ca. 11.600 m² Fläche umfasste und mit Gräben und Kernburg insgesamt eine Burgfläche von ca. 30.000 m² ausmachte! Dass in diesem riesigen Areal außer den umgebenden Ringmauern mit dem Haupttor und vermutlich einem kleinen Quergraben nicht nur die beiden Bergfriede II und III gestanden haben können, liegt auf der Hand. Bislang sind aber keine weiteren Gebäude, auch nicht leichterer Bauweise, bekannt geworden.

Die dem Gelände angepasste unregelmäßige Gestalt der Vorburg lässt noch nichts erahnen von dem seit dem letzten Drittel des 12. Jahrhunderts spürbaren Bemühen um annähernd regelmäßige Burggrundrisse, wovon in der Nachbarschaft die Eckartsburg und die Rudelsburg eindrucksvoll Zeugnis ablegen. [10]

Mit den beiden neuen Türmen hatte sich die aus der ersten Bauphase stammende östliche „Schauseite" mit Rundturm und zwei oktogonalen Türmen nunmehr an die Ostseite der neuen Vorburg verschoben. Beeindruckt der Bergfried III (seit dem 20. Jahrhundert als „Dicker Wilhelm" bezeichnet) vor allem durch Mauerwerksqualität, (einstige) Höhe und komfortable Innenausstattung, so fallen bei Turm II vier

diagonal angeordnete „Ecksporen" auf, die ihm ein höchst eigenwilliges, repräsentatives Aussehen ermöglichten, das wohl weit und breit im mitteldeutschen
Raum und darüber hinaus ohne Nachahmung blieb.

Als Kaiser Friedrich I. Barbarossa im Jahre 1172 auf der Neuenburg weilte,
soll er sich über die ungenügende Befestigung verwundert gezeigt haben. Die
sagenhafte Überlieferung der „lebenden Mauer" nimmt darauf Bezug. Da die
Burg schon in der ersten Hälfte des 12. Jahrhunderts insbesondere auf der Ostseite eine starke Befestigung besaß, stellt sich die Frage, was Barbarossa gemeint
haben könnte! Andererseits zeigt sich der Kaiser überrascht über die sonstigen
Gebäude, die ihm alle sehr gefielen.[11] Welche Gebäude mag der hohe Gast denn
damals tatsächlich gesehen und bewundert haben? Nach unserem jetzigen Kenntnisstand dürften ihm die Ringmauern der Kernburg, vor allem die im Osten mit
den Achtecktürmen sowie die neue große östliche Vorburg, vielleicht schon mit
den fertigen, zumindest aber begonnenen Bergfrieden, aufgefallen sein. Neben
den Toren und mehreren Wirtschaftsgebäuden waren aber wohl noch keine größeren Wohnbauten vorhanden bis auf die westlich und östlich bzw. südöstlich des
Löwentorhauses gelegenen Gebäude (Wohnbauten B und C, Wohnturm I), die aber
einen gewissen Komfort aufwiesen. Der **Palas** könnte im Jahre 1172 aber schon im
Aufbau befindlich gewesen sein.

Die Mauer um die Neuenburg

Einst [1172] weilte Kaiser Friedrich Barbarossa im
thüringischen Lande als Gast seines Schwagers, des
„eisernen Landgrafen" [Landgraf Ludwig II.]. Während
seines Aufenthalts auf der Neuenburg lobte der Kaiser
diesen Bau, bemängelte aber, dass er nicht genügend
starke und feste Mauern habe. Der Landgraf erwiderte:
„Darum sorgt Euch nicht, die kann ich in kürzester Zeit
haben, wenn ich ihrer bedarf."
„Wie das?", fragte der Kaiser.
„Nun, in nicht einmal drei Tagen habe ich sie, wenn ich
nur will."
„Das wäre ja ein Wunder. Selbst wenn alle Bauleute
des Reichs hier versammelt wären, könnte das nicht
gelingen."
Dabei ließ man es bewenden. Der Landgraf aber schickte
heimlich Boten zu allen Grafen und Herren in Thüringen

und gebot ihnen, dass sie zur Nacht mit einem kriegerischen Aufgebot vor die Neuenburg rücken sollten.
Das geschah denn auch.
Am Morgen standen alle mit bloßen Schwertern und
Äxten in Händen rund um den Graben der Burg, und wo
ein Mauerturm hätte stehen sollen, da stand ein Freiherr
oder Graf mit seinem Banner. Da ging der Landgraf zu
seinem Schwager und meldete, dass die Mauer, von der
gestern die Rede gewesen, fertig sei.
„Ihr wollt mich necken", sprach Barbarossa, und für
den Fall, dass es sich um ein Teufelsblendwerk handeln
sollte, bekreuzigte er sich. Der Landgraf aber führte
seinen Schwager ans Fenster, zeigte ihm sein Heeres-
aufgebot und sprach:
„Treue Mannen sind die beste Mauer."
Da lachte der Kaiser und sprach: „Fürwahr, eine bessere
Mauer habe ich Zeit meines Lebens nicht gesehen."

(nach: Lemmer, Manfred. ... und war auch in Frau Venus' Berg geraten
– Sagen aus der alten Landgrafschaft Thüringen. Eisenach 1992)

In der Kernburg wurde damals der älteste Bergfried abgebrochen; er war
inzwischen entbehrlich geworden und sollte durch die beiden Türme der Vorburg
ersetzt werden. Er muss aber infolge seiner enormen Größe auch eine nicht unbe-
trächtliche räumliche und optische Beeinträchtigung der Kernburg dargestellt
haben. Mit dem Bau einer Warmluftheizung im Zwickel von zwei Wohnbauten

südöstlich des Kernburgtors ab etwa 1170/75 dürfen der Aufbau eines Palas und mit diesem zeitnah und in engem konstruktiven Zusammenhang die Errichtung einer Doppelkapelle gesehen werden. Diese neue Bautengruppe muss der Kernburg ein spürbar wohnlicheres Ansehen gegeben haben, als dies zuvor „im Schatten" des Bergfrieds I je möglich gewesen ist.

Der Palas bezog einen älteren Wohnbau mit ein und umfasste insgesamt vier Geschosse, wobei zumindest das dritte Obergeschoss einen großen Saal enthielt, vielleicht auch aber das Geschoss darunter. Von den prächtigen **Fensterarkaden** haben sich geringe Reste nachweisen lassen, die auf eine große baukünstlerische Nähe zum Palas der Burg Weißensee schließen lassen, der ebenfalls im letzten Drittel des 12. Jahrhunderts entstanden sein dürfte.[12]

Während die beiden unteren Palasgeschosse direkt an der Kapellensüdwand bzw. an einem vorgelagerten Gang endeten, erstreckte sich das zweite Obergeschoss über die westliche Hälfte des Kapellenuntergeschosses. Von hier aus erreichte man vom Gebäudeinneren auch den oberen Kapellenraum. Der Saal im dritten Palasobergeschoss überlagerte die Westhälfte der Kapelle als eigenständiges Geschoss – eine gewaltige, aber konstruktiv auf Dauer unsichere Bauweise.

Insbesondere das Obergeschoss erfuhr eine aufwändige Ausstattung mit Säulenschäften aus schwarzem Kohlenkalk, der aus dem belgischen Ardennengebiet nach Freyburg transportiert werden musste. Nicht nur mit der ins Niederrheingebiet verweisenden Bauzier, auch mit erlesenen Materialien, die die Landgrafenfamilie von ihren Besuchen im Rheinland kannte (schwarze Säulenschäfte), wollte man den eigenen Kapellenbau schmücken!

Einer im deutschen Burgenbau je anders gearteten Anbindung der Kapelle an den Palas steht – bislang wohl einzigartig – in Freyburg diese auffällige bauliche Verzahnung gegenüber, die ja zugleich eine unmittelbare Verbindung von Profanräumen und Sakralraum ermöglichte.

Um die Obergeschosse des Palas und damit auch den oberen Kapellenraum erreichen zu können, bedurfte es eines Treppenhauses. Zumeist kennen wir von Wohn- und Palasbauten des 12. und frühen 13. Jahrhunderts nur noch geringe Anhaltspunkte für eine vertikale Erschließung: hoch gelegene Türen, Hinweise auf äußere Galerien und Treppen aus Holz oder Stein. Gelegentlich sind auch steinerne Treppenhäuser bekannt (Wartburg, Burg Weißensee, Burg Tirol). Auch im Falle der Neuenburg ist ein solches Gebäude an der Ostseite des Palas und südlich der Kapelle zumindest in den unteren Bereichen nachgewiesen; die oberen Aufbauten fehlen, müssen jedoch vorausgesetzt werden.

Die zuletzt beschriebene Bautätigkeit der zweiten romanischen Hauptbauphase hat unter den Landgrafen Ludwig III. und Hermann I. stattgefunden. Sie erfuhr eine nicht minder bedeutende Fortsetzung und zugleich einen krönenden Abschluss unter Ludwig IV. und dessen Gemahlin Elisabeth. Südlich der Ringmauer und zwischen Kernburgtor und Latrinenturm entstand um 1225/26 ein quadratischer Wohnturm, der ebenerdig zugänglich ist und in seinen drei Obergeschossen modernen Ansprüchen entsprochen haben wird (Kamine). Gleichzeitig geplant und nur ca. ein Jahr später ausführt, folgt südlich in Richtung Abhang eine hohe Mauer, an der in zwei Geschossen hölzerne **Galerien** bzw. Gänge zu Latrinen führten. Auf Geländehöhe öffnete sich ein Tor, durch das man auf direktem Wege zur Stadt gelangen konnte. Der „Ort des anrüchigen Geschehens" war nunmehr deutlicher abseits angeordnet.[13] Für solche baulichen Realisierungen lassen sich im deutschen, aber wohl auch mitteleuropäischen Burgenbau kaum Parallelen beibringen. Am auffälligsten verwandt ist der Latrinenturm auf dem Crac des Chevaliers in Syrien (letztes Viertel des 12. Jahrhunderts); die seit ca. 1260 errichteten **Danzker** vieler Burgen des Deutschen Ritterordens sind jünger, können aber auf gleiche Vorbilder zurückgegriffen haben.[14]

Vom südlichen Ende der Mauer mit den Latrinengängen setzte sich eine äußere Ringmauer fort bis zum in seiner Gestalt unbekannten Vortor im Bereich des gotischen Osttorhauses. Es war hier südlich der Kernburg ein ummauerter Raum entstanden, den man durchaus als frühes Beispiel eines Zwingers ansprechen darf. Auch wenn die Forschung bisher davon ausgeht, dass der Zwinger erst im Laufe der zweiten Hälfte des 13. Jahrhunderts in Deutschland üblich geworden ist, kommt die bauliche Situation und funktionale Deutung auf der Neuenburg sehr wohl einer Interpretation von Thomas Biller nahe: „Sicherung des Tores durch ein äußeres Tor bzw. einen vorgelegten Hof".[15]

Auf der Innenhofseite des Wohnturms entstand über älteren Gebäuderesten ein weiteres Wohnhaus, dessen hoch gelegene rundbogige Tür ebenfalls erhalten ist.

Ein nochmaliger Umbau des oberen Kapellenraums um 1200/20 brachte diesem eine großartige Raumgestaltung mit einem Mittelpfeiler, auf dem vier **Gurtbögen** ruhen, deren „Zackenbögen" die Wissenschaft seit über einhundert Jahren beschäftigen. Diese Kapelle gehört nun mit ihrem Obergeschoss „zum Besten und Bezeichnendsten, was uns von der höfischen Kunst der Hohenstaufenzeit geblieben ist" (Georg Dehio). Und: „Alles zeugt von vielem Kunstsinn und wahrhaft fürstlicher Pracht." (Carl Heideloff)[16]

Soweit bislang bekannt geworden, endete mit den Arbeiten am Wohnturm II und der Kapelle um 1230 die intensive, über längere Zeiträume kontinuierliche Bautätigkeit auf der Neuenburg. Alles Bauen scheint demzufolge wohl durch den Tod Ludwigs IV. und den Weggang Elisabeths aus Thüringen vielleicht gar abrupt zum Stillstand gekommen zu sein.

Neuenburg. Grundriss mit Darstellung der nachweisbaren Bausubstanz bis ca. 1150

Abb. 14

1 nördliche Ringmauer (bauzeitliche Latrinen bei 4 und vielleicht bei 4a)

2 südwestliche Ringmauer, Verlauf zwischen 1 und 2 nicht gesichert

3 südliche Ringmauer

4 zu vermutendes Gebäude in Verbindung mit einem Latrinenschacht (Wohnbau A)

4a zu vermutendes Gebäude in Verbindung mit einer Latrinen (?) (Wohnbau A / 1)

5 bauzeitlicher Latrinenschacht in der südlichen Ringmauer

6 nachweisbare Gebäudereste (Wohnbau B)

7 nachträglich vor die südliche Ringmauer gebauter Latrinenturm (eventuell mit Badestube)

8 Torbau (geringe Reste)

9 nachträglich in die südliche Ringmauer gebrochene Pforte

10 südöstliche Ringmauer (im Verband mit der südlichen Fortsetzung bis 17?)

11 Wohnbau C östlich neben dem Tor

12 Raum zwischen 11 und 14, vermutlich nach Osten geschlossen

13 vermutlich Anbau mit Treppe zur Erschließung des ersten Obergeschosses von 11

14 quadratischer, dreigeschossiger Wohnturm I, nachträglich an Ringmauer 10 angebaut

15 nachträgliche Erweiterung von 14 nach Süden, Aufbauten unklar

16 abweichender Verlauf der Ringmauer 10 und Verlängerung der Ostwand von 15 nach Süden (Gebäude?)

17 Stelle für ein mögliches Vortor, keine Befunde

18 Burgkapelle, Saalbau mit Apsis (vom äußeren Mauerring von 9 umbaut)

19 Rundturm / Bergfried I mit nachträglicher Verstärkung, im Zusammenhang mit 22 errichtet

20 nördlicher achteckiger Turm im Bauzusammenhang mit 22

21 südlicher achteckiger Turm im Bauzusammenhang mit 22

22 innere östliche Ringmauer, den Wall 26 zum Hof begrenzend, Quermauer bei 27 mit Tür baueinheitlich

23 äußere östliche Ringmauer, in Resten erschließbar, auf dem Wall 26 aufsitzend

24 Zisterne (vermutlich Filterzisterne, Bauzeit unklar)

25 Graben vor der östlichen Ringmauer

26 Wall an der Ostseite der Burg, Anschluss an 1 und 16 unklar

27 mehrere Fundamente: im Norden mit Tür einen Durchgang bildend, Südmauer vielleicht sogar dazugehörig (Torbau?)

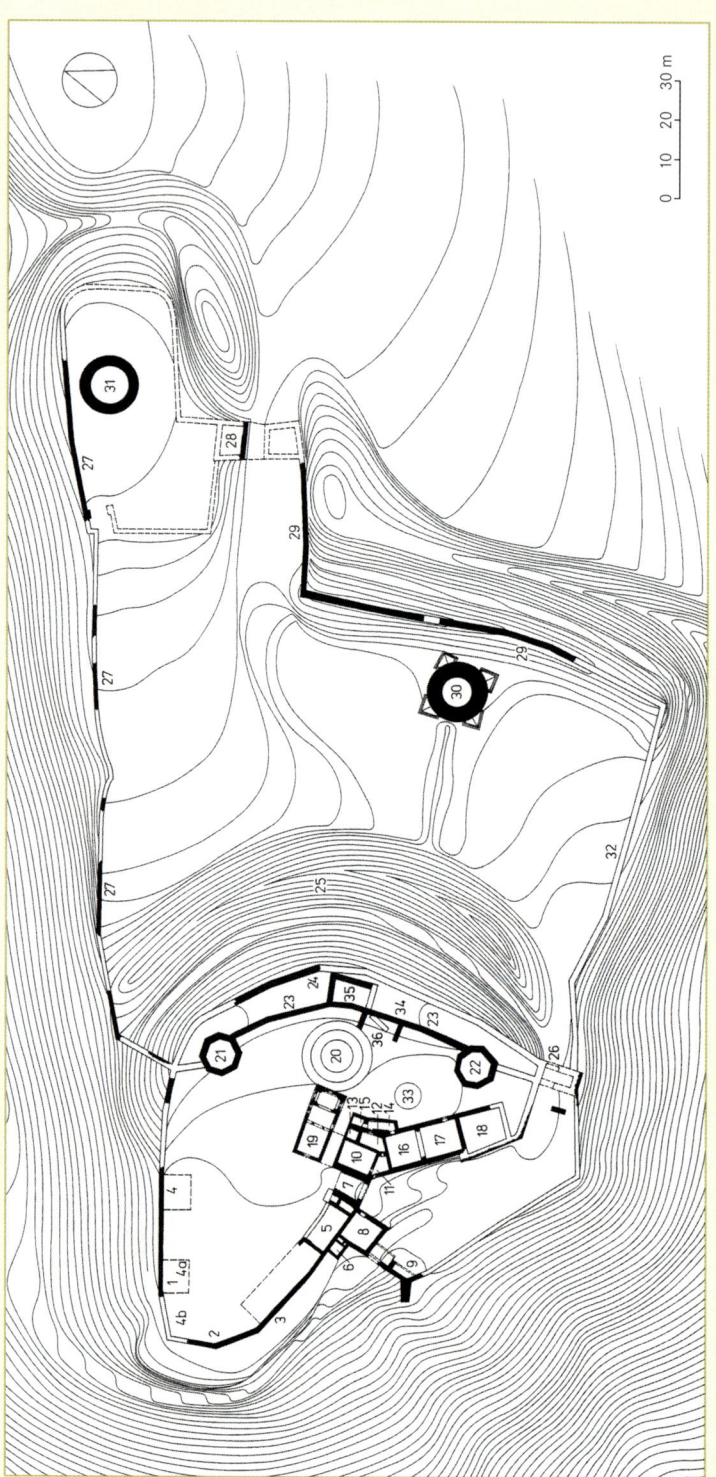

Neuenburg. Grundriss mit Darstellung der nachweisbaren Bausubstanz bis ca. 1230

Abb. 15

1 nördliche Ringmauer (bauzeitliche Latrinen bei 4 und vielleicht bei 4a)

2 südwestliche Ringmauer, Verlauf zwischen 1 und 2 nicht gesichert

3 südliche Ringmauer

4 zu vermutendes Gebäude in Verbindung mit einem Latrinenschacht (Wohnbau A)

4a zu vermutendes Gebäude in Verbindung mit einer Latrine (?) (Wohnbau A/1)

4b zu vermutendes Gebäude nach Abbruch einer älteren Bebauung zwischen 1 und 2 (Wohnbau A/2)

5 nachweisbare Gebäudereste mit hofseitiger Wand (Wohnbau B)

6 nachträglich vor die südliche Ringmauer gebauter Latrinenturm (um 1230 außer Funktion)

7 Torbau (geringe Reste)

8 Wohnturm II mit direkter Verbindung zu 7 und 9, an 3 und 6 angebaut

9 Mauer, mit Fuge an 8 angebaut, daran in zwei Etagen hölzerne Gänge, zu zwei Latrinenerkern an einem Strebepfeiler führend

10 älterer Wohnbau C, in Palas (zwischen 11 und 19)

11 Räume zwischen 10 und 16, ursprüngliche Heizung später zu Ofen umgebaut (Badestube?) einbezogen

12 Anbau zur Erschließung von 10 und 16

13 mit 14 und 15 als zentraler Eingang zum südlich anstoßenden Wohnturm I und einer möglichen Verlängerung 17/18 und zum Palas sowie zur Erschließung der Obergeschosse dienend

14 Altan mit Treppe hinab zum Erdgeschoss und Zugang zu 15

15 mit 13 vermutlich Treppenhaus enthaltend

16 älterer Wohnturm I

17 Erweiterung von 16 nach Süden (Aufbauten unklar)

18 Gebäude (?) zwischen Ringmauer und südlicher Verlängerung von 17

19 Doppelkapelle; von Südwand von 11 bis Nordwand von 19 Erstreckung des Palas

20 Rundturm I, abgebrochen vor Bau der Doppelkapelle bis etwa 1,5 m über dem romanischen Geländeniveau (Nutzung unbekannt: Zisterne?)

21 nördlicher Achteckturm

22 südlicher Achteckturm

23 innere östliche Ringmauer, den Wall 34 zum Hof begrenzend

24 äußere östliche Ringmauer, auf dem Wall 34 aufsitzend

25 Graben

26 Stelle eines romanischen Tors (geringe Reste im Süden), Ringmauerverlauf zwischen 9 und 26 erschließbar

27 nördliche Ringmauer der Vorburg, Verlauf östlich und südlich von 31 nicht gesichert

28 Reste eines Tors (Bebauung südlich davon nicht gesichert)

29 östliche Ringmauer der Vorburg (östlich 30 auf gleichzeitig errichtetem Wall stehend)

30 Bergfried II, über Geländeniveau mit vier Ecksporen

31 Bergfried III („Dicker Wilhelm")

32 südliche Ringmauer der Vorburg (keine Substanz nachweisbar)

33 Zisterne (vermutlich Filterzisterne)

34 Wall östlich der Kernburg, mit Anlage von 25 sowie 23 errichtet

35 Reste eines romanischen Gebäudes auf dem Wall (wahrscheinlich nach Abbruch von 20 errichtet)

36 zwischen 20 und 23 Mauer mit Tür, schräge Mauer eventuell als Durchgang, östlich davon Aufgang zu 35 (?)

Glossar ausgewählter baugeschichtlicher Begriffe

Die hier gegebenen Erklärungen dienen dem grundlegenden Verständnis. Die mitunter komplizierte Diskussion zur Definition bauhistorischer Begriffe wird in den einzelnen Kapiteln reflektiert.

Altan balkonähnlicher, aber unterbauter Austritt vor Obergeschossen eines Gebäudes

Annex schon im Zuge der Erbauung oder nachträglich angefügter Baukörper

Apsis in der Regel an der Ostseite einer Kirche vorspringender halbrunder Bauteil zur Aufnahme des Altars

Arkade offene Bogenstellung

Bandfuge breiter, separat aufgetragener Fugenmörtel, eine regelmäßige Quaderstruktur wiedergebend

Bergfried nicht dauerhaft bewohnbarer Hauptturm einer Burg, gelegentlich mit Ausstattung für Wächter; von rundem, quadratischem, fünf- bis achteckigem Grundriss mit hoch gelegenem Eingang

Bündelpfeiler Pfeiler mit vier um einen quadratischen Kern gruppierten Säulen

Capella privata und publica Kapellen für den privaten Gebrauch der Herrschaft bzw. die öffentliche Teilnahme einer Gemeinde

Danzker Latrinenanlage der Burgen des Deutschen Ordens, frei im Wasser stehend und mittels einer Brücke mit der Burg verbunden; im übertragenen Sinn angwandt auf Latrinen, die in größerem Abstand von der Burgmauer oder einem Wohnbau errichtet wurden

Doppelkapelle bestehend aus zwei Kapellenräumen unmittelbar übereinander, verbunden durch eine Öffnung im Fußboden der oberen; beide Räume mit einem Altar ausgestattet; herzuleiten von der Aachener Pfalzkapelle (um 800)

Dreischiffig ein Bau, der aus drei durch in Reihe angeordnete Säulen oder Pfeiler getrennten und zugleich miteinander verbundenen Raumteilen besteht

Fugenritzungen in den frischen Fugenmörtel mit der Kellenspitze eingetragene Ritzlinien

Galerie Gang, der mehrere Räume und Teile eines Schlosses miteinander verbindet

Gurtbogen kräftig ausgebildeter Verstärkungsbogen in Gewölben, z. B. von Pfeiler zu Säule / Pfeiler reichend

Haspen Haken zum Einhängen von Fenster- oder Türflügeln

Kämpfer quadratische Platte oberhalb eines Säulenkapitells, einen Bogen oder ein Gewölbe aufnehmend

Kammertor Torbau, von vier Wänden umgeben und einen Raum bildend

Kapitell (Kelchblockkapitell, Adlerkapitell) oberer und plastisch verzierter Teil einer Säule, beim Kelchblock schlanker ausgebildet als beim Würfel; Adler als vornehmes Detail der Verzierung

Kemenate heizbarer Raum oder gar Wohnbau, in den Quellen als Bau belegt

Kernburg Hauptbestandteil einer Burg, ergänzt durch eine oder mehrere Vorburgen

Kreuzgratgewölbe Gewölbe über einem annähernd quadratischen Raumteil, bei dem die aneinanderstoßenden vier Gewölbefelder einen scharfkantigen Grat bilden

Laibung zum Innenraum weisende Wandung eines Fensters oder einer Tür

Latrine Form der „Toilette" vor der Entwicklung moderner Anlagen mit Wasserspülung; innerhalb einer Mauerstärke mit Fallschacht angebracht, vor die Mauer gesetzte Erker und Turmbauten, danzkerartige Gebäude; häufig mit hölzernen oder steinernen Sitzen

Lisene senkrechter, flach vortretender Mauerstreifen ohne Kapitell und Basis

Okulusfenster kreisrund gebildetes Fenster

Oratorium Betraum, zum Teil auch die gesamte Kirche bedeutend

Palas Hauptbau einer Burg, entgegen der älteren Literatur vor allem durch einen repräsentativen Saal ausgezeichnet und nicht vordergründig Wohnzwecken dienend

Sohlbank untere Begrenzung eines Fensters

Spolie in einem anderen Bauzusammenhang wiederverwendetes Baumaterial, insbesondere verzierte Werksteine

Stube im Mittelalter rauchfrei beheizbarer Raum; die Feuerung des Ofens erfolgte von einem benachbarten Raum aus

Suburbium Vorburg oder Vorstadt

Türsturz obere Begrenzung eines Fensters oder einer Tür

Vierpassfenster aus vier aneinanderstoßenden Dreiviertelkreisen bestehende Fensterform

Vorburg der Kernburg häufig nachträglich vorgelagerte Burg, ebenfalls befestigt; zumeist wirtschaftliche Funktionen, aber auch Wohnungen von militärischen Bediensteten aufnehmend

Vortor vor dem Haupttor gelegenes Tor

Wohnbau mehrgeschossiger Bau auf zumeist rechteckigem Grundriss, nicht turmartig; abzugrenzen vom aufwändiger gebildeten Palas (siehe dort)

Wohnturm Bau auf quadratischem Grundriss und mit mehreren Geschossen; im Gegensatz zum Bergfried dauerhaft bewohnbar

Zweijochig das „Joch" ist eine Raumeinheit innerhalb eines gewölbten (Kirchen-) Schiffes; im Falle der Doppelkapelle der Neuenburg in Ost-West-Erstreckung nur zwei Joche

Zisterne Sammelbecken zum Auffangen von Regenwasser; Filterzisterne mit Reinigungsschichten; größere Speicherräume bildeten Tankzisternen

Kemenate, Palas und weitere Wohnbauten

Neben dem Bergen gehörte das Wohnen zu den wichtigsten Aufgaben einer mittelalterlichen Burg.[1] Selbstverständlich wurde deshalb mit dem Bau von Wohngebäuden zeitig begonnen. Ziel war, zum frühestmöglichen Zeitpunkt und dann sicher
in einer Burg leben zu können. Diese Bauabfolge ließ sich auch auf der Neuenburg
in großer Vielfalt belegen.

Wohnbauten[2] A, A/1, A/2 und B

An die Ringmauern lehnten sich von Anfang an mehrere Gebäude an.[3] Dafür sprechen sowohl ein innerhalb der nördlichen Ringmauer eingebauter Latrinenschacht
als auch eine in Kellerniveau erhalten gebliebene Mauer mit rundbogiger Tür etwa
in der Mitte der nördlichen Ringmauer (Wohnbau A) sowie eine weitere Latrine an
derem westlichen Ende (Wohnbau A/1). Über die Details dieser Gebäude können
wir nicht mehr sagen.

Im nordwestlichsten Erdgeschossraum der Burg konnte bei Untersuchungen 1996/97 eine Mauer nachgewiesen werden, die in Nord-Süd-Richtung über die
Flucht der nördlichen Ringmauer hinauszog. Sie darf im Zusammenhang mit der
Schließung dieses Eckbereiches gesehen werden. Später erfolgten der Abbruch
jenes unbekannten Eckbauwerkes und die Lückenschließung in den Fluchten
der westlichen und nördlichen Ringmauer (Wohnbau A/2). Ob die Latrine von
Wohnbau A/1 weiter benutzt werden konnte, muss offen bleiben. Zur Datierung
lässt sich immerhin so viel sagen, dass die beiden bedeutenden Fundstücke (Pferde-
schmuckanhänger und Spielstein) damals auf einen älteren Fußboden geworfen
und durch neue Auffüllschichten verdeckt worden waren. Demnach kann diese
Baumaßnahme deutlich von der Mitte des 12. Jahrhunderts abgerückt werden.
Nach verschiedenen Anhaltspunkten (Mörtel) ist sie aber noch in spätromanische
Zeit einzuordnen.

Dicht westlich des Tors zur Burg im Bereich des heutigen Löwentorhauses hat
es ebenfalls ein steinernes Gebäude gegeben, von dem Fundamentreste nachgewiesen werden konnten, die sich freilich zu keinem Gebäudegrundriss zusammen-
fügen ließen (Wohnbau B). Zu diesem Bau gehörten eine Latrine und eine Heizung.
Davon sind jeweils Reste der Schächte in der Ringmauer erhalten geblieben, von der
Latrine außerdem ein **Okulusfenster.**

Ob dieses Gebäude im Zusammenhang mit der Errichtung des Latrinenturms
außerhalb der Ringmauer um 1150 umgebaut worden ist oder als zweigeschossiger
Bau von Anfang an bestand, konnte nicht geklärt werden.

In der Südwand (der Ringmauer) wurde unmittelbar östlich neben dem
Latrinenturm eine Türöffnung in Höhe des mittelalterlichen zweiten Obergeschosses freigelegt, deren Schwelle jedoch ca. 7 m über dem Außengelände
lag. Ihre Funktion ist unklar. Sie ist nachträglich, vermutlich zeitgleich mit dem
Latrinenturm, geschaffen worden; mit dem Bau des Wohnturms II wurde sie
vermauert.

Abb. 16
Ansicht des Wohnbaus B von Norden
mit den einzelnen Bauphasen

 romanische Umbauten
Mitte des 12. Jahrhunderts

neues Wohngebäude auf
der Hofseite um 1220/30

 gotische Umbauten von
1462/63 (Fenster im
Obergeschoss Mitte des
16. bzw. 19. Jahrhunderts)

 barocke Umbauten

Wenige Jahrzehnte später gab es einen weiteren Umbau, in Folge dessen die heutige Hofwand westlich des Löwentorhauses entstand. Der nordwestliche Eckverband des Wohngebäudes ist gut erhalten geblieben. Er sitzt allerdings auf einer Mauer auf, die weiter nach Westen reichte und deren Abschluss nicht sicher erfasst werden konnte. In dieser Hofwand ist eine hoch gelegene rundbogige Tür sichtbar. Im Inneren könnte ein Tonnengewölbe im Erdgeschoss in diese Bauphase gehören. Das darüber gelegene gotische, in der zweiten Hälfte des 17. Jahrhunderts beseitigte **Kreuzgratgewölbe** versperrte später den oberen Zugang vom Hof. Somit ist indirekt die Entstehung der Tür in romanischer Zeit bestätigt.

Zwischen diesem Gebäude und dem Torhaus hat es schon zuvor ein Treppenhaus gegeben, über das man mindestens bis ins erste Obergeschoss des Wohnturms II und in die Obergeschosse des Torhauses gelangen konnte. Der Bau ragte etwa 1,5 m in den Hofraum vor und ist nach Umbauten um 1460 erst in der zweiten Hälfte des 17. Jahrhunderts beseitigt worden.

Es liegt nahe, diesen Um- bzw. wohl gar Neubau im Zusammenhang mit der Errichtung des Wohnturmes II zu sehen, also um 1220/30. Die Westwand des Bauwerkes verstellte die Zugänge zu den beiden älteren Latrinen, die man vermutlich deshalb aufgeben konnte, weil inzwischen am neuen Wohnturm Ersatz geschaffen worden war bzw. werden sollte. Die Oberflächenbearbeitung der Bogensteine der hofseitigen Tür verweist ebenfalls in spätromanische Zeit.

Wohnturm I[4]

An die südöstliche Burgmauer lehnte sich im Bereich des seit dem 18. Jahrhundert so benannten Fürstenbaus vermutlich bereits sehr früh ein quadratisches, dreigeschossiges Gebäude an (9,6 x 10,1 m), das man als Wohnturm (I) ansprechen kann.

Abb. 17
Kapelle und Wohnbau von Südosten um 1150 (Rekonstruktion / Virtuelles Modell)

Von ihm ist das Mauerwerk der Nordwand bis zum dritten Geschoss vorhanden (mindestens 12,8 m), das der Südwand ist nur in der westlichen Außenwand neben den spätgotischen Kellergewölben in Resten nachgewiesen. In der Westwand befindet sich außerdem ein kleines Schlitzfenster, dessen Holzsturz aber nicht zu datieren war. In der Nordwand des (heute unter Hofniveau liegenden) Erdgeschosses

Abb. 18
Reste der romanischen
Erdgeschosstür in der
Nordwand des Wohnturms I

hat sich teilweise ein rundbogiger Zugang erhalten. Wo die Türen zu den beiden Obergeschossen auf der Hofseite gelegen haben bzw. wie sie zu erreichen waren, ist unbekannt.

Dieser Wohnturm wurde noch in romanischer Zeit nach Süden verlängert; davon sind im Erdgeschoss auf der Hofseite eine rundbogige Tür und kleine Rechteckfenster erhalten. Unklar ist indessen die Anzahl der Obergeschosse. Die äußere Ringmauer setzte sich wie auch eine hofseitige Mauer weiter nach Süden mindestens bis in den Hofzwickel fort.

Rundturm I

Die verschiedenen und offensichtlich auch sehr frühen Wohnbauten auf der Neuenburg machen es zunächst eher unwahrscheinlich, auch den gewaltigen Rundturm unmittelbar hinter der östlichen Wall-Graben-Befestigung als einen Wohnturm anzusprechen. Sein Durchmesser betrug 13,1 m, die Mauerstärke 2,6 m. Er müsste freilich beim derzeitigen Forschungsstand dennoch als Wohnturm angesprochen werden, da solch frühe Bergfriede bislang offensichtlich nicht bekannt sind. Es wird jedoch eine zeitliche Abfolge innerhalb der Wohnbebauung gegeben haben, die aber im Befund nicht zu belegen ist. Die angedeuteten Schwierigkeiten zeigen zugleich sehr deutlich die augenblicklichen Grenzen der Forschung auf.[5] Im Falle des runden Turms auf der Burg Groitzsch diskutiert der Ausgräber: „Aufgrund seines Standorts unmittelbar hinter der Mauer und sicher in der Nähe des Tores war er Bergfrit, und zugleich besaß er bei seinen ungewöhnlichen lichten Innenmaßen die Funktion eines Wohnturmes."[6] Die Nähe des Tors trifft für die Neuenburg zwar nicht unmittelbar zu. Aber auch hier beträgt der lichte Durchmesser immerhin noch 7,9 m (auf der Burg Groitzsch 9,3 m), so dass ein gewisser „wohnlicher Aspekt" nahe liegt. Ohne Zweifel befinden wir uns in einer Zeit der Entwicklung größerer steinerner Türme, die dem Wohnen und „Verteidigen" – besser: dem umfassender „Geschütztsein" – gedient haben werden. Zu diesen frühen Türmen muss man im mitteldeutschen Raum außerdem noch die sogenannte „Flasche" auf dem Schlossberg in Altenburg (um 1080 bis frühes 12. Jahrhundert)[7] und den quadratischen Turm auf dem Burgberg in Meißen (um 1097/98) zählen.[8]

Genauere terminologische Unterscheidungen dürften aber kaum möglich sein. Aus diesen Gründen wurde der Rundturm I auch als möglicher Wohnbau angeführt. Nach erfolgter Ummantelung des Turms früh in der ersten Hälfte des 12. Jahrhunderts wurde dieser aber unstrittig zu einem Bergfried.

Wohnbau C

Zwischen Doppelkapelle und Löwentorhaus entstand zeitnah, aber wohl etwas später, ein rechteckiger Wohnbau, dessen Westwand teilweise das neue Torhaus bildete.

Zuvor muss es im Bereich zwischen Wohnturm I und Wohnbau C bereits einen sich auch noch etwas weiter nach Südosten erstreckenden Bau gegeben haben, zu dem ein Sehschlitz, durch den das Tor gut einsehbar war, sowie ein

Kaminabzug gehört haben dürften. Eine in der Südwand des neuen Erdgeschosses befindliche, offensichtlich aus der Erbauungszeit stammende Tür mit Anschlag auf der Innenseite lässt einen südlich unmittelbar anschließenden kleinen Raum vermuten, der den Zwischenraum zum südlich unmittelbar angrenzenden Wohnturm I ausgefüllt haben dürfte. Die Geschosshöhen wurden verändert, so dass der Sehschlitz seitdem praktisch funktionslos war. Eine jüngst geglückte dendrochronologische Datierung des eichenen Türsturzes verweist in die Jahre kurz vor 1090. Das bedeutet, dass zu diesem Zeitpunkt die Wand mit der Tür bis mindestens zu dieser Höhe vorhanden gewesen ist – und die außen anstoßende, durch eine Fuge getrennte Ringmauer sogar relativ älter sein muss!

Ins Erdgeschoss von Wohnbau C führte eine Tür von Osten. Außerdem scheint es hier einen unter Fußbodenniveau gelegenen Heizraum gegeben zu haben[9], weshalb der Bau durchaus als **Kemenate** bezeichnet werden darf.[10] Im ersten Obergeschoss hat sich in der Ostwand ebenfalls eine Tür erhalten. Dorthin dürfte man vom Hof aus über einen Treppenbau aus Holz oder Stein gekommen sein. Dieses Geschoss war mittels einer vermutlich aus Holz bestehenden Querwand unterteilt. Nach einem deutlich an den beschädigten und geröteten Kalksteinquadern erkennbaren Brand wurde diese Wand beseitigt und in der Westwand eine Tür zum Geschoss über der Torfahrt eingebrochen. (Offensichtlich hat dieser Brand auch die Nordwand von Wohnturm I beeinträchtigt.) Mit brandgeschädigten Steinen erfolgte die Aufstockung des Gebäudes mit einem

Abb. 19
Westwand des Wohnbaus C mit Türgewände

Abb. 20
Nordwand des Wohnbaus C im Erdgeschoss vom heutigen Kassenraum aus

zweiten Obergeschoss. Ob es ein solches schon von Anfang an gegeben hat, war nicht zu klären.

Anhand des nach dem Brand verwendeten Mauermörtels scheint der Umbau in großer Nähe zum Bau des Palas erfolgt zu sein, so dass er vielleicht als frühe Ausbaustufe desselben zu verstehen wäre (also kurz vor oder um 1170/75).

Zwischen Wohnbau C und der ersten Burgkapelle verblieb ein gangartiger Zwischenraum, der vielleicht einen Zugang zur inneren Kernburg aufnahm. Allerdings ist das Mauerwerk mit der spätgotischen Tür neben dem hofseitigen Eingang zur Doppelkapelle ebenfalls romanisch, so dass dieser Weg zwischen Wohnbau C und Kapelle verschließbar gewesen sein dürfte.

Palas[11]

Wie dendrochronologische Datierungen mehrerer Eichenbalken aus dem Raum zwischen Wohnbau C und Wohnturm I ergaben, hat in der Zeit um 1170/75 an dieser Stelle mit dem Einbau einer Warmluftheizung und unter Einbeziehung der so genannten Kemenate der Aufbau eines repräsentativen Palas begonnen, der innerhalb der folgenden ein bis zwei Jahrzehnte zum Abschluss gebracht wurde. Der Neubau erstreckte sich über den nördlichen Wohnbau und über die im gleichen Bauzusammenhang errichtete Doppelkapelle. Er besaß mindestens vier Geschosse – im letzten den großen Saal, das konstitutive Element eines Palas. Im ersten Obergeschoss wurde die Nordwand beseitigt und der Weg zwischen Kapelle und dem ehemaligen Wohnbau C mittels Bogenkonstruktionen überbaut, die im Detail jedoch nicht nachgewiesen werden konnten. Die ältere Tür der Ostwand wurde weiter südlich durch ein größeres Portal ersetzt, dessen raumbezogene

Abb. 21
Palas und Doppelkapelle von Südosten um 1230 (Rekonstruktion/Virtuelles Modell)

Abb. 22
Rekonstruktion eines Palasfensters

Abb. 23
Reste eines Fensters mit Wandpfeiler und Basis im zweiten
Obergeschoss des Palas

Nische erhalten geblieben ist. Für das zweite Obergeschoss lassen sich leider kaum bauliche Details anführen. Reste der Ostwand haben sich dicht südlich der Kapelle erhalten; die übrigen Partien hier und vom dritten Obergeschoss sind im mittleren 16. Jahrhundert beseitigt und erneuert worden.

Im dritten, ringsum frei stehenden Obergeschoss dieses Palas konnten Reste von mehrteiligen Fensterarkaden dokumentiert werden. Sie gehören zu den eher spärlichen Befunden, die etwas über die Wand- und Fassadengliederungen der Neuenburger Wohnbauten aussagen[12] und sind gut vergleichbar mit solchen im Saalgeschoss des Palas der Runneburg in Weißensee, das wohl ebenfalls im späteren 12. Jahrhundert errichtet worden ist. Sie legen außerdem nahe, in diesem Geschoss den großen repräsentativen Saal zu vermuten.[13] Seine Innenmaße betrugen ca. 7 x 21 m, die äußeren maximal 8,55 x 25,5 m.[14] Obwohl man zwar einer jüngst geäußerten These nicht ganz gerecht wird und es nahezu aussichtslos ist, die Räume in den drei Geschossen darunter funktional zu deuten, darf man hier dennoch den Palas der Neuenburg vermuten. Dieser erstreckte sich also bis über den Westteil der baueinheitlich errichteten Doppelkapelle, die die eingeschossige Saalkirche ersetzte. Wie schon im Falle der Doppelkapelle, die ihre besondere Gestalt durch die Einbeziehung einer Vorgängerkirche erhielt, ist auch die etwas verzogene Grundrissform des Palas, insbesondere des Saales, Resultat eines komplizierten „Wachstumsprozesses" entlang der gewinkelten Ringmauer und eingefügt zwischen Kapelle, Torhaus und älteren Wohngebäuden, die zum Teil die

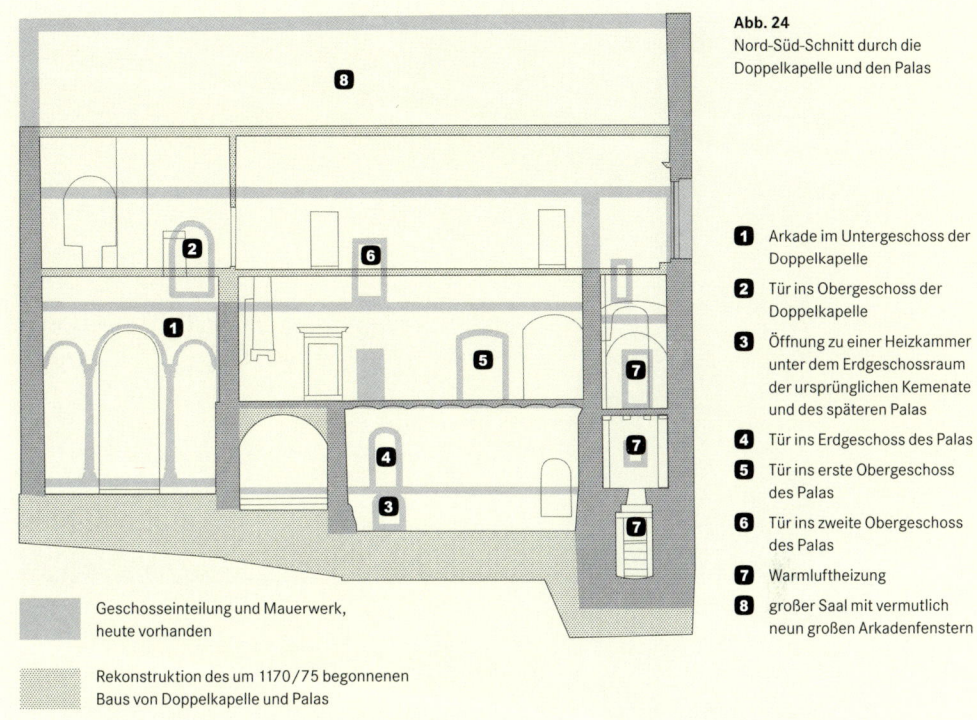

Abb. 24
Nord-Süd-Schnitt durch die
Doppelkapelle und den Palas

❶ Arkade im Untergeschoss der
Doppelkapelle

❷ Tür ins Obergeschoss der
Doppelkapelle

❸ Öffnung zu einer Heizkammer
unter dem Erdgeschossraum
der ursprünglichen Kemenate
und des späteren Palas

❹ Tür ins Erdgeschoss des Palas

❺ Tür ins erste Obergeschoss
des Palas

❻ Tür ins zweite Obergeschoss
des Palas

❼ Warmluftheizung

❽ großer Saal mit vermutlich
neun großen Arkadenfenstern

Geschosseinteilung und Mauerwerk,
heute vorhanden

Rekonstruktion des um 1170/75 begonnenen
Baus von Doppelkapelle und Palas

unteren Geschosse des neuen Palas bildeten. Insgesamt stellen Doppelkapelle und Palas also eine merkwürdige Verbindung dar, die allein aus ihrer Baugeschichte zu erklären ist. Im Gegensatz dazu sind diese Gebäude auf der Wartburg, der Runneburg oder in Gelnhausen einheitliche Neubauten, die keinerlei Rücksicht auf Vorgänger zu nehmen hatten. Beim Querfurter Palas liegt der Fall ähnlich wie auf der Neuenburg: Auch hier wurden Teile von älteren Gebäuden übernommen (eines ersten Wohnbaus und eines Torhauses).[15] Doch da diese sämtlich auf rechteckigem Grundriss errichtet waren, brachte die Überbauung keine Probleme.

Reste der Ostecke des steinernen Südgiebels haben sich im heutigen Dachgeschoss erhalten.

Im alten Zwickelraum zwischen Wohnbau C und Wohnturm I wurde der Palasbau mit der Errichtung einer Warmluftheizung begonnen, deren komplizierter Mechanismus allerdings noch nicht überzeugend geklärt werden konnte. Sie beheizte sowohl Räume in diesem Gebäudezwickel bis mindestens ins zweite Obergeschoss als auch den südlich stehenden Wohnturm, in dessen Nordwand eine Heizöffnung nachträglich eingebrochen worden ist. Wahrscheinlich haben sich eine Heizkammer unterhalb des Erdgeschosses, der Mauerschacht für die Warmluft und mehrere Austrittsöffnungen für Warmluft erhalten. Ein Fenster mit Flechtbandornamentik auf den Gewänden belichtete den kleinen Raum im ersten Obergeschoss (auch auf 1170/75 datierbar). Überzeugende Vergleichsbeispiele für diese Heizungsvariante konnten bislang nicht aufgefunden werden.[16] Demgegenüber ist

Abb. 25
Südwand des ersten Obergeschosses im Palas

die Interpretation der auf der Runneburg freigelegten zeitnahen Warmluftheizung recht unproblematisch. [17]

In einer noch spätromanischen Umbauphase wurde die Heizung aufgegeben und durch eine andere ersetzt. Zu dieser gehören Wandpfeiler im Erd- und ersten Obergeschoss, die in letzterem zwei Gewölbe übereinander trugen – vermutlich ein Ofen mit Rauchabzug.

In diesem Zusammenhang musste ein Fenster in der westlichen Außenwand höher gesetzt werden; dieser Befund mit romanischen Fugenritzungen ist deutlich ablesbar. Gleichzeitig erfolgte nunmehr die südliche Verlängerung des zweiten Obergeschosses bis an die Nordwand des Wohnturmes I.; zuvor war der alte Zwickelraum bis in diese Höhe existent, wie eine Heizungsöffnung bestätigt.

Wozu der neue Heizraum diente, lässt sich nur vermuten – vielleicht als Badestube? Als Warmluftheizung kann er aber nicht mehr funktioniert haben. [18]

Unter einem nachträglich an den älteren Wohnturm I und das ältere längsrechteckige Wohngebäude C angebauten hofseitigen **Altan** gelangte man nunmehr in die Erdgeschossräume und über diesen ins erste Obergeschoss. Der zweiteilige Vorbau ist offensichtlich baueinheitlich. Ein unmittelbar nördlich vorgebautes „Treppenhaus" erschloss die oberen Geschosse des Palas und des südlich anstoßenden älteren Wohnturmes. Um seine Baugestalt rekonstruieren zu können, hätten freilich erheblich mehr Befunde als nur im Erdgeschoss nachgewiesen werden müssen. Dennoch lässt sich eine relative Abfolge einzelner Bauteile zumindest in den beiden unteren Geschossen belegen. Darüber wird man vermutlich mit hölzernen Aufbauten zu rechnen haben. [19]

Abb. 26
Ostwand des Raums im ersten
Obergeschoss des Palas mit den
einzelnen Bauphasen

Mauerwerk der Kemenate mit Tür um 1100

romanische Umbauten nach einem Brand Mitte des 12. Jahrhunderts

Mauerwerk aus der Zeit des Umbaus zum Palas um 1170/75

Reparatur aus gotischer Zeit

Bauliche Veränderungen von der Mitte des 16. Jahrhunderts bis um 1700

Aus dem Vorhandensein von steinernen Innentreppen auf der Wartburg[20], in Gelnhausen oder in Kaiserswerth[21] kann nicht automatisch auf eine typologisch jüngere Treppenvariante und somit relativ spätere Entstehung geschlossen werden. Die bisher noch ungenügend geklärten Außenaufgänge zum Saalgeschoss des Neuenburg-Palas und das inzwischen nachgewiesene steinerne Treppenhaus am Runneburg-Palas[22] und vielleicht auch am ergrabenen Palas der Oberburg Giebichenstein in Halle[23] dürfen gewiss nicht als Rückschritt gewertet werden, zumal eine solches Außentreppenhaus offensichtlich zeitgleich auch am Wartburg-Palas zur Erschließung des zweiten Obergeschosses angebracht worden war.[24] Vielmehr wird man im Falle der Innentreppe von einer eigenständigen Entwicklung auszugehen haben, der letztlich die Zukunft gehörte.

Gebäude auf dem östlichen Wall

Nach dem Abbruch des Bergfrieds I im östlichen Hof der Kernburg entstand unmittelbar östlich auf dem Wall ein rechteckiges Gebäude, dessen Mauern mit Fugenritzungen noch in romanische Zeit verweisen. Es ist ein Glücksumstand, dass sich Teile der Nord- und der Ostwand im heutigen Obergeschoss der spätgotischen Küchenmeisterei erhalten haben und 1998 dokumentiert werden konnten – ursprünglich auf dem Wall errichtet und später beim schrittweisen Abtragen dieses Walles von unten her untermauert. Dass der Bau Wohnfunktionen diente, ist nicht sehr wahrscheinlich. Eher nahm er vielleicht an Stelle des ehemaligen Rundturms Beobachtungsaufgaben wahr. Auf der Hofseite könnte die Treppe gelegen haben; darauf verweisen Reste von Mauerzügen.

Tor und Torhaus

Neben vielen offenen Fragen zur Baugeschichte der Neuenburg sind insbesondere die ursprünglichen Burgwege, -zugänge, viele Mauerverläufe und deren
Entwicklung nur unzureichend bekannt, zumal Untersuchungen gerade in der
Vorburg bisher nicht möglich waren. Dort hat sich im Bereich des so genannten
Schafstalls neben dem Bergfried „Dicker Wilhelm" der seit der Anlage dieser
Vorburg bestehende und bis ins 18. Jahrhundert genutzte Hauptzugang zur
Neuenburg befunden.[1] Davon sind jedoch nur geringe Mauerreste oberirdisch
erhalten geblieben.

An Stelle des gotischen Osttorhauses könnte sich spätestens seit dem Bau des
Wohnturms II und der südlichen äußeren Ringmauer ein Vortor befunden haben;
doch gibt es auch hier nur ganz wenige, zudem unsichere Fundamentbefunde, die
unter der Nordwand des jüngeren Gebäudes liegen. Da östlich des Tors der tiefe
Burggraben vorbeizog, um anschließend ins Tal Richtung Haineberg auszulaufen,
und dieser wahrscheinlich über eine hölzerne Brücke zu queren war, kommt einem
Tor an dieser Stelle eine größere Bedeutung zu.

Abb. 27
Löwentorhaus von Südosten

Abb. 28
Das Tor von Südosten um 1150

Der älteste Zugang zur Kernburg befand sich wie noch heute im Bereich des Löwentors; Reste sind erhalten. Das Laufniveau lag ursprünglich im Bereich der Torfahrt um ca. 0,8 m höher. Darauf verweisen die Fundamentvorsprünge an der Ostwand unter dem spätgotischen Torgewölbe. Zunächst bestand offensichtlich nur ein Mauertor, dessen Stärke mit 1,5 m ca. 0,5 m tiefer als die anschließende Ringmauer gewesen ist. Ob dieses Tor tatsächlich eine Zeit lang frei gestanden hat oder nur die erste Phase innerhalb eines Baugeschehens darstellt, wird kaum zu klären sein. Mit deutlich wahrnehmbaren Baufugen sind relativ später die beiden Wände angesetzt worden, die nunmehr ein Torhaus oder einen Torturm bildeten: auf der Westseite die Ostwand des Treppenhauses – das wohl insgesamt mit zum Torhaus gerechnet werden darf –, auf der Ostseite die Westwand von Wohnbau C. Mit der Datierung dieses Wohnbaus in die Zeit um 1090 kann deshalb auch die des Torbaus bestimmt werden. Die große Breite der beiden Mauern (im Westen 1,2 – 2 m, im Osten 1,6 m) spricht dafür, von Anfang an eine gewölbte Torfahrt zu rekonstruieren.

Das Tor besaß ursprünglich mindestens zwei Obergeschosse, die über ein westlich benachbartes Treppenhaus zugänglich waren. Ins erste Obergeschoss führte seit einem Umbau im Wohnbau C (Mitte des 12. Jahrhunderts) eine Tür, deren **Laibung**sreste der Nische dort freigelegt werden konnten. In diesem Raum befand sich in der Ostwand auch eine Nische, die von einem hölzernen Sturz überdeckt war, vielleicht ein Wandschrank? Der obere Abschluss des Torbaus könnte von Zinnen bekrönt gewesen sein.

Das auf der Neuenburg nachgewiesene Tor muss dem Typus **Kammertor** zugewiesen werden. Vergleichsbeispiele aus der Zeit um 1100 gibt es nur wenige:

Abb. 29
Das Tor von Südosten um 1230

auf der Burg Donaustauf bei Regensburg (Mitte des 11. Jahrhunderts), auf der Burg Querfurt (Mitte des 11. Jahrhunderts), auf der Lützelburg in Zorn (zweites Drittel des 11. Jahrhunderts), im Schlössel bei Klingenmünster (spätes 11. Jahrhundert), auf der Arnsburg bei Gießen oder der Ödenburg bei Wenslingen (Schweiz).[2]

Aus der zweiten Hälfte des 12. Jahrhunderts stammen die gewölbten Burgtore auf der Eckartsburg (zwei), der Oberburg Giebichenstein, der Unterburg Kyffhausen (?), der Oberburg Kyffhausen und der Runneburg; ungewölbt sind die auf den Burgen Creuzburg, Falkenstein, Quedlinburg und Rudelsburg.[3]

Mit der Errichtung des Palas im letzten Viertel des 12. Jahrhunderts wurden die oberen Teile des Torbaus zumindest auf der Ostseite teilweise abgetragen, um die neuen romanischen Fensterarkaden des Saalgeschosses sichtbar zu machen.

Spätestens beim Bau des Wohnturms II um 1225/26 bestand die Notwendigkeit, bis in dessen drittes Obergeschoss mit einer Tür in der Ostwand zu gelangen. Wie dies realisiert wurde, ist nicht sicher, vielleicht über einen hölzernen Gang vom westlich des Tors gelegenen neuen spätromanischen Bau. Das zweite Obergeschoss des Wohnturms war wohl ebenfalls über eine hölzerne Galerie vom ersten Obergeschoss des Torbaus aus zu erreichen.

Ein westliches Tor entstand vermutlich schon während des Baus der Mauer mit den Gängen zu den Latrinen unterhalb des spätgotischen Westtorhauses ab 1227, denn der große runde Torbogen mit einem doppelten Entlastungsbogen darüber gehört offensichtlich zur ursprünglichen Bausubstanz. Eine größere Fensteröffnung in Höhe des oberen Ganges liegt unmittelbar über dem Torweg, so dass auch von dort eine Beobachtungsmöglichkeit gegeben war. Diese betretbare Fensternische ist bisher ohne Parallele auf der Neuenburg. Sie gestattete das Hinauslehnen und unmittelbare Beobachten des darunter gelegenen Tors.

Es ist anzunehmen, dass das damals neu geschaffene Burgtor einen kürzeren Weg zur Stadt ermöglichen sollte. Diese erlebte in jenen Jahren eine Blüte, wovon insbesondere der Neubau der spätromanischen Kirche kündet.

An weiteren bauarchäologisch nachgewiesenen Toren sind noch anzuführen: Das Tor unmittelbar südlich der Kapelle verschloss den schmalen Weg zwischen dem Haupttor und dem östlichen Burghof. Dieser Weg stellte eine kürzere, direkte Verbindung zwischen den beiden Höfen dar, zumal der Bergfried I bzw. die nach seinem Abbruch stehengebliebenen Reste eine Absperrung darstellten. Diese wurde seit dem Bau der östlichen Ringmauer und des Turms lediglich durch eine kleine Pforte geöffnet, deren Reste entdeckt werden konnten.

Schließlich wurde unmittelbar westlich neben dem Kernburgtor eine kleine Pforte nachträglich in die bereits vorhandene südliche Ringmauer (um 1090) eingebrochen. Dies konnte im Gebäudeinneren bei einer Schachtung deutlich beobachtet werden. Leider ist das hölzerne Sturzbrett derzeit dendrochronologisch nicht zu datieren. Da jedoch die Pforte bereits wieder durch den Bau des Wohnturms II (um 1225/26) aufgegeben und vermauert wurde, lässt sich ihre Entstehung in die Jahrzehnte zwischen 1100 und 1225 eingrenzen.

Ringmauern, Türme, Wälle, Gräben und Brücken

Ringmauern

Im Bereich des heutigen Schlosses sind etwa ab 1090 unter Graf Ludwig dem Springer die ersten Ringmauern[1] entstanden, die den Bereich der heutigen Kernburg zwischen Fürstenbau und Küchenbau sowie zwischen den westlich gelegenen Galerieflügeln umgrenzten. Auffällig ist indes eine Lücke an der nordwestlichen Spitze. Die Mauern sind in einem sehr sorgfältigen Schichtmauerwerk aus hammerrecht bearbeiteten kleinen Quadern errichtet worden und besonders eindrucksvoll noch heute an der nördlichen Ringmauer bis zur Höhe der Barockfenster des Obergeschosses zu beobachten. Größere Abschnitte finden sich auch noch im Südwesten, im Bereich von Wohnturm II und Löwentorhaus und in der westlichen Außenwand des Fürstenbaus. Auffallende Parallelen finden sich an zahlreichen Burgen der zweiten Hälfte des 11. und der ersten Hälfte des 12. Jahrhunderts.[2]

Die den Burghof auf der Ostseite begrenzende Ringmauer war ursprünglich – wie auch sonst – bis zu 8 m hoch und ist teilweise erhalten geblieben. Im Abstand von ca. 6–8 m zur inneren Ringmauer hat sich auf der wohl von Anfang an eingeebneten Wallkrone eine weitere, äußere Mauer befunden, die nur noch anhand älterer Pläne und eines Fotos von 1979 indirekt nachweisbar ist.[3] Die hofseitige Mauer war dort hoch aufragend über dem Burghof sichtbar, während sie dahinter von der Wallanschüttung verdeckt blieb. Deshalb liegt heute – nach dem Beseitigen des Walls seit dem 19. Jahrhundert – das einstige Fundament frei. Hier wie auch sonst an vielen Stellen fand in den Fundamenten die Technik des so genannten „opus

Abb. 30
Nördliche Ringmauer (in der Nordwand des nördlichen Galerieflügels)

Abb. 31
Innere östliche Ringmauer (links unten), durch die Küchenmeisterei überbaut

spicatum" Anwendung: der Versatz der Steine in schräger Lagerung, zum Teil in den aufeinanderfolgenden Schichten in entgegengesetzter Anordnung. Auch diese Technik ist in romanischer Zeit häufig zu belegen.[4]

Als auffällige Details der Mauertechnik sind beispielsweise anzuführen:

Entlang der nördlichen Ringmauer war zu beobachten, dass zunächst lockeres Felsgestein („Knack") umgesetzt – das heißt wohl aufplaniert – wurde, bevor man in diesem dann die Fundamentgräben aushob.[5]

Oder: Im Bereich des Kernburgtors ist die Bautechnik der Ringmauer unterschiedlich: östlich des Tors mit Fundamentvorsprüngen, westlich davon ohne. Hierin lassen sich vermutlich zwei verschiedene Bauabschnitte des Ringmauerbaus erkennen. Ob daraus größere zeitliche Abstände geschlossen werden müssen, ist unklar. Gebäude hinter der Ringmauer waren aber auf beiden Seiten vorgesehen.

Die häufig gestellte Frage nach der Verputzung der mittelalterlichen Mauern kann für die Neuenburg so beantwortet werden: Die ältesten Ringmauern waren unverputzt, wie das Mauerwerk hinter dem jüngeren Latrinenturm an der südlichen Ringmauer bestätigt. Aber auch die meisten Gebäuden dürften so an ihren Oberflächen behandelt worden sein: Doppelkapelle, Wohnturm II.[6]

Noch vor dem Bau des Wohnturms mit dem Latrinenbau (um 1225/27) könnte es eine schützende Eingrenzung zwischen dem vermuteten Vortor im Bereich des Osttorhauses und dem Kernburgtor gegeben haben. Sichere Hinweise gibt es allerdings nicht. Doch fällt auf, dass die „schildartige" Mauer mit den Gängen zu den beiden Latrinen von 1227 ebenerdig in Teilen älter als diese könnte. Das Tor wäre dann in diese Mauer eingebrochen und anschließend die Wand für die Latrinengänge aufgeführt worden.

Von der neuen Latrinenanlage zog eine baueinheitlich errichtete Ringmauer nach Osten. Zum Burghof war sie nahe den Latrinen ca. 3,5 m, zum Tal hin ca. 6 m

Abb. 32
Der Zwinger zwischen Ringmauer und Palas von Südwesten um 1230

hoch. Ihr Verlauf ist teilweise mit der heutigen Mauer identisch. An unbekannter Stelle traf sie dann auf das Vortor.[7] Der nunmehr entstandene Raum zwischen dieser Mauerführung und dem Palas besitzt alle Eigenschaften eines Zwingers, eines recht frühen Beispiels zudem.[8]

Die seit dem dritten Viertel des 12. Jahrhunderts ausgebaute große Vorburg war ringsum von Mauern umgeben. Davon haben sich noch größere Partien im Norden und Osten erhalten. Östlich des Bergfrieds II ist wiederum sehr schön die opus-spicatum-Bauweise des Fundaments sichtbar.

Anhaltspunkte für Zinnen konnten auf der Neuenburg an keiner Stelle angetroffen werden.[9]

Allein die den Brunnenhof auf der Südseite begrenzende Mauer und die östliche Vorburgmauer besitzen noch heute Zinnen, die auch schon im Jahre 1786 dargestellt worden sind. Ob diese aus romanischer Zeit stammen oder einer gotischen Reparatur angehören, läßt sich nach zahllosen neuzeitlichen Instandsetzungen nicht mehr klären. Insbesondere auf der Creuzburg, aber auch auf der Schönburg haben sich Zinnen aus der zweiten Hälfte des 12. Jahrhunderts erhalten.[10]

Die Mauerstärken betragen im Aufgehenden in romanischer Zeit auf der Neuenburg selten mehr als 1,0 bis 1,1 m.[11]

Türme

Türme bestimmten in der Regel das Erscheinungsbild mittelalterlicher Burgen. Oft wurden sie zum aussagefähigsten, beeindruckendsten Statussymbol, entbehrten jedoch nicht einer gewissen Wehrhaftigkeit.[12] Sie gehörten von Anfang an zu den gewaltigsten Bauaufgaben auf der Neuenburg.

Achtecktürme

Es war eine große Überraschung, als sich die zwischen 1991 und 1996 archäologisch untersuchten Fundamente im Nord- und Südosten der Kernburg als Teile einst achteckiger Bauten erwiesen.[13] Beide waren im Kontext mit der östlichen Ringmauer entstanden: im Süden baueinheitlich, im Norden durch eine Fuge getrennt. Wie die Untersuchungen an dieser Ringmauer ergaben, war sie in engstem Zusammenhang mit dem östlich angeschütteten Wall und eben auch mit den Achtecktürmen aufgeführt worden. Diese haben einen Durchmesser von 10,0 m und eine Mauerstärke in Höhe ihrer Abbruchoberkante von ca. 1,5 m.

Zur Baugestalt beider Türme: Das auf der Burghofseite sehr sorgfältig bearbeitete Sichtmauerwerk in einer achteckigen Grundform kann beim hierfür erforderlichen handwerklichen Aufwand nicht als reine Substruktion bzw. Stützmauer des Walles zum Hof hin interpretiert werden (wie die Ringmauer selbst). Statische Gründe scheiden demzufolge aus. Diese anspruchsvollere und gleichzeitig aufwändigere Bauform spricht für ein Aufgehendes in derselben Gestalt, das heißt also als achteckiger Turm, der zudem von Osten her auch noch über der Wallkrone wahrgenommen werden musste. Die Wallkrone lag unmittelbar südlich des Nordturms

Abb. 33
Nördlicher Achteckturm von Osten

Abb. 34
Nördlicher Achteckturm von Süden

7,5 bis 8,5 m über dem damaligen Hofniveau. Dies entspricht zugleich der Mindesthöhe des Turms.[14] Damit der Turm jedoch auch vom östlichen Vorgelände der Burg gesehen bzw. von ihm dieses Areal beobachtet werden konnte, müssen mindestens noch 8 – 10 m hinzugerechnet werden, so dass von Gesamthöhen um 20 m auszugehen ist. Die Zugänge zu diesen beiden Türmen dürften sich auf der Hofseite befunden haben – kaum auf dem Wall, aber oberhalb der Wallkrone, das heißt mindestens 7,5 bis 8,5 m über dem Hof.

Die Türme wird man als Elemente der Verteidigung der östlichen Kernburgseite ansprechen, kaum als Wohntürme. Ihre eigentliche Funktion besaßen sie aber offensichtlich oberhalb der Wall- und Mauerkronen. Man wird sie wohl korrekt als Mauertürme, nicht als (vor eine Mauer tretende) Flankierungstürme anzusprechen haben, auch wenn von Osten gesehen der Eindruck den großen Bergfried I „flankierender" Bauten nicht von der Hand zu weisen ist. Gemeinsam mit diesem erfüllten sie zudem repräsentative Aufgaben: Der Anblick dieser gewaltigen Befestigungsanlage, ja auch „Schauseite" der Burg für den von Osten über die Hochfläche kommenden Besucher, muss überwältigend gewesen sein.

Die Erbauung der Burg kann seit dem letzten Jahrzehnt des 11. Jahrhunderts angesetzt werden. Dazu gehören die in beeindruckender Qualität erhaltenen Ringmauern im Norden, Westen, Süden und Südosten der Kernburg. Für die Ostseite gibt es keinen anderen Befund als den Wall und die annähernd zeitgleich errichteten Ringmauern hinter und auf diesem sowie die beiden achteckigen Türme und den großen Rundturm. Es liegt also nahe, auch die Befestigungen auf der Ostseite der Burg in die Anfangszeit der Burg zu datieren, zumal die Ostseite der Burg ja die gefährdetste war. Als *terminus ante quem* hat der Abbruch des runden Turms zu gelten, der wiederum zeitlich vor dem Bau der Doppelkapelle (letztes Drittel des 12. Jahrhunderts) erfolgt sein muss. Anhand der Oberflächenbearbeitung der Quader liegt eine Datierung in die Zeit bis zur Mitte des 12. Jahrhunderts nahe, unter Berücksichtigung aller bisherigen Baubefunde jedoch schon in die erste Ausbauphase (also um 1100 und kurz danach, wenn man nicht von allzu langen Bauzeiten ausgehen will), zumal unter dem Wall bei

Abb. 35
Kernburg mit den drei Türmen, dem Wall und dem Graben von Osten um 1150

mehreren Schachtungen über dessen gesamte Breite keine älteren Begrenzungen der Ostseite der Burg (Palisaden, Mauern) gefunden werden konnten.[15]

Etwa zeitgleich mit den Untersuchungen im Schloss Neuenburg fanden auf der Burg Sulzbach in Sulzbach-Rosenberg Ausgrabungen statt, die ebenfalls einen achteckigen Turm zu Tage förderten, den der Ausgräber in die Zeit um 1100 datierte.[16] „Dies wiederum korrigiert endlich die beliebte These, dass achteckige Türme bei uns erst nach ‚Castel del Monte‘ [einer Burg in Süditalien – der Verf.] errichtet wurden, das folglich eine Art *terminus post quem* gebildet hätte."[17] Auf Grund zahlreicher neuer Befunde und Überlegungen müssen diese Türme nunmehr in die erste Hälfte des 12. Jahrhunderts datiert werden, offensichtlich sogar an deren Anfang.[18]

Bergfried I

Unmittelbar östlich der Doppelkapelle entdeckte man im Jahre 1937 bei Drainagearbeiten die Fundamente eines großen Turms (I). Dieser bestand aus einem inneren Mauerring (13,1 m Durchmesser, 2,6 m Mauerstärke), um den später ein äußerer von 2,15 m Mauerstärke gelegt worden ist[19], wie Untersuchungen von 1991 und 2000 bestätigten. Dieser älteste Rundturm der Neuenburg ist in engem baulichen und zeitlichen Zusammenhang mit der östlichen Ringmauer und dem Wall entstanden, hatte nach seiner Verstärkung einen Gesamtdurchmesser von 17,4 m und darf zu den größten Vertretern dieses Typus gezählt werden. Das Quadermauerwerk des inneren Mauerrings ist kleinteiliger und passt gut zu dem der ältesten Ringmauern (um 1100); davon unterscheiden sich die größeren Quader

Abb. 36
Reste des Bergfrieds I
von Süden, zum Teil
von der Ostwand der
Doppelkapelle überlagert

des äußeren Rings mit sorgfältigen Fugenritzungen. Im Ergebnis der jüngsten archäologischen Untersuchung (2000) muss davon ausgegangen werden, dass der äußere Ring in nicht allzu großem zeitlichen Abstand zum inneren angefügt worden ist. Zwischen dem Turm und der dicht östlich vorbeiziehenden Ringmauer war eine Quermauer mit Türöffnung baueinheitlich angelegt worden. Nur durch diese war eine direkte Verbindung zwischen dem nord- und südöstlichen Bereich der Burg und somit entlang der Ringmauer gegeben.

Über die einstige Höhe des Turms zu spekulieren, ist abwegig; es sei aber angefügt, dass der ehemalige und nur bildlich überlieferte quadratische Bergfried der Pfalz Kaiserswerth mit einer Seitenlänge von 17 m ca. 50–55 m hoch gewesen sein soll.[20]

Der Abbruch dieses Turms wird erst zu einem Zeitpunkt geschehen sein, als die große Vorburg mit zwei weiteren Bergfrieden schon angelegt oder zumindest im Bau war, spätestens jedoch um oder wenig nach 1170/75, als direkt daneben der Bau der Doppelkapelle begann. Erstaunlicherweise brach man jedoch nur bis ca. 1,5 m oberhalb des damals angrenzenden Hofniveaus ab. Es muss dafür einen plausiblen Grund gegeben haben. Vielleicht wollte man das Innere als **Zisterne** nutzen, vergleichbar der großen steinern eingefassten Zisterne auf der Wartburg? Solange im Inneren des Turmrunds nicht gegraben worden ist, wird man auch zu keiner schlüssigen Interpretation des belassenen Turmrests kommen.

Als Vergleichsbeispiele für solch frühe runde Türme sei auf die Bauten in Groitzsch, Hamburg, Sachsenstein, Aschersleben und Mallendorf hingewiesen, die unmittelbar hinter bzw. in einen großen Abschnittswall der Burg gebaut worden sind.[21] Die beiden um bzw. kurz nach 1080 errichteten Groitzscher Türme

werden in den Pegauer Annalen als „satis munitas" beschrieben, also: hinreichend
befestigt.[22] Eine wohnliche Funktion wird in diesem Zusammenhang nicht mitge-
teilt, so dass eher an Türme mit Bergfriedfunktion als an Wohntürme zu denken
wäre, wofür auch die Lage der Türme sprechen dürfte.[23] Berechtigt uns dies, hier
trotz zum Teil größeren Innenraumes und geringerer Mauerstärke an frühe Vertreter von Bergfrieden zu denken – oder zumindest an Wohntürme, bei denen die
Wehr- die Wohnfunktion überragte? Und die Verstärkung des Neuenburger
Turms I wäre dann ein konsequenter Schritt auf diesem Weg „in Richtung Bergfried"? Auch wenn die Materialfülle eher dürftig und kaum mit neuen Funden zu
rechnen ist, sollten wir offen sein für eine Entwicklung von Bergfrieden, die vor
dem derzeit wissenschaftlich sanktionierten Datum um 1150 läge – zumal in einer
Landschaft des damaligen deutschen Reichs, die sowohl durch Königsherrschaft
als auch durch heftigsten Widerstand gegen dieselbe gekennzeichnet war.[24]

Abschließend sei nochmals auf die äußerst aufwändig gestaltete östliche
Seite der Neuenburg zurückgekommen: Diese erinnert sehr auffällig an die baulichen Reste des aus der Zeit um 1070 stammenden Sachsensteins bei Walkenried
im Harz, auch wenn das Tor der Neuenburg auf keinen Fall zwischen den beiden
Achtecktürmen gelegen hat. Bemerkenswert sind dort die beiden sechseckigen
Tortürme und ein 13 m starker Rundturm; es fehlt jedoch ein Wall unmittelbar
davor. „Diese monumentale Toranlage, wie sie in dieser Stärke und dieser repräsentativen Wirkung im Burgenbau bis zur Stauferzeit ohne Nachfolger dasteht,
lässt auf besondere Absichten des königlichen Bauherren schließen ..."[25] Dem
Sachsenstein wird man nunmehr die Neuenburg als ebenbürtiges Beispiel aus
vorstaufischer Zeit zur Seite stellen dürfen.

Bergfried II

Der zweite Bergfried auf der Neuenburg, unmittelbar hinter dem östlichen Wall der
Vorburg gelegen, ist etwas über 3 m hoch erhalten geblieben. Seine Mauerstärke
beträgt 4,4 m und der Durchmesser 15,2 m; die Quader sind von vorzüglicher Qualität. Seine einstige Höhe wird man nach den üblichen Berechnungskriterien[26]
mit etwa 30–35 m annehmen dürfen. Auffällig sind vier diagonal angeordnete
„Ecksporen": Bei einer Grabung wurde sichtbar, dass sich die „Sporen" über zwei
Rücksprünge nach oben verjüngten (über ca. 1,4 m)[27], um anschließend mit ihrem
„Mittelgrat" im Winkel von 45° im Mauerwerk des Turmrunds auszulaufen. An allen
frei sichtbaren Verbindungsstellen zwischen Turm und Sporen belegen sauber
gearbeitete Werksteine die baueinheitliche Entstehung, zum Beispiel beim umlaufenden Turmsockelprofil (einfache Schräge) oder beim Übergang des Mittelgrats
in den Turm. Die Gesamthöhe vom ursprünglichen Geländeniveau bis zum Aus-
laufpunkt der Spornspitzen betrug etwa 3,9 m. In der Detailausbildung und den
Abmessungen variieren die vier Sporen auffällig.[28]

Über das aufgehende Mauerwerk und die Innengestaltung haben wir
natürlich keine Kenntnis, da der Turm ja nach einem Brandschaden durch Blitz-
einschlag im Jahre 1662 abgebrochen worden ist. Eine in der Vorburg gefundene

Abb. 37
Ausgegrabener südwestlicher
Ecksporn am Bergfried II

Kaminwange könnte aus diesem Turm stammen und wäre dann ein Beleg für das Vorhandensein einer Heizstelle analog zum Bergfried III.

Die zeitliche Einordnung des Bergfrieds ergibt sich allgemein aus seiner unmittelbaren Einbeziehung in die Vorburg, die etwa seit dem dritten Viertel des 12. Jahrhunderts errichtet wurde. Die Steinbearbeitung mit Randschlag und Fugenritzung sowie opus spicatum im Füllmauerwerk verweisen in die zweite Hälfte des 12. Jahrhunderts. Auch die Keramikscherben, die unmittelbar über dem ältesten Laufniveau um den Turm gefunden und stratifiziert wurden, widersprechen einer solchen Datierung nicht; sie gehören vermutlich ins späte 12. Jahrhundert.

Vergleichsbeispiele aus dem mitteleuropäischen Raum konnten bisher nicht ermittelt werden. Trotz intensiver Bemühungen ist es bisher jedoch noch nicht gelungen, überzeugende Vergleichsbeispiele für diese ungewöhnliche Turmfußgestaltung aufzufinden. Allein der Campanile von San Apollinare in Classe bei Ravenna besitzt gut vergleichbare Sporen (10. Jahrhundert); auf eine direkte Verwandtschaft wird daraus aber wohl nicht zu schließen sein.[29]

Eine fortifikatorische Bedeutung wird man den „Neuenburger Sporen" kaum zubilligen können. Mit ihrer – auf den ursprünglichen Turmzylinder bezogen – geringen Höhe von knapp 4 m dürften sie eher gedrückt, am Boden haftend erschienen sein. Am ehesten ist wohl mit einer gestalterischen Absicht zu rechnen, und diese war vermutlich einem hohen Repräsentationsbedürfnis der Landgrafen geschuldet.[30] Erstaunlicherweise fanden die „Attribute" am Fuße des Bergfrieds II auf der Neuenburg – soweit wir dies heute feststellen können – keine direkte Nachfolge, weder auf anderen ludowingischen Burgen noch in deren weiterem Umfeld.

Bergfried III

In der geländebedingt nach Nordosten ausbauchenden Vorburg steht der dritte
Bergfried, der im Volksmund seit dem 20. Jahrhundert als „Dicker Wilhelm"
bezeichnet wird.[31]

Die Mauerstärke beträgt durchweg 2,85 m, der Durchmesser 14 m und die
Mindesthöhe 23 m. Er beeindruckt ob seiner Stärke, der gewaltigen Renaissance-
haube von 1550 und seiner enormen Erscheinung weit in die Landschaft hinein.
Seit der Mitte des 16. Jahrhunderts ermöglicht ebenerdig eine Tür den Zugang.
Ursprünglich erreichte man das Turminnere nur durch den hoch gelegenen
Eingang auf der Westseite. Wie man dorthin gelangte, ist schwer zu sagen, da
von Bebauung in der Nachbarschaft bis auf die nahe Ringmauer nichts erhalten
ist.[32] Das sich hinter dieser Tür öffnende Hauptgeschoss ist mit einem mächtigen Kuppelgewölbe überspannt. Eine in der Mauerstärke befindliche Latrine und
ein Kamin geben dem Raum etwas Wohnliches. Eine breite Treppe mit niedrigen
Stufen führt in ein tiefer gelegenes Geschoss. Vermutlich bildeten beide Etagen
eine eng verbundene funktionale Einheit. Ins unterste Geschoss gelangte man
offensichtlich über eine Leiter. Vom Hauptgeschoss führt eine deutlich schma-
lere und zugleich steilere Mauertreppe in das nächstfolgende Geschoss über
der Kuppel. Hier befindet sich eine weitere Latrine. Deren Ausflüsse münden in
halber Höhe über dem Gelände. Die folgenden Zwischengeschosse konnten nur
über Leitern erreicht werden. Schlitzfenster belichten alle Geschosse. Der obere

Abb. 38
Nord-Süd-Schnitt durch den Bergfried III

Abb. 39
Mauertreppe im Bergfried III

Abschluss ist unbekannt. Sicher sind aber beim Umbau um 1550 mehrere Meter abgetragen worden.

Beim Bau wurde offensichtlich Abbruchmaterial vom Bergfried I bis in halbe Höhe verwendet, was außen und innen deutlich ablesbar ist: Der untere Abschnitt reicht etwa bis zum Scheitel des Gewölbes im Hauptgeschoss. Überall finden sich Fugenritzungen. Die beiden Bauabschnitte gehören in dieselbe Bauphase, da die modernere Bearbeitung mit der Fläche (einem Beil) sich an einzelnen Quadern auch weit unten im Mauerwerk findet. Ganz offensichtlich wurden hier Steine in großer Anzahl wiederverwendet und zudem den hier geplanten Radius angepasst bzw. bearbeitet. Es liegt deshalb nahe, in dem hier verwendeten Baumaterial Teile des abgebrochenen Turms I der Kernburg zu vermuten. Dafür sprächen die deutlich älteren Bearbeitungsspuren und der ursprünglich ältere radiale Versatz.

Als man um 1170/75 mit dem Ausbau älterer Gebäude zum Palas im Erdgeschoss (Warmluftheizung) begann, dürfte die Planung einer mit dem neuen Palas eng verbundenen Doppelkapelle bereits bestanden haben. Diese wiederum setzt mit ihrer Ostwand den Abbruch des Bergfrieds I voraus. Das wird demzufolge vor oder spätestens um 1170/75 erfolgt sein.

Sowohl die dendrochronologischen Datierungen für den Baubeginn des Palas, die stilgeschichtliche Beurteilung der Bauzier in der Kapelle (letztes Viertel des 12. Jahrhunderts) als auch die damit indirekt zusammenhängende zeitliche Einordnung des Bergfrieds III gestatten es, diese Bauphase vielleicht noch mit dem Wirken Ludwigs II., vor allem aber Ludwigs III. und Hermanns I. zu verbinden. Das heißt, der Abbruch des Turms I und der Neubau des Bergfrieds „Dicker Wilhelm" können schon vor 1170/75 stattgefunden haben, sie müssen es aber nicht; es kommen dafür ebenso gut die Jahre nach 1170/75 in Frage, mit großer Wahrscheinlichkeit aber doch deutlich vor der Jahrhundertwende.

Die reiche Ausstattung des „Dicken Wilhelm" mit Gewölbe, Mauertreppen, Kamin und zwei Latrinen gestattet es, ihn fast als „wohnturmartig" anzusprechen. Die Stufen vom Eingangs- bzw. Hauptgeschoss in das Geschoss darunter sind nur zwischen 13 und 16 cm hoch, vergleichbar mit dem Befund in einem dem Palas der Runneburg nachträglich vorgelagerten Treppenhaus.[33] In beiden Fällen wird man das Bedürfnis nach gemessenem Schreiten als Ursache für derart flache Stufenbildungen annehmen dürfen – ihnen haftet etwas „Herrschaftliches" an –, was wiederum auf gehobenere Ansprüche verweist.

Innerhalb der Entwicklung romanischer Bergfriede war ein Stand erreicht worden, auf dem für einen dauerhaften Wohnsitz von Burgmannen die entsprechenden komfortableren Bedingungen geschaffen werden mussten. Dass der „Dicke Wilhelm" deshalb ein weit im Osten Deutschlands gelegener Vertreter des französischen Wohnturmtypus „Donjon" aus der Zeit des Königs Philipp August (1180–1223) sein soll – wie gelegentlich vermutet wurde[34] –, erscheint nach dem derzeitigen Kenntnisstand der Baugeschichte der Neuenburg eher unwahrscheinlich. Es ist vielmehr von einer eigenständigen Entwicklung auszugehen, wofür es auch im Rheinland Parallelen aus dem letzten Drittel des 12. Jahrhunderts gibt. Die baugeschichtliche Sonderstellung des Bergfrieds III ist deshalb eindrücklich hervorzuheben.

Wer den Turm genutzt bzw. bewohnt hat, lässt sich natürlich nicht mit Bestimmt-
heit sagen. Ähnlich wie bei den in den jeweiligen Vorburgen weit vorgeschobe-
nen Türmen auf der Rudelsburg und der Eckartsburg wird man auch hier mit
dem „Ansitz" von landgräflichen Würdenträgern zu rechnen haben, denen unter
anderem die Verteidigung der Burg anvertraut war.[35] Es spricht deshalb einiges
dafür, die Burggrafen von Neuenburg zu vermuten, die seit dem letzten Drittel des
12. Jahrhunderts deutlicher fassbar werden. In diesem Zusammenhang sei auch
auf die Haldeckeburg unmittelbar nördlich der Neuenburg hingewiesen, auf der
der Sitz der edelfreien Herren von Werben/Haldecke nachgewiesen werden konnte,
die in einem bestimmten Abhängigkeitsverhältnis zu den Burggrafen von Neuenburg standen.[36] Die Errichtung einer separaten Befestigung in unmittelbarer Nähe
zur Neuenburg durch jene Herren von Werben/Haldecke legt es nahe, den Aufent-
haltsort der Burggrafenfamilie aus dem Hause der Meinheringer in der Neuenburg
selbst zu suchen: vielleicht im Bergfried III.

Im Gegensatz zum „Dicken Wilhelm" weist der zeitnah errichtete zweite
Bergfried der Vorburg – soweit heute noch nachprüfbar – wohl etwas weniger
Wohnkomfort auf (Nutzfläche im unteren, erhaltenen Turmbereich etwa 32,5 m²;
vielleicht Kamin?). Aber auch seine Funktion bleibt unklar: War er „nur" Bergfried
oder besaß auch er darüber hinaus wohnlichere Aufgaben?

Hinsichtlich des großen Quadermauerwerks gut vergleichbare Bergfriede
finden sich in Querfurt („Dicker Heinrich"), in Osterfeld, Schönburg, Saaleck;
hinsichtlich der Ausstattung ist in Sachsen-Anhalt nur noch der quadratische
Turm in Ummendorf in der Börde zu erwähnen. Für die genauere Datierung jedes
einzelnen Bergfrieds helfen diese „Äußerlichkeiten" aber in der Regel nicht weiter.
Mehr als „zweite Hälfte des 12. bis erstes Drittel des 13. Jahrhunderts" lässt sich für
alle zutreffend kaum sagen. Aber es ist ja nun mit großer Gewissheit davon auszugehen, dass der „Dicke Wilhelm" vor oder nach 1170/75 errichtet wurde – auf alle
Fälle noch im 12. Jahrhundert! –, der „Dicke Heinrich" (ohne jeglichen Komfort!)
mag auch noch im 12. Jahrhundert entstanden sein, und der Schönburger Turm
kann anhand der Kaminzier und eines dendrochronologischen Datums um 1230
eingeordnet werden.

Wälle

Die Neuenburg besitzt zwei Wälle[37]: einen älteren aus der ersten Bauphase an
der Ostseite der Kernburg (ca. 10 m hoch) und einen jüngeren an der Ostseite
der Vorburg (ca. 5 m hoch). Beide sind beim Aushub der tiefen Gräben entstanden. Anlässlich einer Dokumentation konnte 1994 beobachtet werden, dass die
Wallaufschüttung nachträglich an die unteren Schichten des Mauerwerks vom
Bergfried II angeworfen worden ist. Damit ist die Errichtung des Walls im Kontext
des Vorburgausbaus bestätigt. Zunächst war daran gedacht worden, dass sich im
Gelände zwischen den beiden Wällen ein **„Suburbium"** befunden haben könnte.[38]
Um den Bergfried „Dicker Wilhelm" zog sich ebenfalls ein Stück Wall, der jedoch
einen schmalen Weg um den Turm herum frei ließ.[39] Wie hier die von Westen und

Abb. 40
Reste des östlichen Walls von Südosten vor der Abbaggerung

Abb. 41
Östliche Ringmauer der Vorburg auf dem Wall, rechts der Bergfried II

Süden kommenden Ringmauern in den Wall mündeten oder auch auf ihn hinaufzogen, bleibt offen.

Bemerkenswert ist schließlich, dass noch in der zweiten Hälfte des 12. Jahrhunderts Wälle aufgeschüttet und auf diesen Ringmauern errichtet wurden! Parallelen finden sich zum Beispiel in Karlburg am Main oder in Memmingen.[40]

Gräben

Die an drei Seiten von Steilhängen geschützte Neuenburg bedurfte lediglich auf der Seite zur Hochfläche einer Sicherung durch Gräben[41]: östlich vor der Kernburg und östlich der Vorburg. Die Gräben waren ca. 10 m tief. Der innere Graben ist auf Lageplänen aus der Mitte des 18. Jahrhunderts noch gut zu erkennen. Aus Bauakten ist mehrfach zu entnehmen, dass Schutt in die Gräben geschüttet wurde.

Der Vorburggraben ist im Zusammenhang mit einem neuen Hoftor im Jahre 1719 teilweise verfüllt worden. Reste um den „Dicken Wilhelm" sind sogar noch auf Plänen aus der Zeit um 1900 festgehalten.

1992 konnte bei Schachtarbeiten in der Vorburg ein kleiner Spitzgraben beobachtet werden, der sich zwischen dem inneren Graben und dem Bergfried II erstreckte; seine Zeitstellung ist unbekannt.[42]

Brücken

Wohl von Anfang an müssen hölzerne Brücken über den östlichen Graben in die Kernburg geführt haben, nach der Anlage der Vorburg über den ihr vorgelegten Graben und außerdem über den quer liegenden Spitzgraben. Diese Brücken dürften fest montiert gewesen sein. Dennoch sind bewegliche Zugbrücken für das spätere 12. Jahrhundert nicht gänzlich auszuschließen, da solche seit dieser Zeit literarisch bezeugt sind.[43] Reale Befunde sind aber bisher nirgends belegt.

Vorburg

Die große ältere Kernburg hat noch keine Vorburg mit deutlich ausgeprägter wirtschaftlicher Struktur besessen, wie sie etwa auf der Pfalz Tilleda ausgegraben werden konnte.[1] Dennoch muss es auch in dieser Kernburg klar ausgewiesene wirtschaftliche Bereiche, Ställe, Scheunen, Werkstätten gegeben haben.[2] Es liegt aus verschiedenen Gründen nahe, diese im Bereich der späteren Galerieflügel zu lokalisieren, wo zumindest seit dem 15. Jahrhundert Ställe und Kornböden untergebracht waren.

In der zweiten Hälfte des 12. Jahrhunderts erweiterte man die ohnehin schon nicht unbedeutende Kernburg auf der Bergseite mit einer sehr großen, rings ummauerten Vorburg, die nach Osten durch einen Wall[3] mit einer Ringmauer darauf, einen Graben und zwei Bergfrieden begrenzt war. Zwischen Kernburg und Vorburg befand sich weiterhin der schon vorhandene tiefe Graben aus der Frühzeit der Burg, so dass beide Teile der Burg deutlich voneinander getrennt waren.[4] Zwischen diesem und dem Bergfried II erstreckte sich ein Spitzgraben.[5]

Die Ringmauern der Vorburg entstammen der zweiten Hälfte des 12. Jahrhunderts (vermutlich dem dritten Viertel)[6] und wurden offensichtlich zu allen Zeiten repariert. Größere Abschnitte aus der Erstbauzeit haben sich im Norden und Osten erhalten; im Südosten wurden im Jahr 2002 Reste in der ehemaligen Scheune freigelegt. Bislang haben eingehendere Untersuchungen nur an den beiden Türmen, einzelne Beobachtungen an den Ringmauern und im Bereich des vermuteten Tors stattgefunden.

Abb. 42
Vorburg von Südwesten um 1230 mit den Bergfrieden II (rechts) und III (links)

Dem Bergfried „Dicker Wilhelm" und den vier „Ecksporen" des Bergfrieds II wird man – wie schon beim Ausbau der Kernburgostseite – eine vorrangig repräsentative Absicht zubilligen wollen, da vordergründig fortifikatorische Aufgaben nicht zu erkennen sind. Es entsteht der Eindruck, dass die architektonisch aufwändig gestaltete Ostseite der Kernburg mit einem riesigen runden Bergfried und zwei „flankierenden" Achtecktürmen nunmehr an die Ostseite der Vorburg verlegt worden ist.

Dass die im späten 12. Jahrhundert neu gegründete Stadt Freyburg – neben strategischen Gründen – auch die Versorgung der Neuenburg mit gewerblichen Produkten und sonstigen Waren vom Markt übernehmen sollte, liegt allein deshalb nahe, weil der jungen Stadt gegenüber dem nahen und bedeutenden Markt Naumburg wohl wenig Chancen für eine eigenständige Entwicklung zugedacht gewesen sein dürften. Die zeitliche Nähe von Stadtgründung und Ausbau der Vorburg ist zumindest auffällig.[7] Christine Müller vermutete deshalb, dass ein von der Freyburg-Literatur vermutetes Suburbium im Bereich der Kilianskirche wohl zu weit von der Kernburg entfernt gelegen hätte, zumal eine auch für Suburbia zutreffende Schutzfunktion von der Stadt aus nicht zu ermöglichen gewesen wäre. So wird man nicht ausschließen können, dass an Stelle der später ummauerten Vorburg bereits seit dem frühen 12. Jahrhundert ein Suburbium existiert hat. Archäologische Befunde gibt es allerdings nicht. Demgegenüber betonte Bernd W. Bahn wieder – und mit gewichtigeren Argumenten als die ältere Literatur – eine frühe, dem Bau der Neuenburg zeitnahe Siedlung im Stadtgebiet, auf dem Bergsporn um die Stadtkirche.[8]

Auch Burgmannensitze hat es in Vorburgen gegeben: In der Rudelsburg lebten zeitweise bis zu zehn Adelsfamilien (1271 zehn „castellani", Burgmannen).[9] Im Falle der Neuenburg diskutierte der Verfasser, ob der weiter vorgeschobene Bergfried „Dicker Wilhelm" eventuell Sitz der urkundlich bezeugten Burggrafen gewesen sein könnte.[10] Der ebenfalls weit nach Osten vorgeschobene Rundturm bei der Eckartsburg könnte der als Marschälle (eines von vier Hofämtern) der Landgrafen tätigen Ministerialenfamilie oder Burgmannen als Wohnsitz gedient haben.[11] In diesem Zusammenhang ist es interessant, dass im Lehnbuch Markgraf Friedrichs des Strengen von 1349/50 mehrfach Höfe von „castrenses" (Burgmannen) vor der Burg, aber auch ein Hof in der Burg erwähnt werden.[12] Ob diese Zustände ohne weiteres auf die zweite Hälfte des 12. Jahrhunderts rückübertragen werden können, vermag der Verfasser nicht zu entscheiden.

Vielleicht sollte die Vorburg sogar bzw. zusätzlich der Unterbringung von Gefolge dienen, das mit der landgräflichen Familie gewiss in großer Zahl reiste? Zelte hätten diese Gäste aufnehmen können.[13] Erinnert sei an die von der Neuenburg ausgehenden Aktivitäten Ludwigs IV. gegen die Markgrafschaft Meißen (Konzentration eines Heers) sowie an die Aufenthalte der landgräflichen Familie in den Jahren 1224 und 1225, die offensichtlich einen hochpolitischen und zugleich festlichen Charakter besaßen.[14] Für das Jahr 1402 liegt eine Nachricht vor, die – wenn auch sehr spät – veranschaulichen kann, mit welchen Gästezahlen zu rechnen war: Die drei Markgrafen Friedrich IV., Wilhelm II. und Georg kamen am 28. Januar 1402 „cum ccc hominibus et ultra", also mit dreihundert und mehr Leuten.[15]

Es ist jetzt die Frage nach der tatsächlich zur Verfügung stehenden Nutzfläche der Vorburg zu stellen: Ohne Kenntnis weiterer Hofbebauung misst die Fläche ohne Gräben und Türme etwa 11.500 m². Das ist enorm groß, etwa 6.200 m² mehr als die gesamte Kernburg (ohne Gräben) umfasst!

Ob diese Gesamtfläche der Vorburg anfänglich und auch für längere Zeit vollständig bebaut gewesen ist, wird man eher bezweifeln. Neben Gebäuden für landwirtschaftliche und sonstige handwerkliche Zwecke sowie Wohngebäuden von Burgmannen darf man Gärten sowie freie Flächen vermuten, die bei Bedarf genutzt werden konnten. Darüber hinaus muss die Größe der Anlage mit den beiden östlichen Türmen überaus prächtig erschienen sein und sinnfällig die Macht und das Ansehen der Landgrafen von Thüringen zum Ausdruck gebracht haben.

In höchstem Maße aufschlussreich ist in diesem Zusammenhang eine Eintragung in einem Register von ca. 1445: ein geistliches Lehen, „Item eyne Capelle in der vorborg zcu Friburg" (eine Kapelle in der Vorburg zu Freyburg). [16] Da der Terminus „Vorburg" bereits in hochmittelalterlichen literarischen Quellen im Kontext einer Burg überliefert ist [17], kann eine Benutzung für die Mitte des 15. Jahrhunderts auch nicht ausgeschlossen werden. Sollte der Terminus „Vorburg" damals also tatsächlich im modernen burgenkundlichen Sinn gebräuchlich gewesen sein, könnte dies ein Beleg für eine in der Vorburg der Neuenburg ehemals existierende Kapelle sein! [18] Deren Lage ist natürlich ebenso wenig bekannt wie ihre Zeitstellung. Zu fragen ist weiterhin, welche Funktion diese Kapelle – neben der ja unstrittig existierenden Doppelkapelle in der Kernburg – für wen besessen haben könnte: für eine eigene Gemeinschaft von Burgmannen? Abgesehen von der nicht sicheren Lokalisierung der Neuenburger Vorburgkapelle sind Kapellen in Vorburgen mehrfach anzutreffen. [19]

Es sei in diesem Zusammenhang auf eine Nachricht vom 26. August 1495 verwiesen: „Eodem die eyne praesentatio ex Benedicto Cuntzel uf die capella sancti Nicolai uf dem Slosse Zu Friburg an den Ertzprister Zu Quernfurt." [20] Verfasser hatte diese Textstelle zunächst auf die Doppelkapelle bezogen. [21] Es ist aber beim derzeitigen Kenntnisstand nicht auszuschließen, dass die Nikolauskapelle von 1495 in der Vorburg gestanden hat. [22]

Wenn unser Wissen um die Funktionen, die kontinuierlich fortdauernden und die temporären, sowie die Baulichkeiten im Detail eher dürftig ist, so verdeutlicht aber dennoch die enorme Größe der Neuenburger Vorburg den ihr zugedachten Rang.

Die spät- und nachmittelalterliche Baugeschichte konnte anhand von schriftlichen Quellen inzwischen ausführlich dokumentiert werden. [23]

Baugeschichtliche Bedeutung im Vergleich mit dem Burgenbau der Zeit

Die bauliche Entwicklung der Neuenburg von ihren Anfängen um 1090 bis zum Tode Ludwigs IV. verlief nahezu kontinuierlich und auffällig parallel zum politischen Aufstieg der Ludowinger und bringt sehr anschaulich die sich wandelnden Wehr-, Wohn- und Repräsentationsfunktionen der Burgherren zum Ausdruck.[1] Aber bereits Ausdehnung und Gestalt der ersten Burg verraten einen hohen Machtanspruch eines im Grenzgebiet zur nahe gelegenen slawischen Mark Meißen ansässig gewordenen „Fremdlings".[2] Ähnlich – und das ist gewiss kein Zufall – verlief die „Geschichte" Wiprechts von Groitzsch, die sich auch in der verwandten Bauweise der Burgen widerspiegelt. Der spätere Ausbau untermauerte das gewachsene politische Ansehen der Landgrafen unter den Kaisern Lothar und Friedrich Barbarossa. Der Zugewinn der Pfalzgrafschaft Sachsen im Jahre 1180 fast einhundert Jahre nach dem Pfalzgrafenmord stärkte die Position der Landgrafen im Raum an Saale und Unstrut deutlich. Ludwig IV. vermochte kurzzeitig der Neuenburg eine hohe politische Funktion zuzuschreiben und ihr somit einen besonderen Glanz zu verleihen, als er sie zum Ausgangspunkt für militärische Züge in die Mark Meißen nutzte und zudem hoffte, jene Mark durch eine Eventualbelehnung durch Kaiser Friedrich II. in absehbarer Zeit seiner Landgrafschaft angliedern zu können. In einem solchen – damals denkbaren und vielleicht sogar sehr wahrscheinlichen – Falle hätte die Neuenburg den Mittelpunkt aller landgräflichen Territorien dargestellt! Die letzten Ausbauten jener Jahren scheinen solchen Überlegungen Recht zu geben.[3]

Von die Neuenburg unmittelbar berührenden militärischen Aktionen wie im Falle der Burg Weißensee und der Wartburg erfahren wir nichts. Dennoch sind im 19. Jahrhundert Blidenkugeln (steinerne Wurfgeschosse) in der Nähe der Burg gefunden worden.[4]

Hohe Ansprüche an wichtige Bauaufgaben sind auf dem seit etwa 1090 besiedelten Berg von Anfang an ablesbar: in der Größe der Burg, in den aufwändigen Turm- und Mauerbauten an ihrer Ostseite, an den beiden jüngeren Bergfrieden, an Palas, Wohnturm und Doppelkapelle.

Bereits die Chronisten des 12. Jahrhunderts sahen neben der Neuenburg in der Wartburg die wichtigste Burg der Landgrafen. Dort überrascht indes bis heute das völlige Fehlen von Bausubstanz aus dem letzten Viertel des 11. und der ersten Hälfte des 12. Jahrhunderts. Auch kennen wir auf der Wartburg weitere Wohnbauten des 12. Jahrhunderts kaum. Eine plausible Erklärung ist dafür noch nicht beigebracht worden.[5] Vielleicht schenkten Graf Ludwig der Springer, sein Sohn Ludwig I. und vielleicht auch noch Ludwig II. in seinen frühen Regierungsjahren der Neuenburg deutlich mehr Aufmerksamkeit, die sich in aufwändigen steinernen Mauern, Türmen und Wohnbauten ausdrückte, während das Baugeschehen auf der Wartburg zunächst stockte – wohl, weil die Ludowinger dem Osten ihrer Territorien mit den Burgen Neuenburg und Eckartsburg (seit 1121) größeres politisches Gewicht beimaßen.

Das völlige Verschwinden einer seit dem letzten Viertel des 11. Jahrhunderts in Stein errichteten Burg ist wenig glaubwürdig. Gaben möglicherweise erst der Erwerb der hessischen Gebiete im Jahre 1122 und vor allem jedoch deren Konzentration nach dem Tode Heinrich Raspes II. in der Hand Landgraf Ludwigs II. (1154/55) den Ausschlag für eine imposante Neubebauung der Wartburg, die nun in die geographische Mitte der vom Rhein bis zur Unstrut reichenden landgräflichen Territorien gerückt war? Der in der Mitte der 1150er Jahre begonnene Palasbau überragt deutlich das architektonische und baukünstlerische Niveau des Neuenburger Palas, zumindest soweit wir dies nach den Resten zu beurteilen vermögen.

Der Wartburg-Palas war gewiss eine „baukünstlerische Reaktion" auf die neuen machtpolitischen Verhältnisse. Die Neuenburg erfuhr wieder in der zweiten Hälfte (Vorburg) bzw. im letzten Drittel des 12. Jahrhunderts (Kernburg) einen neuerlichen umfassenden Ausbau[6], der jedoch parallel zu dem auf den Burgen Creuzburg, Eckartsburg und Weißensee verlief und den sich auf alle wichtigen landgräflichen Burgen[7] erstreckenden Anspruch höchster baulicher Repräsentation widerspiegelt. Dabei ist vor allem auf die hohe und ganz moderne baukünstlerische Ausstattung der neu errichteten Doppelkapelle zu verweisen. Mit dem Bau des spätromanischen Wohnturms und dem Umbau im Obergeschoss der Kapelle rückte die Burg im ersten Viertel des 13. Jahrhunderts wieder und zugleich letztmalig an die Spitze des landgräflichen Baugeschehens.[8]

Nach dem Erlöschen des landgräflichen Geschlechts und nach dem Thüringischen Erbfolgekrieg 1247 bis 1264 fielen die Neuenburg und Freyburg an die Markgrafen von Meißen aus dem Haus Wettin. Die Bedeutung der Burg sank in der Folgezeit spürbar.

Auf einige wenige Aspekte sei außerdem hingewiesen:

Der nunmehr durch dendrochronologische Datierung recht genau fixierte Baubeginn zumindest im Bereich um das Kernburgtor, die angrenzenden Ringmauern und den Wohnbau C ist ein äußerst wertvoller Befund hinsichtlich der

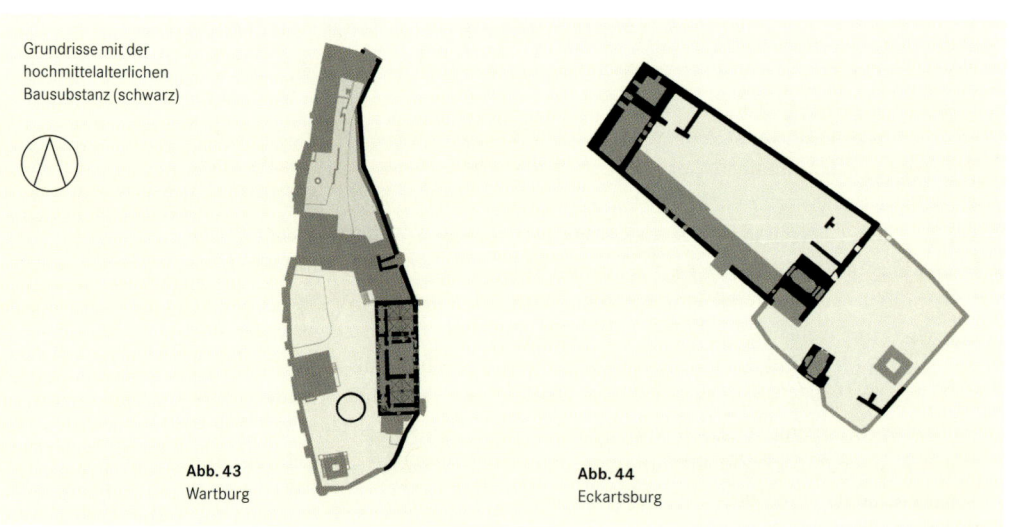

Grundrisse mit der
hochmittelalterlichen
Bausubstanz (schwarz)

Abb. 43
Wartburg

Abb. 44
Eckartsburg

Frühgeschichte hochmittelalterlicher Burgen. Es ist hier gelungen, den bislang aus der chronikalischen Überlieferung abgeleiteten Beginn der Besiedlung des zuvor offensichtlich unbewohnten Bergs[9] auch durch ein auf naturwissenschaftlichem Wege erzieltes Datum treffend zu bestätigen. Die zuvor über gut zehn Jahre betriebenen Bauforschungen hatten die relative Abfolge des Baugeschehens zwar ebenso gesehen, aber eben nicht exakt bestimmen können.

Die Größe der Burg ist auffällig, unterscheidet sich von der Vielzahl meist kleinerer Burgen, besitzt aber auch viele Parallelen (Freckleben, Henneberg). Die Burg Tirol aus dem späten 11. Jahrhundert umfasste etwa 4.000 m². Die Burg Querfurt des späten 10. und der ersten Hälfte des 11. Jahrhunderts dürfte sich – soweit das heute nachvollziehbar ist – auf etwa 7–8.000 m² erstreckt haben. Jürg Tauber stellte einige Burggrundrisse des 11. und 12. Jahrhunderts zusammen, die ebenfalls größer als die meisten Adelsburgen gewesen sind und von ihm als Grafenburgen angesprochen werden.[10] Es lohnte sich in jedem Fall, von historischer Seite der Frage nachzugehen, welche „Herren" in der Frühzeit des adligen Burgenbaus vergleichsweise große Burgen errichteten und welche politischen Absichten sich dahinter vermuten lassen.

Der Grundriss sowohl der Kernburg als auch noch der jüngeren Vorburg ist nahezu vollständig den topographischen Gegebenheiten angepasst worden.[11] Einige in der Nachbarschaft gelegene Burgen (landgräfliche Eckartsburg, bischöflich-naumburgische Rudelsburg oder Burg Osterfeld) weisen die deutlich „modernere" Rechteckgestalt auf.[12] Die Neuenburg lässt sich dagegen viel eher mit Burgen wie dem Steinenschloss, der Henneburg oder der Burg Tirol vergleichen.

Über die Anordnung der wichtigsten Gebäude der verschiedenen landgräflichen Burgen ist kurz folgendes anzumerken[13]:

Wohn- und Palasbauten

Der bau- und kunstgeschichtlich hoch bedeutsame Palas der Wartburg ist ab 1156 bis ca. 1172 errichtet worden. Er ist der künstlerisch bedeutsamste Bau aller landgräflichen Burgen sowohl hinsichtlich des Bautypus als auch der Fassadenausbildungen mit hofseitigen Arkadengängen und reichster Bauzier. Über weitere Wohnbauten liegen bislang kaum verlässliche Angaben vor. Auf der Runneburg bilden der Palas und ein Turm eine unmittelbare bauliche Einheit.[14] Auch hier beeindruckt der Bau durch die aufwändige Fassadengliederung, die auf der Hofseite jedoch schon während des Baugeschehens durch Anbauten (unter anderem ein Treppenhaus) teilweise verstellt worden ist. Im Gegensatz zum Wartburgpalas besitzt der Runneburger noch weitgehend originale Bausubstanz und Bauplastik. Ein Wohnbau mit Warmluftheizung ist im Hof davor ausgegraben worden.

Anders als die soeben genannten Bauten ist der Palas der Neuenburg über und unter Einbeziehung vorhandener älterer Bausubstanz errichtet worden, was entlang einer gebogenen Ringmauerführung keinen prachtvollen rechteckigen Neubau ermöglichte. Dennoch lassen die Reste einer im Saalgeschoss gelegenen Fensterarkade auf eine der Runneburg verwandte Gestaltung und Bauzier schließen. Allein durch die Überlagerung der im rechten Winkel zum Palas angeordneten

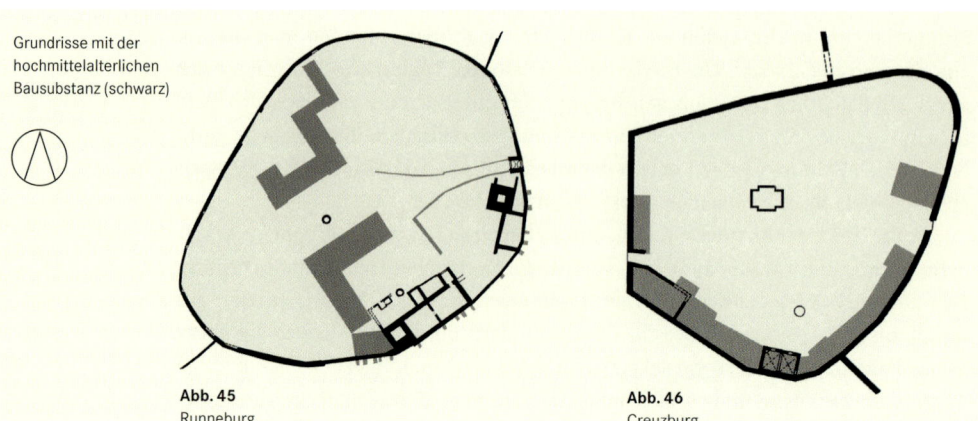

Grundrisse mit der hochmittelalterlichen Bausubstanz (schwarz)

Abb. 45
Runneburg

Abb. 46
Creuzburg

Doppelkapelle und der dadurch entstandenen Höhenerstreckung muss der Bau enorm beeindruckend gewesen sein.

Auch auf der Eckartsburg steht ein Wohnbau unmittelbar neben einem Wohnturm. Er dürfte im Obergeschoss einen Saal besessen haben. Ob er der Palas war, bleibt ungewiss. Über bauliche Details wissen wir wenig; ein Kamin ist für das Erdgeschoss gesichert. Weitere Gebäude sind teilweise entlang der Ringmauern im Norden und Süden ergraben worden. [15]

Auf der Creuzburg schließlich hat sich der Palas vermutlich im Bereich des so genannten Herzogshauses erhalten; seine Baugeschichte ist nicht geklärt. Ein bemerkenswerter Wohnbau ist jedoch die so genannte Elisabethkemenate mit einem Kamin im Erdgeschoss.

Die zeitweilig vorhandenen engen verwandtschaftlichen Beziehungen ins Rheinland und dort gelegene Besitzungen haben zu einem intensiven kulturellen Austausch geführt, konkret einer direkten Beeinflussung des Baugeschehens. Das zeigt sich sowohl in der Verwendung bestimmter Baumaterialien, die aus großer Entfernung herbeigeschafft werden mussten (Kalksinter aus dem Rheinland, schwarzer Kohlenkalk aus dem belgischen Ardennengebiet [16]) als auch in der Bauzier: Diese besitzt im Falle des Wartburgpalas eine größere Nähe zur Doppelkapelle in Schwarzrheindorf – beide Bauten dürften auf ein gemeinsames Vorbild in Maastricht zurückzuführen sein –, während für die übrigen Bauten ein spürbarer Zusammenhang mit Bauplastik im Niederrheingebiet besteht (Köln, Bonn, Brauweiler). [17]

Bergfriede

Alle drei Türme der Neuenburg stellen für sich betrachtet etwas Singuläres innerhalb der Landgrafschaft dar: Turm I lässt ob seiner Dimensionen, seiner nachträglichen Ummantelung und dem möglichen Wandel vom Wohnturm zum Bergfried erstaunen. Bergfried II überrascht durch die „Ecksporen", für die es in Mitteldeutschland und darüber hinaus keine Vorbilder, aber auch keine Nachfolger gibt. Und Bergfried III fand in der Literatur Erwähnung vor allem wegen seiner quasi dem französischen

„Luxus" im Turmbau unter König Philipp August abgesehen, jedoch wahrscheinlich in Deutschland eigenständig gewachsenen komfortablen Ausstattung. Die Durchmesser und damit offensichtlich auch Höhen aller dieser Türme sind beträchtlich! [18]

Als außergewöhnlich müssen auch die beiden Achtecktürme verstanden werden: Dieser Bautypus wurde für den Profanbau bislang erst seit der Mitte des 13. Jahrhunderts vermutet. Durch neue Forschungen können solche oktogonalen Burgtürme nunmehr bereits seit der Zeit um 1100 angenommen und in mehreren Fälle auch belegt werden (Neuenburg, Sulzbach, Hundheim). Über ihre Herkunft kann nur spekuliert werden. Das Oktogon lässt sich im Kirchenbau nördlich der Alpen bereits seit dem Aachener Dom und in der Folgezeit häufig nachweisen. Achteckige Türme im Profanbau konnten Kreuzfahrern zum Beispiel in Konstantinopel an den Stadtmauern aufgefallen sein.

Im Falle der höchst aufwändig gestalteten Burg Sachsenstein im Harz aus dem dritten Viertel des 11. Jahrhunderts wurde von „wehrhafter Repräsentanz" gesprochen. [19] Dies trifft ohne Zweifel auch auf die Ostseite der ab etwa 1090 errichteten Neuenburg zu!

Insbesondere durch die Untersuchungen der letzten zwanzig Jahre ist es nunmehr möglich geworden, ein differenzierteres Bild des Baugeschehens auf den Burgen einer hochadligen Familie, der Landgrafen von Thüringen, zu zeichnen. Die bauliche Entwicklung der einzelnen Anlagen lässt sich zum Teil sehr gut nachvollziehen, zudem eine Abfolge oder auch Parallelität im Ausbau der Burgen erkennen. Was wissen wir nun über die Baupolitik anderer fürstlicher Familien jener Zeit?

Im Falle der Markgrafen von Meißen ist unser Wissen vergleichsweise gering: Der häufige Wechsel der Amtsinhaber (Eckehardinger, Wiprecht von Groitzsch) sowie die geringe Kenntnis der frühen Burgen lassen kaum Rückschlüsse zu. Seitdem die Wettiner die Markgrafschaft übernommen haben, ist eine größere Bautätigkeit zum Beispiel in Dresden und Rochlitz (vielleicht sogar ein Palas?) nachweisbar. [20] Von den Markgrafen der Nordmark kennen wir die Burgen Anhalt und Bernburg noch am besten. Aber auch für sie haben wir keinen umfassenderen Überblick über das Baugeschehen. [21]

Ist der Palast des Erzbischofs von Köln wenigstens durch historische Ansichten überliefert, so fehlen uns von den entsprechenden Bauten des Erzbischofs von Magdeburg sowie der Bischöfe von Merseburg, Zeitz/Naumburg und Meißen nahezu sämtliche Belege.

Großartige Bauten finden sich auf den Burgen bzw. Pfalzen der deutschen Könige und Kaiser (Frankfurt/Main, Gelnhausen, Goslar, Harzburg, Kaiserswerth, Nürnberg, Rothenburg ob der Tauber, Seligenstadt, Trifels, Wimpfen) [22] oder auch in der Pfalz Herzog Heinrichs des Löwen in Braunschweig. [23] Dennoch erweist sich die Bautätigkeit der thüringischen Landgrafen zwischen etwa 1080 und 1247 als ebenbürtig, häufig gut vergleichbar in der Dichte und zum Teil auch der Qualität! Bezüglich der Kontinuität einer einzigen Familie lässt sich wohl allein der Burgenbau der Zähringer Herzöge an die Seite des landgräflichen stellen. [24]

Schließlich besitzen auch die Burgen kleinerer adliger oder auch Ministerialenfamilien häufig eine beeindruckende Bebauung (Münzenberger [25]).

Heizungen

Im Laufe der Jahrhunderte entwickelten sich verschiedene Heizmöglichkeiten, die auch auf Burgen genutzt wurden, um ihre Funktion als Herrschaftssitz und Wohnort in der kalten Jahreszeit zu gewährleisten. Auf der Neuenburg haben sich davon mehrere Beispiele erhalten.

Kamine besaßen eine offene Feuerstelle und einen Rauchabzug in der rückwärtigen Wand. Sie konnten dem menschlichen Wärmebedürfnis nur in einem kleinen Umkreis genügen. Zugleich stellten der entstehende Rauch und Funkenflug eine erhebliche Beeinträchtigung dar. Doch die Ausstattung mit teilweise prächtigen Schmuckformen (Pfalz Gelnhausen) sowie die Gestaltung der Rauchhaube kamen dem Wunsch der Bauherren nach Repräsentation entgegen. Dies und die Faszination des offenen Feuers erhielten den Kamin als eine besondere Heizquelle bis in unsere Tage.[1]

Öfen verfügten darüber hinaus über eine geschlossene Feuerstelle mit einer Feuerungsöffnung. Der Rauch wurde ebenfalls über einen Schornstein abgeleitet. Die im Ofenkörper erzeugte und gespeicherte Wärme strahlte in den Raum ab. Ein wesentlicher Vorteil dieser Heizungsart war der Wegfall der Rauchbelästigung. Die Heizkraft reichte allerdings nur für die Erwärmung kleinerer Räume aus.[2]

Die Warmluftheizungen waren die baulich aufwändigsten Formen der Heizung. Der Feuerraum lag außerhalb der zu beheizenden Räumlichkeiten. Die Wärmespeicherung übernahm zum Teil der Feuerraum oder ein zusätzlich eingebrachter Speicher. Nach dem Erlöschen des Feuers leitete man darüber Luft, die sich erwärmte. Über Kanäle gelangte sie in die zu beheizenden Räume. Dieser Heizungstyp entstand im Zusammenhang mit der Errichtung repräsentativer Bauwerke in Klöstern und auf Burgen, da hier die Erwärmung größerer Bereiche notwendig war.[3]

Andere Heizquellen wie zum Beispiel tragbare Kohlebecken oder Wärmeschalen fanden vor allem in unbeheizten Räumen Verwendung, sind indes kaum erhalten. Abseits der herrschaftlichen Wohnräume dienten offene Feuerstellen in den Wirtschaftsbereichen als Wärmequelle für die Bediensteten, aber auch in den Küchen. Letztere sind indes auf Burgen für das 11. bis 13. Jahrhundert – im Gegensatz zu Klöstern – nicht erhalten. Man hat sich diese Herdstellen als offene Feuer vorzustellen. Die baulich beeindruckenden Rauchhauben („Kamine") sind erst seit dem 14./vor dem späteren 15. Jahrhundert nachweisbar.[4]

Grundtypen mittelalterlicher Warmluftheizung

Aus heutiger Sicht ist eine Einteilung mittelalterlicher Warmluftheizungen in vier Grundtypen möglich, wobei eine durchgängige Entwicklung offensichtlich nicht stattgefunden hat. Sie lassen sich im Wesentlichen durch die unterschiedlichen Systeme der Rauchgas- und Warmluftführung unterscheiden.[5] Da Heizungsreste im Zwickel von Wohnbau C und Wohnturm I aus der Zeit um 1170/75 in ihrer Funktionalität bislang nicht gedeutet werden konnten, sollen die inzwischen definierten vier Grundtypen von Warmluftheizungen kurz vorgestellt werden:

Warmluft-Kanalheizung: Nach dem Erlöschen des Feuers in der Feuerkammer wurde die erwärmte Luft über im Fußboden verlegte Kanäle in den zu heizenden Raum geleitet. Die Rauchgase entwichen über die Feuerungsöffnung. Beispiele für diesen Heizungstypus des 10. Jahrhunderts sind die Pfalzen Tilleda und Werla.

Direkte Warmluftheizung mit Gewölbeofen: Die Feuerkammer lag hier unterirdisch und war gewölbeartig ausgeformt. Die Rauchgase wurden zum Teil schon über einen Schornstein abgeführt. Ebenfalls erst nach dem Erlöschen des Feuers wurde die Warmluft direkt in den darüber liegenden Raum geleitet. Aus dem 11. Jahrhundert stammt die Heizung in der Pfalz Goslar.

Indirekte Warmluftheizung mit Rauchgastrennung: Der Feuerungsraum dieser Heizung war in einen größeren Gewölberaum eingefügt. Der luftgefüllte Zwischenraum wurde als Wärmespeicher genutzt. Durch die getrennte Rauchgas- und Warmluftführung war nun ein gleichzeitiges Feuern und Heizen möglich. Aus der zweiten Hälfte des 12. und der ersten Hälfte des 13. Jahrhunderts haben sich Beispiele im Zisterzienserkloster Pforte, in der Halberstädter Domklausur und auf der Runneburg sehr gut erhalten.

Steinkammer-Warmluftheizung: Bei dieser Heizung besaß die Decke der Feuerkammer Öffnungen. Darüber befand sich ein aus Natursteinen bestehendes Steinlager. Die Steine wurden durch die heißen Rauchgase erhitzt und speicherten die Wärme, die sie später an die Luft abgaben. Die Warmluft strömte dann in den darüber liegenden Raum. Die zumeist runden Austrittsöffnungen waren während

Abb. 47

■ Warmluft ■ Rauchgase

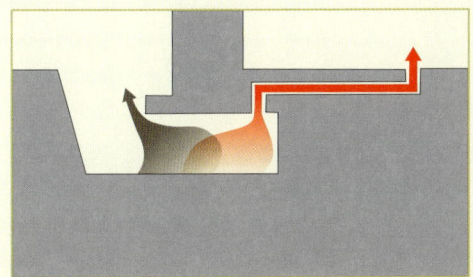

Warmluft-Kanalheizung, 10. Jahrhundert

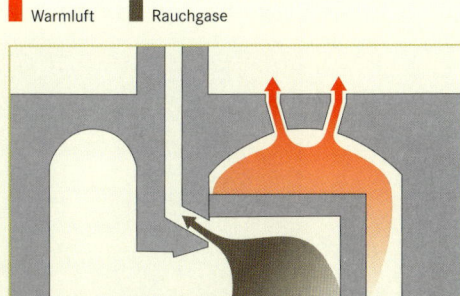

Direkte Warmluftheizung mit Gewölbeofen, 11.–12. Jahrhundert

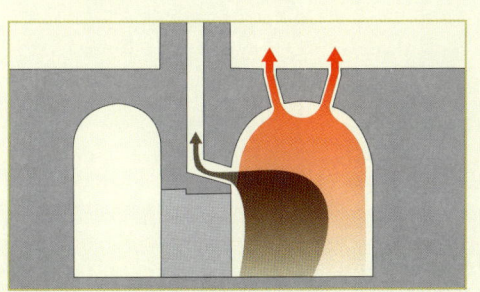

Indirekte Warmluftheizung mit Rauchgastrennung, 12.–13. Jhd.

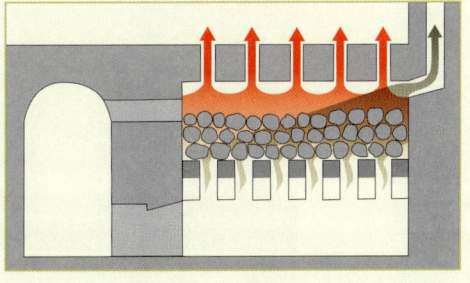

Steinkammer-Warmluftheizung, 14.–15. Jahrhundert

der Heizphase von steinernen Stöpseln verschlossen. Feuern und Heizen erfolgten hier wieder in getrennter Abfolge. Dieser Heizungstypus tritt zumeist erst im 14. und 15. Jahrhundert auf (Beispiele: Zisterzienserkloster Stadtilm, Neuenburg, Bürgerhäuser in Lübeck, Burgen des Deutschritterordens wie die Marienburg).

Heizungstypen auf der Neuenburg

Welchem Heizungstypus die unter dem Fußbodenniveau des Wohnbaus C gelegenen und durch eine Öffnung nach außen erkennbaren Reste zugeordnet werden müssen, bleibt unklar: vielleicht der direkten Warmluftheizung mit Gewölbeofen. Offene Kamine haben sich aus der Zeit um 1100 in der südlichen Ringmauer (Schornstein)[6], aus der zweiten Hälfte des 12. Jahrhunderts im Bergfried III und vielleicht auch im Bergfried II[7] erhalten.

Ein höchst rätselhafter Schacht in der Mauer, die den Zwickelraum zwischen Ringmauer, Wohnbau C im Norden und Wohnturm I im Süden auf der Ostseite umschließt, könnte der Rest einer Warmluftheizung sein.

In dieser Wand befindet sich ein senkrechter Schacht mit relativ großen Öffnungen in drei Geschossen, die nach Westen, also zu den Innenräumen, weisen. Eine zusätzliche Öffnung richtete sich in einen Raum des Wohnturms I, in dessen Nordwand aus der Zeit um 1090/1100 sie nachträglich eingebrochen wurde. Vermutlich gehörten dieser Schacht und eine in den natürlich anstehenden Fels eingetiefte Kammer im Untergeschoss zu einer Warmluftheizung. Diese Kammer

Abb. 48
Ehemaliger Heizraum von Westen

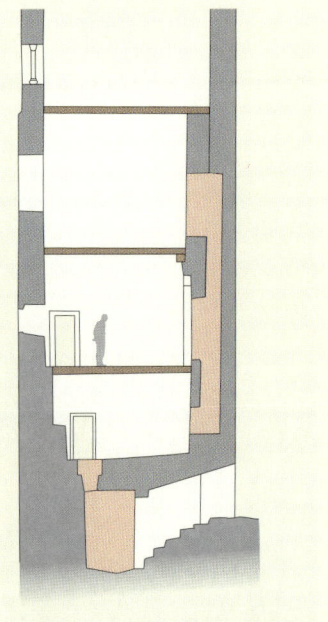

Abb. 49
Ost-West-Schnitt durch den Zwickelraum

Abb. 50
Entwicklung der Heizung im Bereich des Zwickelraums, Grundrisse

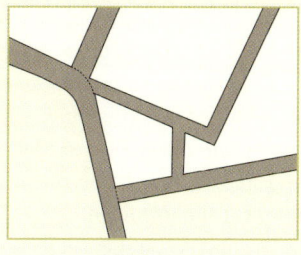 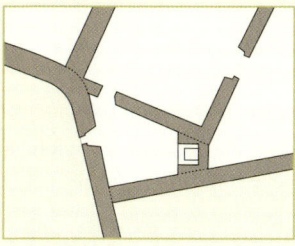 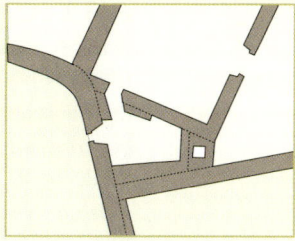

um 1150   um 1170/75   1. Hälfte des 13. Jahrhunderts

wäre als mögliche Feuerungskammer zu deuten. Leider lassen sich bisher anhand der Befunde weder Aufbau noch Funktion der Heizanlage rekonstruieren. Die über dem Erdgeschossraum gelegene Holzbalkendecke konnte dendrochronologisch in die Jahre um 1170/75 datiert werden, somit auch die Heizung.

Zu einem späteren Zeitpunkt wurde diese Heizung wieder aufgegeben, vielleicht weil sie nicht gut oder gar nicht funktionierte. Durch Vormauerungen im Erdgeschoss schuf man die Möglichkeit, Wölbungen einzubauen, um eine Führung von Rauch zu ermöglichen. Der Raum war wie schon um 1170/75 vom ersten Obergeschoss des Wohnbaus C bzw. seitdem vom Palas zu betreten. Vor der Ostwand, deren Öffnungen nunmehr vermauert wurden, muss sich die Heizquelle,

Abb. 51
Ehemaliger Heizraum nach Umbau
in der 1. Hälfte des 13. Jahrhunderts,
Blick zum Schlot in der Nordwestecke

ein offenes Herdfeuer (?), befunden haben. Darüber wurde der Rauch nach Westen zwischen zwei Gewölben in Richtung Westwand abgeleitet, wo er in einen Schornstein an der Mauerstärke mündete; dessen Reste sind noch vorhanden, ab dem heutigen Obergeschoss (Kirchsaal) jedoch spätestens seit der Mitte des 16. Jahrhunderts beseitigt. Für den Einbau des oberen Gewölbes musste ein Fenster aus der Palasbauzeit noch oben verschoben werden. Anhand der dort dokumentierten **Fugenritzungen** kann dieser Umbau noch in spätromanische Zeit datiert werden. Bei der Frage nach der Funktion der neuen Feuerstelle (keine Heizung mehr!) bietet sich am ehesten eine Badestube an. Da eine vielleicht im Latrinenturm befindliche ältere Badestube im Zusammenhang mit den Teilzerstörungen während des Baus des Wohnturms II um 1225/26 aufgegeben worden sein könnte, böte sich eine Verlagerung an die Stelle der beseitigten Warmluftheizung an. Für das Heranschaffen und Beseitigen von Badewasser kann leider keine plausible Lösung angeboten werden; auch die geringe Größe des Raums erweist sich als Problem. Deshalb ist diese Hypothese nur mit Behutsamkeit zu erwähnen.[8]

Der Kachelofenfund von der Neuenburg

Ein relativ vollständiger Fund der Teile eines Kachelofens aus der ersten Hälfte des 13. Jahrhunderts konnte auf der Neuenburg geborgen werden. Dies ist einer der ältesten Nachweise für diese Heizform in unserer Region. Der Fundkomplex umfasst zahlreiche Topf- oder Spitzkacheln und Lehmzwickelstücke, die sich einst zwischen den Kacheln befunden haben, sowie Reste von Tonröhren. Diese Röhren könnten auf eine sehr seltene Kombination der Wirkungsprinzipien von Kachelofen und Warmluftheizung hinweisen.[9] Die Kacheln wiesen außen Lehmreste vom

Abb. 52
Kachel, Lehmzwickel und Tonröhre

Verbau auf, innen jedoch keine Rußspuren. Das tatsächliche Konstruktionsprinzip dieses Ofens (eventuell mit einer geraden Wandung) ist ebenso wenig sicher zu bestimmen wie der ursprüngliche Standort. Die Fundstücke kamen 1977 aus der Verfüllung des Latrinenturms zum Vorschein; jene muß in der Mitte des 15. Jahrhunderts erfolgt sein. Bis zu diesem Zeitpunkt scheint der Ofen in der Burg gestanden zu haben, wohl in benachbarten Räumen. Typologisch gut vergleichbare Fundstücke liegen publiziert von der Frohburg in der Schweiz, aus dem Pfalzbereich in Soest und aus dem Werratal vor. Danach ist eine Herstellung in der ersten Hälfte des 13. Jahrhunderts sehr wahrscheinlich, eine Entstehung vor 1200 aber auch nicht mehr auszuschließen. [10]

Die Entwicklung von Kachelöfen

Vorläufer der Kachelöfen waren vermutlich die in der Alpenregion gebräuchlichen Lehmkuppelöfen mit geregelter Rauchabführung. Durch den Einsatz von Becher-, Napf- oder Topfkacheln in die Ofenwandung wurde seit dem frühen Mittelalter (vor allem jedoch dem 11. Jahrhundert) die wärmeabstrahlende Fläche vergrößert und damit der Heizeffekt wesentlich erhöht. [11]

Im Spätmittelalter erhielt der Ofen seine über Jahrhunderte bestimmende Form. Er wurde nun vollständig mit serienmäßig gefertigten Kacheln, die oft kunstvoll verziert und glasiert waren, umhüllt. Die Feuerungsöffnung befand sich in einem benachbarten Raum, der rauchfreien **Stube**. Darum bezeichnet man diese Öfen auch als „Hinterlader". Sie finden sich sehr häufig in Bohlen- und Blockstuben, so auch auf der Neuenburg im Obergeschoss des Torhauses (um 1460). Diese Entwicklung kann auch schon im 14. Jahrhundert eingesetzt haben, wie Beispiele aus Böhmen bestätigen. [12]

Bauhistorische Forschung

Ziel jeglicher denkmalpflegerischen Maßnahme ist, die überkommene Bausubstanz soweit als möglich zu erhalten. Dennoch bieten gerade Baumaßnahmen, die zudem meist in die Substanz eingreifen (müssen), gute, oft einmalige Gelegenheiten, neue Erkenntnisse zur Baugeschichte des jeweiligen Bauwerks zu erhalten. Dieses neue Wissen dient zunächst dem Bau selbst, einem sachgemäßen Umgang mit ihm während der Baumaßnahme, nicht zuletzt aber auch der Fortschreibung bau- und kunstgeschichtlicher Erkenntnisse, also der Grundlagenforschung.[1]

Wichtigste Quelle für die baugeschichtliche Entwicklung eines Denkmals ist stets der Bau selbst. Mittels der von der Archäologie erarbeiteten und über die Jahrzehnte sehr verfeinerten stratigraphischen Methode wird die relative Bauabfolge von ganzen Bauten, Bauteilen, Mauern, Putzen, Farbbefunden usw. untersucht. Durch eine detaillierte Analyse des sichtbaren Baubefunds (Mauerwerk, Fenster, Türen, Veränderungen an diesen) gelingt es dem Bauforscher in der Regel, die oft komplizierte Abfolge zahlreicher Baumaßnahmen zu systematisieren und in sorgfältig vermessene Grund- und Aufrisse einzutragen. Im Ergebnis entstehen so genannte Bauphasenpläne, die mittels unterschiedlicher Farben oder Schraffuren die einzelnen Mauern in ein und denselben Bauzusammenhang setzen oder auf Grund deutlich erkennbarer und entsprechend dokumentierte Fugen voneinander trennen.

Als Grundlage für die zu dokumentierenden Befunde können sehr genau vermessene (so genannte „verformungsgetreue") Pläne, aber auch maßhaltige Fotos („Messbildfotos") dienen.

Dem Bauforscher stehen verschiedene Untersuchungsmethoden zur Verfügung, von denen hier nur die gründliche Analyse der Oberflächenbearbeitung der Mauersteine erwähnt werden soll. Die im Laufe der Jahrhunderte praktizierten Steinmetztechniken mit unterschiedlichen Werkzeugen (Spitzeisen oder Fläche) erlauben es zumeist, Bauphasen voneinander zu scheiden.[2]

Eine andere Methode der bauhistorischen Forschung auf naturwissenschaftlicher Basis ist die Dendrochronologie. Durch Auszählen der Jahresringe kann das Fälldatum eines im Bauwerk befindlichen Holzes häufig auf das Jahr genau bestimmt werden. Nach allen bisherigen Erkenntnissen wurde gefälltes Holz umgehend verarbeitet, so dass mit der Holzdatierung auch eine zeitliche Einordnung der betreffenden Mauerabschnitte erfolgen kann. Das heißt, ein im Sommer eines Jahres gefällter Baum kann noch im gleichen Herbst verarbeitet worden sein, ein im Frühjahr gefällter dann im folgenden Sommer.[3] Im Falle der Neuenburg gelang es in den Jahren seit 1990, anhand von über 250 Proben Datierungen für die Zeit um 1090 bis zur Mitte des 19. Jahrhunderts zu erhalten.[4]

Bestimmte Zusammenhänge lassen sich jedoch nur im Erdreich erkennen und seit langem verschwundene Bauwerke erst bei Schachtungen nachweisen. Die archäologische Grabungsmethode ist somit eine wertvolle Ergänzung der Untersuchungen am Mauerwerk. Eine Vielzahl der für die Frühgeschichte der Burg wichtigen Fragen konnte auf diese Weise verfolgt und häufig auch geklärt werden.

So erfuhr man nur durch Grabungen zum Beispiel von der Existenz der beiden Achtecktürme an der östlichen Befestigungsanlage aus der Zeit um oder kurz nach 1100, vom Verlauf der östlichen Ringmauer, vom Treppenhausvorbau an der Ostseite des Palas.[5]

Viele der Informationen, die das Bauwerk von sich aus oder während einer bauhistorischen Untersuchung preisgibt, „verstehen sich von selbst". Manches lässt sich aber nicht erklären und müsste als offenes Problem „ad acta" gelegt werden, wenn man nicht eine andere Quellengattung hinzuziehen würde: die schriftliche. Archivalische Quellen können zwar auch nicht alle offenen Fragen beantworten; sie gestatten jedoch, viel mehr über den Bau zu erfahren, über seine Bewohner und deren Absichten, den Bau zu verändern.

Abb. 53
Funktionsweise der Dendrochronologie

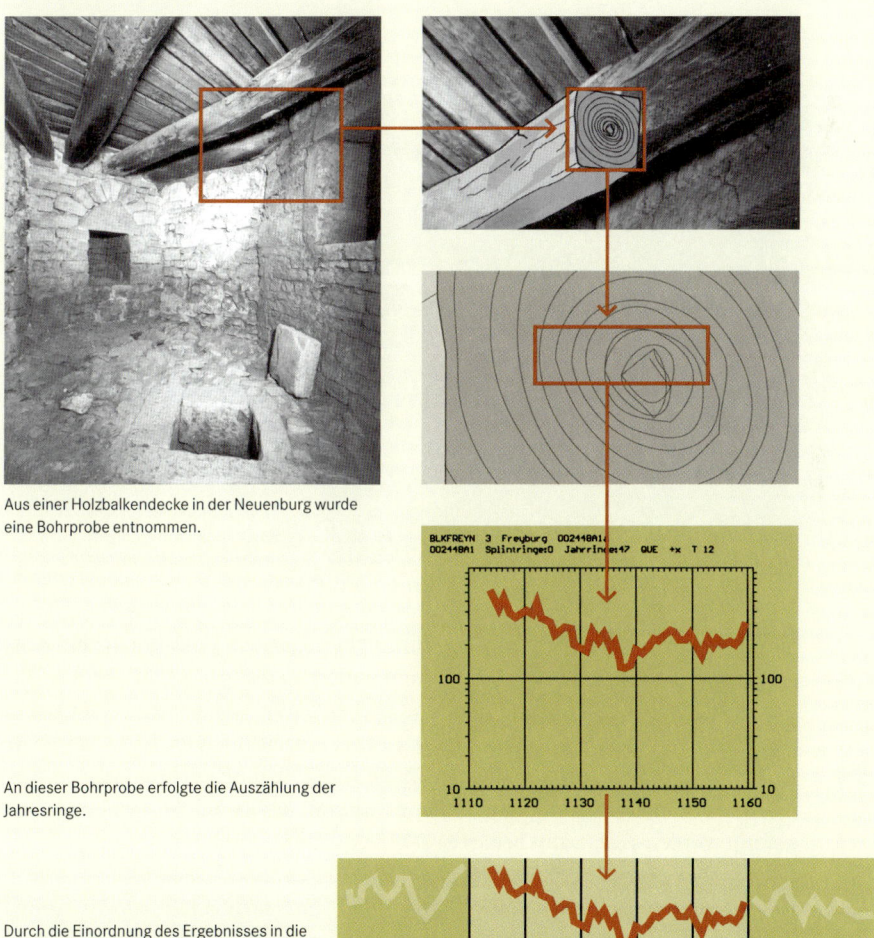

Aus einer Holzbalkendecke in der Neuenburg wurde eine Bohrprobe entnommen.

An dieser Bohrprobe erfolgte die Auszählung der Jahresringe.

Durch die Einordnung des Ergebnisses in die für die jeweilige Region gültige Referenzkurve kann eine genaue Datierung erfolgen.

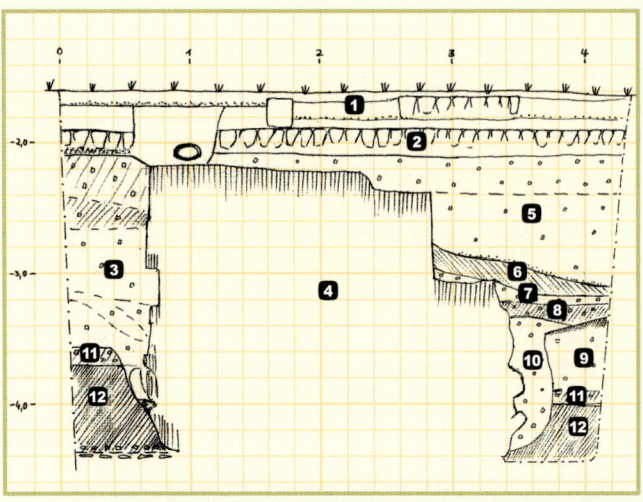

Abb. 54
Zeichnung des westlichen Grabungsprofils
am südlichen Achteckturm

1	neuzeitliche Hofhorizonte
2	barockes Pflaster
3	bauzeitliche Verfüllung des Turminnern
4	Fundament und Mauerrest des Achteckturms
5	Planierschichten nach Abbruch des Turms
6 7 8	Hofhorizonte zur Standzeit des Turms (um 1100 bis zur Mitte des 15. Jahrhunderts)
9 11 12	anstehendes Gelände mit aufliegenden Planierschichten und Bauhorizont
10	Fundamentgraben

Abb. 55
Östliches Profil am nördlichen
Achteckturm mit Fundament-
vorsprung und Hofschichten

Durch das Hinzuziehen von schriftlichen Quellen kann der Bauforscher vermeiden, Baubefunde einseitig zu interpretieren oder gar zu missdeuten. Bei der Wertigkeit von Baubefund und schriftlicher Quelle ist bei Nichtvereinbarkeit zunächst davon auszugehen, dass Ersterer höher einzustufen ist. Denn es ist zum Beispiel nicht sicher, ob eine allein überlieferte Maßnahmebeschreibung, ein Kostenvoranschlag oder eine Planzeichnung auch tatsächlich buchstabengetreu ausgeführt worden sind. Dafür bedarf es der Überprüfung durch revidierte Anschläge, Rechnungen oder Verdingungsverträge. Es empfiehlt sich daher in den meisten Fällen bauhistorischer Dokumentationen und Untersuchungen, auf die vorhandenen archivalischen Quellen zurückzugreifen. Im Falle der Neuenburg konnten zwischen 1984 und 2004 – also über zwanzig Jahre hinweg! – etwa 650 Akten,

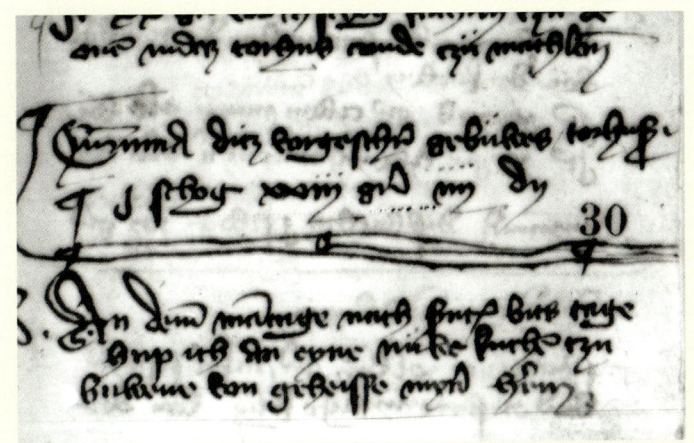

Abb. 56
Erwähnung des Küchenneubaus
zum 20. Juni 1401

Inventarbeschreibungen und Rechnungen eingesehen und ausgewertet werden. Die ältesten Belege künden im Jahre 1375 vom Bau einer Ringmauer, im Jahre 1401 vom Neubau einer Burgküche, in den Jahren um 1458/59 von gerade begonnenen, umfassenden Veränderungen in der Kemenate (dem heutigen Fürstenbau). Grundrisse liegen erst seit der Mitte des 18. Jahrhunderts vor.[6]

Im Zusammenwirken von Bauforschung, Archäologie und Quellenstudium konnte für die Neuenburg in den vergangenen zwanzig Jahren ein nahezu umfassendes Bild der baugeschichtlichen Entwicklung nachgezeichnet werden, wie es der älteren Forschung nicht zur Verfügung stand.[7] Dieser erfreuliche Fortschritt darf nicht darüber hinwegtäuschen, dass es ein „vollständiges" Wissen darüber, „wie es einmal gewesen ist", nicht geben kann. Zu viele Befunde sind im Laufe der Jahrhunderte unwiederbringlich verloren gegangen, und nicht überall bietet sich dem Bauforscher der Blick in die Tiefen des Mauerwerks, zwingt vielmehr die Achtung vor dem Original zum Verzicht auf weitere Freilegung und damit Zerstörung von originaler Bausubstanz.

Auch die Burgenforschung in Deutschland bedient sich seit mehreren Jahren der (Mittelalter-) Archäologie, der Bauforschung und der Archivalienforschung, um das zumeist aus dem 19. Jahrhundert stammende Bild der mittelalterlichen Burg zu revidieren, die Burg als interdisziplinären Forschungsgegenstand in die Mediävistik einzufügen.[8]

Zeugnisse herrschaftlicher Repräsentation

Geld und Kunst – Repräsentation im Zahlungsmittel

Der Neuenburger Pferdeschmuck-Anhänger

Der Fürst der Dichter – Landgraf Hermann I.

Abb. 57 Neuenburger Brettspielstein mit Adlermotiv, 1. Hälfte des 12. Jahrhunderts

Geld und Kunst – Repräsentation im Zahlungsmittel

Jörg Peukert

Mit den in der Ausstellung gezeigten Brakteaten (von lat. bractea = dünnes Blech) Landgraf Hermanns I. (regierte 1190–1217) tritt dem Betrachter nicht nur eine besondere numismatische Form, sondern auch eine ganz eigene Darstellung von Repräsentation entgegen.

Entstehung und Verbreitung

Neben anderen hoheitlichen Rechten wie dem Zoll- und Marktrecht hatten die Landgrafen von Thüringen auch das Münzregal inne. Dieses ursprünglich nur dem König zustehende Privileg der Münzprägung war seit dem 9. Jahrhundert gegen Verpflichtungen und Abgaben unterschiedlichster Art auch an hochrangige Vertreter des weltlichen und geistlichen Adels in ihren Herrschaftsbereichen, ab dem 13. Jahrhundert zunehmend ebenso an Städte vergeben worden. Stellte sich das Münzwesen im deutschsprachigen Raum bis zum Beginn des hohen Mittelalters noch als recht einfach strukturiert dar und spielte die Ware-Geld-Beziehung aufgrund einer sich erst entwickelnden Handelstätigkeit für einen Großteil der Bevölkerung noch eher eine untergeordnete Rolle, so kam es ab der 1. Hälfte des 12. Jahrhunderts im Zusammenhang mit dem immer stärker entwickelten Städtewesen und der weiteren wirtschaftlichen Erschließung ganzer Territorien zu erheblichen Veränderungen. Neben die Fernhandelsmärkte trat nun eine Vielzahl von regionalen und lokalen Märkten mit ihren Austauschbeziehungen und einem gleichzeitig stark erhöhten Geldbedarf. Die zwischen 1140 und 1270 im deutschen Gebiet des Reichs existierenden über 400 Münzstätten sind beredtes Zeugnis dieser Entwicklung.[1]

In der Folge entstanden nicht nur quantitativ die unterschiedlichsten Prägungen, es entwickelte sich auch eine neue Münzform: die Brakteaten.

Während ihrer Geltungszeit waren diese Silbermünzen vom Nennwert her eigentlich Pfennige (lat. denarius), welche als einzige ausgeprägte Münzsorte die grundlegende Einheit im Geldwesen verkörperten.[2]

Brakteaten sind nur einseitig mit einem Münzbild geprägt, das sich auf der Rückseite spiegelbildlich darstellt. Der Begriff „Brakteat" wurde erst Ende des 17. Jahrhunderts durch Gelehrte eingeführt. Er nimmt Bezug auf die äußerst geringe Materialstärke der Geldstücke von ca. 0,05 bis 0,2 mm. Ab etwa 1140 verwendete man für den Schrötling, also das rohe Metallstück, aus dem durch Aufdrücken oder Prägen die Münzen entstanden, immer dünneres Material. Dies hatte zur Folge, dass sich bei den ursprünglich zweiseitig geprägten Pfennigen Vorder- und Rückseite erheblich, manchmal bis zur Unkenntlichkeit, störten.

Eine solche Münzform bezeichnet man als Halbbrakteat. Die einseitige Prägung schloss diesen Qualitätsverlust aus. Allerdings stellt sie keine Konsequenz aus der beschriebenen Entwicklung dar, da nicht in allen Gebieten zur Brakteatenprägung übergegangen wurde und man beispielsweise in Rheinfranken weiterhin Halbbrakteaten herstellte.[3]

Im 12. und 13. Jahrhundert sind Brakteaten für eine Vielzahl deutscher Regionen wie beispielsweise Meißen, Thüringen, Nieder- und Obersachsen, Hessen, Schlesien, Breisgau, das Bodenseegebiet und, wenngleich in geringerer Zahl, auch in benachbarten Ländern wie Polen, Böhmen, Mähren, Ungarn, Schweden und der Schweiz bekannt. Durch Münzfunde datierbar, trat diese Geldsorte erstmals im mitteldeutschen Raum, in der Mark Meißen, um 1125/30 in Erscheinung. Wenig später ist sie auch in Thüringen (Erfurt, Nordhausen) sowie im nördlichen Harzgebiet (Magdeburg, Halberstadt, Quedlinburg) nachweisbar.

Parallel zur Entwicklung der regionalen Märkte und der damit einhergehenden verstärkten Münzprägung lässt sich die Entstehung so genannter Währungslandschaften beobachten, in denen jeweils nur eine Pfennigwährung, der „Regionalpfennig", Gültigkeit hatte.

Durchgesetzt wurde dieses Monopol mit dem Umtauschzwang für jegliche Fremdwährung. Um vor Ort im Handel überhaupt agieren zu können, musste das Geld gegen einen Aufschlag beim jeweiligen herrschaftlichen Münzbeamten gewechselt werden. Neben dieser Einnahmequelle steigerten die Münzherren ihre Gewinne noch durch in unterschiedlichen Abständen, zum Teil sogar jährlich, stattfindende „Münzverrufungen". Hierbei wurden die aktuellen Prägungen für ungültig erklärt und durch neue ersetzt, welche wiederum nur gegen ein Aufgeld einzutauschen waren. Überregional behielten die von der Binnenzirkulation ausgeschlossenen alten Münzen jedoch ihren Wert und ihre Zahlungskraft.

Mithin stellte also das Münzregal für seinen Inhaber eine immense Einnahmequelle dar und war Ausdruck seiner herausgehobenen Machtposition.

Die ältesten bekannten Brakteatenprägungen der Ludowinger datieren in die Regierungszeit Landgraf Ludwigs II. (1140 – 1172). Die landgräflichen Hauptmünzstätten befanden sich in Eisenach und Gotha.

Münzbilder

Das beschriebene Bedingungsgefüge führte in relativ kurzer Zeit zu einer beeindruckenden Vielfalt unterschiedlichster Brakteaten, da sich vor allem für eine in weiten Teilen schriftunkundige Bevölkerung die räumlich und zeitlich begrenzt gültigen Prägungen in ihrer äußeren Gestalt deutlich voneinander unterscheiden mussten. Der relativ große Durchmesser von ca. 4 – 5 cm bildete die Voraussetzung für die Entstehung umfangreicher und in ihrer künstlerischen Präzision und Ausformung einzigartiger Bildprogramme, die durchaus als eigenständiger Zweig romanischer Kleinkunst betrachtet werden dürfen. Waren in der ersten

Hälfte des 12. Jahrhunderts noch eher einfache Formen vorherrschend, so ist ab ca. 1150 eine zunehmende handwerkliche Präzision zu verzeichnen, in deren Folge die Stempelschneidekunst in der zweiten Hälfte des 12. Jahrhunderts ihren Höhepunkt erreichte. Jedoch schon ab 1200/20 nahm dieses künstlerische Niveau wieder rapide ab. Scheinbar traten in der Münzproduktion rein pragmatisch wirtschaftliche Faktoren vor den Anspruch repräsentativer Selbstdarstellung des jeweiligen Münzherrn. Die Zeit zwischen 1150 und 1200 aber wird auch als „Zeit der Brakteaten schönen Stils" [4] bezeichnet.

Die dominante Stellung im Münzbild nimmt im Regelfall der Münzherr ein. [5] Die Darstellung bezieht sich aber nicht auf die Person in porträthaftem Sinn, sondern auf die Erfassung der gesellschaftlichen Stellung. So sind beispielsweise der König durch die Reichsinsignien (Krone, Zepter, Reichsapfel), geistliche Würdenträger durch Krummstab, Mitra sowie Pontifikalgewand und weltliche Herren oft als Ritter mit Schild, Fahne, Schwert, Rüstung und auch Pferd charakterisiert. [6] Um die zentrale Abbildung sind häufig prächtige Architekturelemente gruppiert, zu denen neben Kirchen, Städten und Einzelbauten wie z. B. Türmen und Brücken auch Burgen gehören. Aber wie bei der Personendarstellung muss auch hier von einer Typisierung ausgegangen werden, die den herrschaftlichen Anspruch unterstreicht, ohne real existierende Bauwerke detailgetreu abzubilden. Die verbleibenden freien Flächen der Münze wurden oft mit Schmuckelementen verziert, deren unter Umständen symbolische Bedeutung sich aus der heutigen Sichtweise oftmals einer schlüssigen Interpretation entzieht.

Drei Brakteaten Landgraf Hermanns I. (reg. 1190–1217)

Abb. 58
Brakteat, Eisenach, 0,83 g

Der Landgraf mit Sturmhaube, großem Spitzschild und Fahne reitet nach links über eine Brücke. Im Schild ist ein oben dreigeteilter Stab (Lilie? Weidenzweig?) mit in Knäufen auslaufenden Enden zu sehen. Über der Pferdekruppe befindet sich auf einem Halbbogen ein Gebäude mit Arkadenfenstern und seitlich durch Knäufe begrenztem Satteldach. Vor dem Pferd ist ein kugelähnlicher Punkt zu sehen. Das Pferd ist mit Satteldecke und Anhängern am Brustriemen geschmückt. Im Umkreis Trugschrift (keinen Sinn ergebende Buchstabenfolge). [7]

Abb. 59
Brakteat, Eisenach, 0,80 g

Zentral ist der nach links reitende Landgraf mit Sturmhaube, großem dreieckigen Adlerschild (dahinter befindlichem Schwert?) und Fahne dargestellt. Mittig unter dem Reiter befindet sich auf einem Halbbogen ein von acht Zinnen flankierter Kuppelturm. Über der Pferdekruppe steht auf einem Halbbogen ebenfalls ein Kuppelturm, rechts daneben ein flaches Gebäude (mit zwei Zinnen?). Unter dem Pferdekopf ist ein Kreuzquadrat, darüber ein Punkt zu sehen. Das Pferd ist mit Satteldecke und Anhängern am Brustriemen geschmückt. Im Umkreis Trugschrift.[8]

Abb. 60
Brakteat, Eisenach, 0,73 g

Die Münzmitte wird wieder von dem nach links reitenden Landgrafen mit Sturmhaube, großem dreieckigen Adlerschild und Fahne dominiert. Über der Pferdekruppe ist auf einem Halbbogen eine dreitürmige Anlage, mittig ein großer Kuppelturm, der von zwei kleineren flankiert wird, abgebildet. Unter dem Reiter steht eine Maueranlage mit drei Türmen. Vor dem Pferdekopf ist ein Kreuzquadrat, zwischen dem Pferdehals und dem Reiter ein kugelähnlicher Punkt zu sehen. Das Pferd ist mit Satteldecke und Anhängern am Brustriemen geschmückt. Im Umkreis Trugschrift.[9]

Insgesamt bleibt für die Prägungen der thüringischen Landgrafen festzustellen, dass ihr Typ des Reiterbrakteaten stilbildend gewirkt hat. Er wurde von zahlreichen Münzstätten weltlicher Herren und auch der königlichen Münzstätte zu Mühlhausen nachgeahmt.[10]

Fragen ohne Antwort?

Im Vergleich der verschiedenen Brakteaten Landgraf Hermanns I. sind zwei Dinge besonders auffällig: das Wappen im Schild und die wohl als Burgendarstellungen anzusprechenden wechselnden Architekturelemente in den oberen Feldern.

Auf einer Vielzahl sonst unterschiedlicher Münzen ist der Landgraf mit einem Adlerschild zu sehen.[11] Dies verwundert insofern, da man angesichts der Tatsache, dass Hermann 1190 seinem auf dem Kreuzzug verstorbenen Bruder Ludwig III. als Landgraf nachfolgte, eher den seit dessen Regierungszeit nachweisbaren thüringischen Löwen als heraldische Kennzeichnung erwarten würde[12], den auch er in verschiedenen Abbildungen führt.[13] Es ist jedoch zu berücksichtigen, dass Hermann schon seit 1181 als Pfalzgraf von Sachsen regierte. Das Wappen dieses Herrschaftsgebiets war ein goldener Adler auf blauem Grund. Unter Umständen reflektiert die Wiedergabe auf den Brakteaten ganz bewusst den historischen Sachverhalt und dient als präzise persönliche Kennzeichnung des nunmehr regierenden Landgrafen.[14]

Im Umfeld der Herrscherperson sind auf den Münzen Burgen abgebildet. Auffällig ist, dass es sich nicht nur um geringe Veränderungen mit Rücksicht auf eine Unterscheidungsmöglichkeit[15], sondern eindeutig um die Darstellung völlig unterschiedlicher Bauensembles handelt. Trotzdem beispielsweise die dreitürmige Anlage stark an das Erscheinungsbild der prachtvoll ausgebauten Neuenburg im 12. Jahrhundert erinnert, kann man nicht davon ausgehen, dass real existierende Bauten als direkte Gestaltungsvorlage dienten. Zu sehr bleibt ungewiss, was der Stempelschneider über die einzelnen landgräflichen Burgen wusste und ob er sie möglicherweise sogar durch persönlichen Augenschein kannte.[16] Eines wird aber auch an diesen Beispielen deutlich: Burgen sind Symbol für Herrschaft und Macht als ein wesentliches Element der Präsentation herrschaftlichen Selbstverständnisses. Die aus den schon geschilderten Gründen öfter vorgenommenen Neuprägungen von Brakteaten boten die Möglichkeit, durch die Abbildung unterschiedlicher Bauwerke nicht nur deren Qualität selbst, sondern durch die Quantität zusätzlich die Machtfülle des Münzherrn herauszustellen. Dies unterstreicht noch einmal die herausragende Bedeutung der Burgen innerhalb der hochmittelalterlichen Landesherrschaft.

Der Neuenburger Pferdeschmuck-Anhänger

Theo Jülich

Im Jahr 1997 wurde im Rahmen der Vorbereitung einer Baumaßnahme zum Einbau einer Heizung im Erdgeschoss der nördlichen Wohngebäude der Burg eine Schachtgrabung durchgeführt.[1] Dabei stieß man unter einer Bauschuttverfüllung, die einen Fußboden des späten 12. Jahrhunderts trug, auf ein tieferes, älteres Fußbodenniveau aus Lehm. Auf diesem Niveau fand man einen Spielstein aus Hirschgeweih oder Walrosszahn und einen Anhänger aus Metall und Email. Da man nur einen schmalen Graben im Verlauf der geplanten Heizungsrohre freilegte, ist unbekannt, ob sich weitere Gegenstände auf diesem Lehmfußboden befinden. Die Objekte müssen unmittelbar vor der Verfüllung zur Fußbodenerhöhung des ausgehenden 12. Jahrhunderts auf den älteren Fußboden gefallen oder gelegt worden sein; dies bedingt eine Datierung vor das Ende des 12. Jahrhunderts. Vielleicht lassen die Fundumstände auf eine Art Bauopfer oder Weihegabe schließen.

Der Anhänger besteht aus dickem Kupfer mit einer partiellen Feuervergoldung auf der Vorderseite.[2] Eine Öse für ein Scharnier ist mit angegossen, alle sichtbaren Metallteile der Vorderseite sind sorgfältig ziseliert. Die Scheibe hat die Form einer Lunula mit zwei bogenförmigen Aussparungen an der Unterkante. Drei kreisrunde Medaillons, von denen eines verloren ist, sind mit kapitellförmigen Zwischenstücken an der Unterkante angehängt. Der an der oberen Rundung umlaufende flache Rand, die schrägen Seiten des erhöhten Plateaus sowie die Rahmen und Zwischenstücke der ebenfalls flacheren anhängenden Medaillons

Abb. 61
Pferdeschmuck-Anhänger, Vorderseite, 2. Hälfte des 12. Jahrhunderts, im Fundzustand

Abb. 62
Pferdeschmuck-Anhänger nach der Restaurierung

sind mit einfachen ziselierten Ornamenten geschmückt. Sowohl die Kapitellformen als auch die Ornamente lassen sich auf sächsischen und sogar auf rheinischen Metallarbeiten des 12. Jahrhunderts nachweisen.[3] Die Medaillons und die erhöhte Mittelplatte tragen Grubenschmelzemail, das trotz der Korrosion, die das Email teilweise gehoben hat, noch recht gut zu erkennen ist. An Emailfarben sind Weiß, Grün und Blau mit eingeschmolzenen weißen Punkten zu erkennen. Teile der Zeichnung sind im Metall als Stege stehen geblieben, ziseliert und feuervergoldet. Das Stück ist ohne Öse 9,5 cm hoch, 9,5 cm breit und 0,5 cm tief. Die Emailtiefe, soweit messbar, beträgt ca. 2 mm.

Die Emailtechnik und die Farbauswahl sind im 12. Jahrhundert nicht ungewöhnlich. Der Wechsel von emaillierten mit vergoldeten, ziselierten Flächen ist in Limoges, dem Rheinland, Franken und Sachsen gebräuchlich. Ebenso ist die Verwendung von inserierten weißen Punkten in einem blauen Grund nicht selten: zur Kennzeichnung von Gewändern in Limoges, zur Dekoration von Säulen und Architekturteilen vor allem im Rheinland aber auch als Ornament wie am Warwick Ziborium. Billigt man dem Anhänger von der Neuenburg zu, dass der Erhaltungszustand nicht gerade hervorragend ist und die Qualität auch ursprünglich nicht erstklassig gewesen sein dürfte, hat man von Technik und Einzelformen her keine Probleme, den Anhänger als aus der 2. Hälfte des 12. Jahrhunderts stammend anzusprechen. Die Farbauswahl des Anhängers sowie Form und Ausprägung der dargestellten Fabeltiere lassen aber eine Entstehung in Limoges oder dem Rheinland unwahrscheinlich erscheinen. Eher ist an eine lokale Werkstatt, also eine sächsische Herkunft, zu denken.

Dafür spricht auch ein Medaillon, das 1998 in Brandwijk, Südholland, bei der Ausgrabung einer Warf gefunden wurde. Es handelt sich um einen feuervergolde-

Abb. 63
Beschlagstück, Sachsen, vor 1160,
Fund aus Brandwijk

ten Messingbuckel von 6,5 cm Durchmesser mit einem zentralen Emailschmuck. In Champlevé-Technik (Form der Emailmalerei) ist ein ziseliertes Fabeltier vor blauem Emailgrund mit weißen Punkten ausgespart. Form und Ziselierung dieses Fabeltiers sind mit Ausnahme der Kopfhaltung spiegelbildlich identisch mit dem Tier auf dem mittleren Medaillon des Neuenburger Anhängers. Das holländische Vergleichsstück wurde in einer dendrochronologisch auf 1145–1160 datierbaren Bodenschicht gefunden.[4] Der allgemeine Typus dieser Tiere lässt sich schon im 10./11. Jahrhundert auf Broschen und Anhängern beobachten.[5] Dagegen schließt der weißpunktierte blaue Emailhintergrund und die charakteristische Zeichnung der Fabeltiere – mit extrem eingeschnürter Taille, blattartiger Binnenzeichnung, Katzenaugen und spitzen Ohren – die beiden Schmuckstücke weitergehend zusammen. Entweder entstammen sie derselben herstellenden Werkstatt oder zumindest Werkstätten, die in einem sehr engen Zusammenhang standen. Beide Objekte gehören in den Bereich der profanen Schmuck- und Beschlagstücke, wie sie an Waffen, Truhen, Sattel und Zaumzeug Verwendung fanden. Dies spricht für eine lokale, also am ehesten sächsische Werkstatt, deren Produkte sich deutlich von den zeitgleich in Limoges entstandenen unterscheiden. Formal dürften letztere aber das Vorbild dieser Produktion gebildet haben.

Das Schmuckstück aus Brandwijk, als partiell mit Email verzierter Rund-buckel, gehört als Beschlagstück in eine große Gruppe vergleichbarer Objekte, die zwar kostbar, aber verbreitet waren. Form und Funktion des Neuenburger Objekts sind dagegen ungewöhnlich. Die meisten Lunula-Anhänger des 8.–11. Jahrhunderts sind mit der Rundung nach unten montiert,[6] hier dagegen andersherum und mit anhängenden Medaillons. Als Schmuck für einen Menschen ist das Stück zu groß und zu schwer. Da auch im liturgischen Bereich keine Verwendung für einen solchen Anhänger wahrscheinlich ist, wird man nach einer anderen Verwendung suchen müssen. Mir scheint eine Verwendung als Teil eines Pferdeschmucks am wahrscheinlichsten zu sein. Als Stelle der Anbringung kommt der Brustriemen des Pferdegeschirrs, vielleicht auch die Stirn, in Frage, wobei der obere Teil des Scharniers quer in einem Lederriemen verankert gewesen wäre.[7] Der Anhänger ist technisch und in der Ausführung außerordentlich aufwändig, so dass von einem insgesamt äußerst kostbaren Pferdeschmuck ausgegangen werden muss, bei dem der Anhänger wohl eine prominente Stelle einnahm.

Die Darstellung auf dem Anhänger ist aufgrund des Erhaltungszustandes nicht mehr an allen Stellen eindeutig lesbar. Das erhaltene äußere Medaillon ist mit einem aus verschiedenfarbigem Email gebildeten Kreuz verziert, das verlorene Medaillon dürfte entsprechend dekoriert gewesen sein. Das mittlere Medaillon zeigt ein Tier mit spitzer Schnauze, mandelförmigen Augen, langen Ohren und eingeschnürter Taille. Wie bei dem Gegenstück aus Brandwijk ist es kaum mög-lich zu entscheiden, ob damit ein Fuchs oder ein Löwe oder sogar ein Fabeltier gemeint ist (Letzteres, wenn man die blattförmige Binnenzeichnung als Flügel ansprechen will). In den drei unteren Zwickeln der Hauptplatte sind frontal drei gehörnte Köpfe zu erkennen. Darüber sind links und rechts je ein zur Mitte sprin-gendes Tier zu sehen, dessen Körper und Kopf jeweils in Metall stehengeblieben

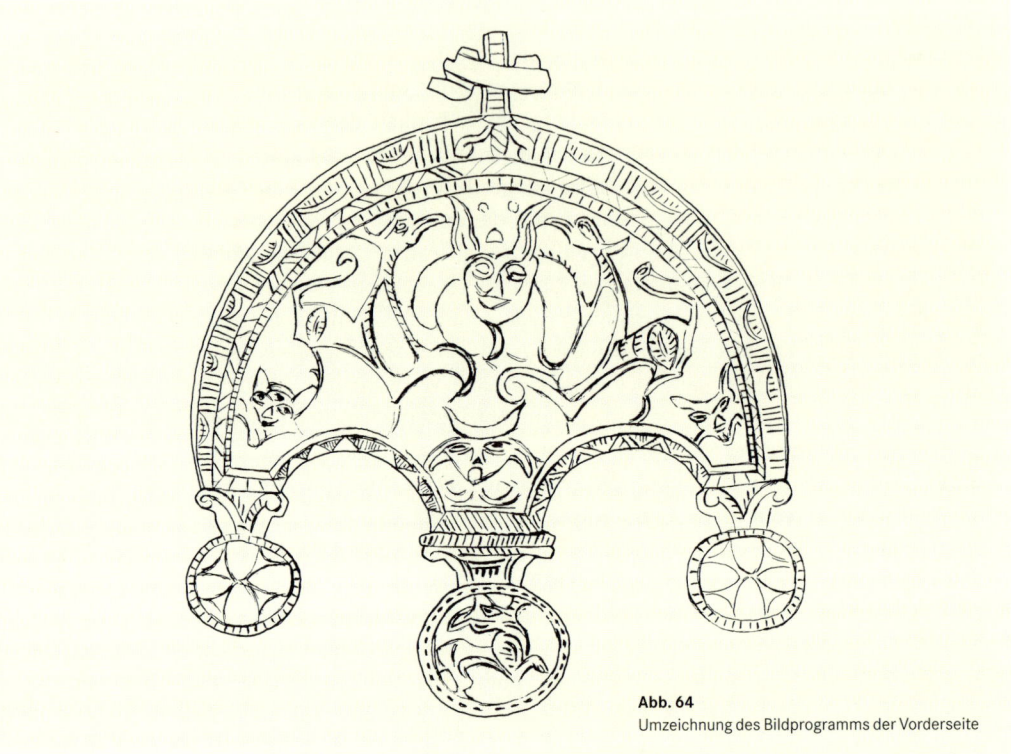

Abb. 64
Umzeichnung des Bildprogramms der Vorderseite

und ziseliert sind, während der Hals mit blauem Email mit weißen Punkten gefüllt ist. Der zentrale Bereich der Platte ist leider nicht so eindeutig zu identifizieren. Drei mögliche Lesungen bieten sich an. Die äußeren Tiere könnten jeweils einen zweiten Hals und Kopf besitzen, wobei die Köpfe in der Mitte Stirn an Stirn im Profil dargestellt wären, oder hinter den seitlichen Tieren wäre ein zweites Paar zu denken, von denen nur Hälse und Köpfe sichtbar wären. In beiden Fällen müssten allerdings die mittleren Köpfe sich jeweils eine Nase teilen, was gegen eine solche Lesung spricht. Eine andere Möglichkeit wäre, in der Mitte eine zentrale Gestalt zu erkennen, einen Dämon oder Satan, zu dem die seitlichen Tiere hinspringen. Die Masken in den unteren Zwickeln wären dann als Hilfsteufel zu identifizieren. Diese Lesart wäre aber nur schwerlich mit der Funktion eines prominenten Teils eines kostbaren Pferdeschmucks zu vereinbaren. Die dritte und wahrscheinlichste Deutung der Darstellung im Zentrum sieht darin ein drittes Tier, das von vorn dargestellt ist und nur größer als die beiden seitlich heranspringenden Tiere ist. Dazu würde auch die Verwendung des blauen Emails mit weißen Punkten als Dekoration des Halses bei allen drei Tieren passen.

Die Hauptdarstellung zeigt demnach drei gehörnte Tiere des Waldes, ob die unteren Masken als Dämonen oder als weitere Tiere anzusprechen sind, ist nicht zu entscheiden. Über den ornamentalen Charakter hinaus, den diese Platte sicherlich hat, bezieht sich die Darstellung damit auf die Funktion des Anhängers als Pferdeschmuck, indem auf den Ort der Jagd zu Pferde, den Wald und seine Bewohner, verwiesen wird. Dabei changieren in der Darstellungsart die Tiere zwischen Fabelwesen und jagdbaren Tieren, zwischen den Wald bewohnenden und den Jäger bedrohenden Dämonen und bekanntem Wild. Aus Darstellungen der Jagd und aus allegorischen Zusammenhängen sind vergleichbare Andeutungen des Waldes und seiner Bewohner bekannt. Bislang einmalig ist jedoch eine solche komplexe Darstellung auf einem größeren Grubenschmelzemail des 12. Jahrhunderts außerhalb der Limousiner Produktion in einem rein profanen Zusammenhang. Der einstige Besitzer des Pferdeschmucks muss im 12. Jahrhundert eine bedeutende Rolle gespielt haben, was bei der Bedeutung des Fundorts, der Neuenburg, in dieser Zeit durchaus möglich ist. Darüber hinaus zeigt der Anhänger, dass auch in Sachsen im 12. Jahrhundert prunkvolle, eindeutig profane Ausrüstungen unter der Verwendung von großen Grubenschmelzplatten entstanden, von denen sich nur wenig hat erhalten können.

Der Fürst der Dichter – Landgraf Hermann I.

Jörg Peukert

Die Blume Thüringens

Ich bin des milten lantgrâven ingesinde.
ez ist mîn site, daz man mich iemer bî den tiursten vinde.
die andern fürsten alle sint vil milte, iedoch
sô staeteclîchen niht. er was [ez] ê und ist ez noch.
Dâ von kan er baz dan sie dermite gebâren.
er enwil dekeiner lûne vâren.
swer hiure schallet und ist hin ze jâre boese als ê,
des lop gruonet unde valwet sô der klê.
der Dürnge bluome schînet dur den snê,
sumer und winter blüet sîn lop als in den ersten jâren.

Walther von der Vogelweide[1]

Ich gehöre zu den Dienstleuten des Landgrafen. Ich halte es immer so, dass man mich bei den Würdigsten findet. Zwar sind andere Fürsten auch freigebig, aber keineswegs so verlässlich wie Landgraf Hermann, der sich dabei nicht von schwankenden Launen leiten lässt. Denn wer einmal gibt und dann wieder geizig ist, dessen Ruhm gleicht allenfalls dem kurzen Blühen und baldigen Welken des Klees. Thüringens Blume aber leuchtet sogar durch den Schnee! Im Sommer und im Winter blüht ihr Ruhm wie von Anbeginn.

Das Lob Walthers von der Vogelweide galt Landgraf Hermann I., einem der herausragenden Mäzene des hohen Mittelalters.

Das ganz persönliche Literaturinteresse des Fürsten, gepaart mit den Ansprüchen hochadliger Gesellschaftskultur, ließ seinen Hof um das Jahr 1200 zu einem Zentrum der höfischen Dichtung werden. Nach Heinrich von Veldeke in den 8oer Jahren des 11. Jahrhunderts weilten zu Beginn des 13. Jahrhunderts die bedeutendsten Dichter ihrer Zeit in Thüringen – Walther von der Vogelweide und Wolfram von Eschenbach. Zu dieser Zeit besaß der Hof des kunstsinnigen und freigebigen Fürsten bereits eine Strahlkraft, die weit über die Landgrafschaft hinaus reichte. Die jedoch stark subjektive Ausprägung des Mäzenatentums Hermanns I. zeigt sich daran, dass dieses nach dem Tod des Landgrafen im Jahr 1217 keine Fortsetzung fand.

Doch lebte der Ruhm Hermanns I. auf andere Art weiter. Er und sein Hof wurden selbst zum Gegenstand der Dichtung. Noch im 13. Jahrhundert begann die Überlieferung der sagenhaften Geschichte vom „Sängerwettstreit", die über die verschiedensten literarischen Werke sowie die Meistersingerschulen des späten Mittelalters bis hin zu Richard Wagners Oper „Tannhäuser und der Sängerkrieg auf der Wartburg" die Erinnerung an jenen Ort der Musen und seinen Fürsten über Jahrhunderte bewahrte.

Abb. 65
Landgraf Hermann I. mit seiner Gemahlin Sophia und den
Teilnehmern des sagenumwobenen Sängerwettstreits.
Große Heidelberger Liederhandschrift, um 1300–1330/40

Abb. 66
Wolfram von Eschenbach.
Große Heidelberger Liederhandschrift, um 1300–1330/40

Deutschsprachige Literatur und Fürstenhof im hohen Mittelalter

Im hochmittelalterlichen Fürstenhof ist nicht nur das Herrschafts- und Verwal-
tungszentrum, sondern auch der Mittelpunkt für gesellschaftliches Leben und
künstlerisches Schaffen zu sehen.

Nachdem im frühen Mittelalter vor allem der Hof des Königs bzw. Kaisers
neben denen einiger geistlicher Fürsten diese Funktion inne hatte, lässt sich
seit dem 12. Jahrhundert eine breite kulturelle Entfaltung an den Fürstenhöfen
beobachten.[2] Hintergrund dieser Entwicklung war die nach dem Investiturstreit
gewachsene Bedeutung der Fürsten gegenüber einer geschwächten Zentralgewalt.
Im Kontext der Übernahme von Herrschaftsrechten, die ursprünglich beim König
lagen, erfolgte auch die Ausrichtung der Verwaltungs- und Repräsentationsfor-
men nach königlichem Vorbild. So wurden z. B. an den Fürstenhöfen die Hofämter
eingeführt, eigene Kanzleien errichtet und ebenso Formen eines selbständigen
Mäzenatentums herausgebildet. Dazu gehörte außer Schenkungen und Stiftungen
an Kirchen sowie Klöster auch die Förderung von Literatur.

Eine zentrale Bedeutung kam der Entstehung volkssprachlicher Dichtung zu, während am Königs- bzw. Kaiserhof weitgehend lateinische Literatur entstand. Diese Entwicklung begann in Deutschland um 1170 und erfuhr ihren Niederschlag in den Formen der Minnelyrik und der höfischen Epik. Vorbildhaft wirkten hier im Zusammenhang mit der gesamtgesellschaftlichen Orientierung an Frankreich die Werke französischer und für die Lyrik auch provenzalischer Autoren. Waren um 1200 zunächst nur einige wenige Höfe als Zentren literarischer Produktion aktiv, so ist im 13. Jahrhundert eine wachsende Anzahl im gesamten deutschsprachigen Gebiet zu verzeichnen.[3]

Vor allem im Bereich der Epik war die Entstehung der Werke ohne den Auftrag durch den fürstlichen Gönner nicht denkbar. Mit der Berufung des Dichters an seinen Hof sicherte er die materiellen Voraussetzungen hinsichtlich des Lebensunterhalts und der Bereitstellung der teuren Arbeitsmaterialien. Außerdem konnten nur über diesen Weg die seltenen und kostbaren – meist französischen – Vorlagen bereitgestellt werden. Auch die hochadligen Frauen traten als Förderinnen von Kunst und Literatur auf.

Die Autoren der höfischen Epik waren zumeist Berufsdichter, deren Herkunft aus unserem heutigen Wissen heraus oft nur schwer nachvollziehbar ist. Im Bereich der Lyrik wirkten jedoch auch Vertreter des Hochadels selbst als Minnesänger, so z. B. Kaiser Heinrich VI., König Wenzel II. von Böhmen, Herzog Heinrich IV. von Schlesien-Breslau, Markgraf Heinrich (III.) der Erlauchte von Meißen, Markgraf Otto IV. von Brandenburg, Heinrich I. Graf von Askanien und Fürst von Anhalt, um nur einige zu nennen. Dieser Sachverhalt unterstreicht die Bedeutung literarischen Schaffens innerhalb der höfischen Gesellschaft. Eine weitere Dichtungsform, die Spruchdichtung, erfuhr durch die Person Walthers von der Vogelweide ihre hochhöfische Ausformung. Diese als lehrhafte Dichtung zu charakterisierende Form nahm einen breiten Raum im hochmittelalterlichen lyrischen Schaffen ein.

Oftmals sind die Werke – sowohl epische als auch lyrische – wohl im Rahmen höfischer Versammlungen unterschiedlicher Personenzahl und zu verschiedenen Anlässen vorgetragen worden.[4] Allerdings war die private Lektüre durch entsprechend gebildete Kreise der Hofgesellschaft, insbesondere durch Frauen, eine nicht unübliche Form der Rezeption.[5] Das Funktionsspektrum der Dichtung sollte man eher breit angesetzt verstehen: sie diente der Unterhaltung, der Anleitung zu höfischer Lebensweise und in der Repräsentation mit ihrer poetisch überhöhten Darstellung auch zur Begründung der höfischen Wertvorstellungen.

Das Entstehen von Literatur war aber keineswegs unabdingbarer Bestandteil eines jeglichen Hofs und des gesellschaftlichen Lebens an ihm, sondern vielmehr stark vom subjektiven Interesse einzelner Herrscherpersönlichkeiten abhängig. Ein beredtes Beispiel dafür ist eben Hermann I.

Der konkrete „Ort" höfischen Kulturschaffens lässt sich nicht genau definieren. Vor dem Hintergrund der weithin praktizierten Reiseherrschaft, also des Umherziehens des Hofes von Ort zu Ort, wird man von den unterschiedlichsten Gegebenheiten auszugehen haben. Da aber vor allem die Burgen des hohen Adels in ihrem Ausbau und ihrer Ausstattung weit über reine militärische Funktionen hinausgingen, werden sie wohl als Aufenthalts- und somit auch „Kultur"-Ort eine wichtige Rolle gespielt haben.[6] Der prachtvolle und aufwändige Ausbau der Neuenburg lässt dies auch für sie vermuten, wenngleich es dafür keinen eindeutigen Beleg gibt.

Gönner und Diebe? – Der Beginn des Mäzenatentums

Aus dem Epilog des Eneasromans

Zu der Zeit, als der Landgraf die Gräfin von Kleve zur Ehe nahm, wurde das Buch in Kleve einer Dame, die darauf achten sollte, gestohlen. Darüber wurde die Gräfin dem Grafen Heinrich sehr gram. Denn dieser hatte das Buch genommen und heim nach Thüringen gesandt. Dort wurde später die Erzählung anders weitergeschrieben, als wenn der Meister sie hätte behalten können. Das ist die reine Wahrheit.

Nach diesem Vorfall blieb das Buch dem Meister Heinrich neun Jahre lang unzugänglich: bis er nach Thüringen kam und den Pfalzgrafen von Sachsen aufsuchte. Dieser überließ ihm das Buch [meint: das unvollendete Manuskript] und beauftragte ihn mit dessen Vollendung. Doch geschah es nur, weil er [Hermann I.] ihn inständig bat und ihm es anriet; sonst hätte er die Arbeit niemals fertig gestellt. Der Dichter tat dies für den Sohn des Landgrafen von Thüringen, den Pfalzgrafen Hermann von der Neuenburg an der Unstrut, dem die Erzählung schön und das ganze Gedicht meisterhaft erschien. Auf sein Gebot und seine Bitten hin vollendete er schließlich das Werk. Denn der Dichter erwies ihm jeden nur denkbaren Gefallen und war ihm, nachdem er ihn kennen gelernt hatte, wohlgesonnen. Dem Pfalzgrafen Hermann, dem Bruder Landgraf Ludwigs väter- und mütterlicherseits, sowie dem Grafen Friedrich diente Heinrich gern.

Übertragung von V. 13.454 – V. 13.490[7]

Einziges Zeugnis über den Beginn des Mäzenatentums Hermanns I. ist der Epilog des Eneasromans.[8] Auch wenn sich die Forschung heute weitestgehend einig ist, dass dieser Teil des Romans nicht von Heinrich von Veldeke stammt[9], so ist doch unbestritten: Der Epilog entstand in zeitlicher Nähe zum Wirken Veldekes und ist von großer Bedeutung für unser Wissen um die Entstehung des Werks.

Kurz gesagt wird geschildert, dass dem Dichter das Manuskript des noch nicht fertig gestellten Romans im Zusammenhang mit der Hochzeit Landgraf Ludwigs III. und einer Gräfin von Kleve gestohlen wurde. Nach diesem für den Dichter äußerst ärgerlichen Vorfall[10] dauerte es dann neun Jahre, bis er über Pfalzgraf Hermann I. wieder in den Besitz des Torsos gelangen und sein Werk vollenden konnte.

Ort und Zeitpunkt der Hochzeit, für die kein weiteres Quellenzeugnis außer dem Epilog bekannt ist (!), sind nicht eindeutig überliefert. Aufgrund verschiedener Untersuchungen datiert man sie in das Jahr 1174 oder 1175; die Überlegungen zur Lokalisierung verweisen eher auf den Herrschaftsbereich der Ludowinger als auf Kleve. Somit wäre also davon auszugehen, dass Heinrich von Veldeke in der ersten Hälfte der 1170er Jahre mit der Arbeit am Eneasroman begann. Vor dem Hintergrund der in das Werk integrierten Schilderung des berühmten Mainzer Hoffestes Kaiser Friedrichs I. (Barbarossa) ergibt sich ein weiterer Anhaltspunkt der Weiterarbeit zum Jahr 1184. Da die Gräfin von Kleve, von der sich Ludwig III. 1186 getrennt haben muss, weil er in diesem Jahr nachweislich die Witwe König

Abb. 67
Heinrich von Veldeke.
Große Heidelberger Liederhandschrift,
um 1300–1330/40

Waldemars von Dänemark heiratete, noch lobende Erwähnung findet, ist wohl mit einer Fertigstellung des Werks zu diesem Zeitpunkt zu rechnen. Vor 1190 dürfte das jedoch spätestens erfolgt sein, da es sonst sehr verwundern müsste, dass die Nachfolge Hermanns I. als Landgraf von Thüringen keine Erwähnung fand.[11]

Doch wer war nun 1174/75 der Dieb des noch unfertigen Manuskripts? Auf der Grundlage der verschiedenen Fassungen des Epilogs in den unterschiedlichen Handschriften geraten zwei Personen in näheren Verdacht.

Zwei Handschriften (Hs. M, Anfang des 14. Jahrhunderts; Hs. w, 1474) nennen ohne weiteren Namenszusatz einen Grafen Heinrich, drei Handschriften (Hs. H, 1333; Hs. E, spätes 14. Jahrhundert; Hs. G, letztes Viertel des 15. Jahrhunderts) den Grafen Heinrich von Schwarzburg.[12] In beiden Fällen gilt: Das Buch wurde in Kleve gestohlen und dann nach Thüringen gesandt. Bei dem Grafen von Schwarzburg dürfte es sich um den 1184 gestorbenen Heinrich I. handeln, hinter dem nicht näher benannten Grafen Heinrich vermutet man seit langem den Bruder Landgraf Ludwigs III. und Hermanns I., Heinrich Raspe III. († 1180), aus dessen Nachlass der Torso ebenfalls in die Hände Hermanns gelangt sein könnte. Nach heutigem Forschungsstand ist nicht abschließend zu entscheiden, wer von beiden nun tatsächlich den Diebstahl verübt hat.[13]

Da kein weiteres Zeugnis über den Sachverhalt Auskunft gibt, gilt es verschiedene Überlegungen anzustellen. Zunächst ist es die Frage nach der Motivation.

Graf Heinrich von Schwarzburg war ein erbitterter Gegner des landgräflichen Hauses. So ist es durchaus denkbar, dass er diesem mit dem Diebstahl schaden wollte. Doch gab es einerseits andere – militärische – Formen der Fehdeführung, andererseits ist für den Schwarzburger kein ausgeprägtes literarisches Interesse bezeugt, und für die Anwesenheit seiner Person um 1174/75 in der Nähe von Kleve gibt es ebenfalls keinen Hinweis. [14]

Anders bei Heinrich Raspe III. Das Interesse der landgräflichen Familie an Literatur ist hinreichend verbürgt, und außerdem sind zur fraglichen Zeit Aufenthalte seiner Person am Niederrhein belegt. [15] Auch noch weitere Indizien scheinen für ihn zu sprechen:

Auffällig ist, dass zwar Landgraf Ludwig III. nicht als möglicher Mäzen genannt wird und auch keine rühmende Erwähnung findet, dafür aber um so mehr die Gräfin von Kleve. Jedoch nur für die Zeit vor dem Diebstahl. Der Umstand der Manuskriptverleihung an sie durch den Dichter ist vielleicht damit zu erklären, dass sich Heinrich von Veldeke von ihr eine neue Gönnerschaft erhoffte. [16] Überschwänglich wird die „freigebige, edle, großzügige und fürstlich zu schenken vermögende Dame" gepriesen. [17] Allerdings kommt sie, für die ja nach der Vorgeschichte eine entsprechende literarische Neigung anzunehmen ist, nach der Wiederauffindung des Werks für eine Auftraggeberschaft augenscheinlich nicht in Frage. Und dies, obwohl sie über Tat und Täter erbost gewesen sein soll. Wäre sie nicht am ehesten prädestiniert gewesen, hier eine Art Wiedergutmachung zu leisten? Außerdem hätte sie bei einer Täterschaft Graf Heinrichs von Schwarzburg ja auch keine direkte Schuld getroffen.

Dafür kann es eigentlich nur eine Erklärung geben: die Gräfin gehörte wie Ludwig III. und dessen mittlerweile schon verstorbener Bruder Heinrich Raspe III. durch familiäre Bindung sowie persönliche Anwesenheit zu dem Personenkreis, dem gewissermaßen eine (Mit-)schuld an den Ereignissen in Kleve zuzuschreiben war und in dem der Dichter keinen zuverlässigen Partner für eine Zusammenarbeit mehr sah.

Als Gönner treten nun Hermann I. und sein jüngerer Bruder Friedrich, Graf von Ziegenhain auf: die Mitglieder der landgräflichen Familie, die in den Klever Vorfall nicht involviert gewesen sind! Doch auch sie sehen sich mit dem Misstrauen des Dichters konfrontiert.

Im Epilog wird außer dem fast inständig zu nennenden Bitten des Pfalzgrafen hinsichtlich der Fertigstellung noch darauf verwiesen, dass Heinrich von Veldeke Hermann I. gern jeden Dienst leistete – aber erst, nachdem er ihn kennen gelernt hatte. Meint das denn nichts anderes, als dass der Dichter erst von der Seriosität des pfalzgräflichen Angebots zur Vollendung seines Werks überzeugt werden musste? Schwingt in diesen Worten nicht eine ungewöhnliche Skepsis gegenüber dem Gönner mit, der durch seinen Auftrag dem Dichter ja existenzielle Voraussetzungen für eine erfolgreiche Arbeit bot? Zu erklären wäre dies, wollte man nicht generelle Bedenken Veldekes bezüglich der Zuverlässigkeit fürstlicher Auftraggeber oder Zweifel an der materiellen Potenz Hermanns I. geltend machen, doch möglicherweise nur durch schlechte Erfahrungen des Dichters mit den Ludowingern.

Was läge hier näher, als doch in Heinrich Raspe III. den Dieb des Manuskripts zu sehen?!

Bliebe noch eine weitere Frage offen, die wiederum Zweifel an dieser Version aufkommen ließe: Warum wurde, da der mögliche Dieb schon 1180 starb, der Kontakt zu Heinrich von Veldeke nicht eher hergestellt und mit der Fortsetzung noch vor Mitte der 1180er Jahre begonnen? Aufgrund der Interessenlage hätte sowohl dem Autor als auch dem Auftraggeber daran gelegen sein müssen. Eine Täterschaft Graf Heinrichs von Schwarzburg würde die Frage eindeutig beantworten, da dieser erst 1184 den Tod fand.[18] Hinsichtlich der Heinrich Raspes können nur Vermutungen angestellt werden. Selbst wenn man voraussetzt, dass unmittelbar nach dessen Tod das Manuskript in Hermanns Hände gelangte – was ja nicht zwingend erfolgt sein muss –, bleibt unklar, auf welchen Wegen und in welcher Zeit es Hermann gelingen konnte, Heinrich von Veldeke zu kontaktieren und vor allem auch für eine Wiederaufnahme der Arbeit zu gewinnen.

Und genau über diese Kontaktaufnahme, die in beiden „Täterfällen" hätte erfolgen müssen und unter Umständen gar nicht so einfach zu bewerkstelligen war, ist nichts bekannt. Somit eignet sich die Argumentation der zeitlichen Verzögerung nur begrenzt für eine Schuldzuweisung an Graf Heinrich I. von Schwarzburg und den Ausschluss Heinrich Raspes.

Vor dem Hintergrund der Integration des historisch verbürgten Ereignisses in den Eneasroman ist ein Kennenlernen von Auftraggeber und Autor auf dem Mainzer Hoffest 1184, für das neben der Anwesenheit eines Großteils des Adels die zahlreicher Dichter anzunehmen ist, durchaus wahrscheinlich.[19] Folgerichtig hätte dort die Einladung Hermanns ausgesprochen werden können, welcher Veldeke dann folgte, indem er nach Thüringen kam und den Pfalzgrafen von Sachsen aufsuchte.[20] Ein solcher Vorgang wäre völlig „täterunabhängig" denkbar.

Im Ergebnis erscheinen die Zweifel an einer Täterschaft Heinrich Raspes als nicht so gravierend. Vielmehr verweist die Indizienlast auf ihn. Bezüglich der erwähnten konkreten Benennung des Grafen von Schwarzburg wäre es durchaus möglich, dass der Namenszusatz „von Schwarzburg" in den betreffenden Handschriften lediglich den Verdacht einer kriminellen Handlung vom Haus der Landgrafen abwenden sollte[21], wenngleich auch das sich nicht mit Sicherheit belegen lässt.

Wo dichtete Heinrich von Veldeke?

Über die genauen Arbeitsorte und die Schaffensbedingungen weltlicher Autoren des hohen Mittelalters ist so gut wie nichts bekannt.[22] Vielleicht hielt und hält sich deshalb in der Forschung die Meinung, dass aufgrund der Titulatur Hermanns I. als „Pfalzgraf von der Neuenburg bei der Unstrut" der Dichter auch dort selbst sein Werk vollendete.[23] Allerdings liefert der Epilog dafür keinen eindeutigen Beweis und andere Belege existieren nicht. Ebenso bringen die Verse, in denen auf eine andere Art der Fertigstellung am Hof Hermanns als der vielleicht ursprünglich geplanten hingewiesen wird, keine weitere Sicherheit. Die mögliche Lesart könnte von einer allgemeinen, vielleicht auch ortsbezogenen Feststellung über die Reflexion der veränderten Gönnerschaft, variierende Voraussetzungen generell, eine sprachliche Überarbeitung, das Fehlen der lateinischen oder französischen Vorlage bis hin zu einer möglichen veränderten Konzeption sowie der inhaltlichen Erweiterung der Handlung reichen.[24]

Zumindest aber wird mit einiger Wahrscheinlichkeit davon auszugehen sein, dass Heinrich von Veldeke im Umfeld des Hofs seines Auftraggebers arbeitete bzw. dort auftrat.[25] Vor dem Hintergrund der wechselnden Aufenthaltsorte Hermanns wären somit verschiedenste Wirkungsstätten Veldekes denkbar, ohne dass man sie genau benennen könnte. In Betracht käme dann auch ein zumindest zeitweiser Aufenthalt des Dichters auf der Neuenburg[26], wenngleich dies möglicherweise nie zu beweisen sein wird.

Beachtenswert ist die Aussage aber trotzdem. Nach der historisch korrekten Bezeichnung Hermanns als Pfalzgraf von Sachsen erfolgte dann eine nähere Charakterisierung der Person mit der Neuenburg. Sie ist Ausdruck der Identifizierung und reflektiert wohl eindeutig die herausgehobene Bedeutung der Anlage zum Ende des 12. Jahrhunderts.

Heinrich von Veldeke und der Eneasroman

Die genauen Lebensdaten des Dichters sind nicht bekannt. Sie lassen sich nur indirekt durch die Datierung seiner Werke und die Erwähnung von Zeitgenossen erschließen. Der Eneasroman fand wahrscheinlich um 1186 seinen Abschluss. Durch Gottfried von Straßburg wurde um 1210 schon Heinrichs Tod beklagt. Somit ist wohl von einer Lebenszeit ab der Mitte des 11. bis zum Beginn des 12. Jahrhunderts auszugehen.

Von Veldeke entstammte vermutlich einem Ministerialengeschlecht aus der Nähe von Hasselt (Provinz Limburg im heutigen Belgien). Eine erstmals 1195 urkundlich nachweisbare Familie Veldeke unterstand lehnsrechtlich den Grafen von Loon. Belege für eine eindeutige Zugehörigkeit Heinrichs fanden sich bisher nicht. Seine Werke verweisen auf den hohen Bildungsstand des Dichters. Vor allem die Sprach- und Geschichtskenntnisse lassen die Annahme einer klerikalen Ausbildung nahe liegend erscheinen. Von seiner Dichtung sind heute der Eneasroman, ein Legendenepos über das Leben des heiligen Servatius (im 4. Jahrhundert Bischof von Tongeren) sowie zahlreiche Lieder bekannt.[27]

Der Eneasroman erzählt die Geschichte des antiken Helden Æneas (mittelhochdeutsch: Eneas) vom Fall Trojas, über den Aufenthalt in Karthago bis hin zur Hochzeit mit der Königstochter Lavinia und dem Beginn der römischen Herrschaft.

Auf den Ratschluss der Götter hin flieht Eneas während der Eroberung Trojas durch die Griechen von dort. Er soll, so der Wille der Himmelsherrscher, in Italien ein neues Reich begründen. Doch die Flucht gerät zur Odyssee. Erst nach siebenjähriger Irrfahrt erreicht er mit seinen Begleitern Karthago, wo sie freundliche Aufnahme bei der Königin Dido finden. Zwischen dieser und Eneas entwickelt sich eine Liebesbeziehung, die jedoch scheitert und mit dem Selbstmord der Königin

Abb. 68
Bau der Burg Montalbâne.
Berliner Bilderhandschrift des
Eneasromans, um 1220

endet, als Eneas – seiner höheren Bestimmung folgend – Karthago und sie verlässt. Im Fortgang trifft der Held auf die Prophetin Sibille, die ihn in die Unterwelt zu seinem Vater Anchises führt. Dieser offenbart dem Sohn, dass nach der Begründung seiner Herrschaft in Italien aus seinem Geschlecht die Gründer Roms hervorgehen werden. In der Folge gelangt Eneas nach Latium und errichtet gleichermaßen als Ausgangspunkt seines herrschaftlichen Aufstiegs die Burg Montalbâne an der Tibermündung. Beim regierenden König Latinus hält er um die Hand von dessen Tochter Lavinia an, welche ihm durch den Herrscher auch gewährt wird. Die Zusage beschwört nun aber einen weit reichenden Konflikt herauf: die Königin und ein Ganzteils des Adels favorisieren als königlichen Ehemann und Nachfolger Herzog Turnus, dem Lavinia ursprünglich versprochen war. In blutigen kriegerischen Auseinandersetzungen kämpfen die verfeindeten Parteien um eine Entscheidung. Diese wird schließlich durch einen Zweikampf zwischen Eneas und Turnus herbeigeführt, in dem der Herzog tödlich unterliegt.

Schon vorher waren Lavinia und Eneas in aufrichtiger Liebe zueinander entbrannt, so dass – wieder der höheren Vorsehung folgend – einer ehelichen Verbindung nun nichts mehr im Wege stand. Die Schilderung der großen Hochzeit und der Krönung sowie das so genannte Geschlechtsregister, in dem die verwandtschaftliche Nachfolge bis hin zu Julis Cæsar und Kaiser Augustus dargestellt wird, beschließen das Werk.[28]

Als Vorlage diente Heinrich von Veldeke neben Vergils Epos in erster Linie der anonyme französische „Roman d'Eneas" (um 1160), welcher insbesondere durch die herausgehobene Behandlung der beiden Liebesbeziehungen des Eneas schon eine den höfischen Anforderungen des hochmittelalterlichen Publikums entsprechende Bearbeitung von Vergils „Aeneis" darstellte. Diesen Text hat Veldeke, im Grundsatz den Handlungssträngen folgend, noch einmal erheblich (um ca. 3.000 Verse) erweitert. Dabei erfolgte jedoch kaum eine inhaltliche Ausdehnung der Handlung, vielmehr fanden höfisch-repräsentative Aspekte – wie beispielsweise bei der Schilderung von Bauwerken, Ausrüstung, Kleidung, Interieurs, Umgangsformen, Festivitäten etc. – und vor allem das Thema der Liebe mit den neuen Darstellungsformen von Monolog, Gespräch und lehrhafter Rede nochmals größere Beachtung.[29]

Bemerkenswert ist ebenso die Integration zeitgeschichtlicher Personen und Ereignisse in den so genannten Stauferpartien: die Auffindung des Pallas-Grabs durch Kaiser Friedrich I. Barbarossa (Pallas: Sohn des antiken Königs Euander) und der Vergleich von dessen Mainzer Hoffest anlässlich der Schwertleite seiner Söhne 1184 mit den Hochzeits- und Krönungsfeierlichkeiten Eneas' und Lavinias. Diese Passagen beschäftigen die Forschung bis heute.[30]

Heinrich von Veldekes Eneasroman war eine enorme Breitenwirkung beschert. Als erstes höfisch-ritterliches Versepos in mittelhochdeutscher Sprache beeinflusste er das nachfolgende epische Schaffen noch über Generationen hinweg. Ob seiner Kunstfertigkeit wurde der Dichter überschwänglich als Vorbild verehrt.[31]

Fortsetzung des Mäzenatentums

Im unmittelbaren thematischen und zeitlichen Zusammenhang mit dem Eneasroman entstanden auf Veranlassung Hermanns I. noch zwei weitere epische Werke, die ebenfalls antike Stoffe behandeln. Vermutlich verweist diese Auswahl auf ganz persönliche literarische Interessen des Landgrafen.

Zu Beginn des 13. Jahrhunderts ist dann neben dem epischen auch ein breites lyrisches Schaffen im Umfeld des landgräflichen Hofes zu verzeichnen. Am Ende von Hermanns Mäzenatentum steht der Auftrag für den „Willehalm" Wolframs von Eschenbach, während dessen Entstehung der Landgraf 1217 starb.[32]

Herbort von Fritzlar „Das Liet von Troye"

Daz hiz der furste herman	Das hieß mich zu tun der Fürst Hermann,
Der Lantgraue von duringen lant	der Landgraf von Thüringen.
Diz buch hat im hergesant	Gesandt hat ihm das Buch
Der graue von Liningen	der Graf von Leiningen.

Herbort von Fritzlar: Liet von Troye. V. 92 – 95 [33]

Zwischen 1190 und 1210 schrieb Herbort von Fritzlar im Auftrag Landgraf Hermanns I. mit dem „Liet von Troye" gewissermaßen die Vorgeschichte zum Eneasroman. Über die Person des Dichters ist wenig bekannt. Er selbst bezeichnet sich als „gelarter schulere".[34] Dies legt nahe, in ihm einen entsprechend gebildeten Kleriker zu sehen, der möglicherweise am Chorherrenstift zu Fritzlar gewirkt haben könnte.

Die Erzählung berichtet von der Zerstörung Trojas durch Herkules, dem Wiederaufbau unter Priamos, der Entführung Helenas durch Paris und dem langen Krieg der Griechen gegen die Stadt. Diesen kriegerischen Handlungen widmet sich ein Großteil der Dichtung. Das Ende bilden die Eroberung Trojas mit Hilfe des hölzernen Pferds und das Schicksal der in ihre Heimat zurückkehrenden Griechen.

Auch Herbort dichtete nach einer französischen Vorlage, dem „Roman de Troie" (um 1160/65) des Benoît de Sainte-Maure. Diese hatte Landgraf Hermann durch den Grafen von Leiningen (wahrscheinlich Graf Friedrich I., †1220) erhalten. Der Prolog lässt hier einmal den genauen Rezeptionsweg erkennen.

Die schon durch Benoît den zeitgemäßen Gesellschaftsvorstellungen entsprechend aktualisierte französische Erzählung des antiken Stoffs wurde durch Herbort von Fritzlar im Detail nochmals stark verändert.

Erstaunlich ist jedoch die starke, fast um die Hälfte reichende Kürzung gegenüber der Vorlage. Dieser im Kontext der Adaption höfischer Stoffe aus Frankreich einzigartige Vorgang ist wohl nur im Zusammenhang mit dem Eneasroman zu erklären. Augenscheinlich war der landgräfliche Auftraggeber zwar an der „Vervollständigung" des Troja-Stoffes interessiert, das Hauptaugenmerk lag jedoch auf dem Werk Veldekes. So bekennt sich Herbort von Fritzlar explizit zur angestrebten Straffung seiner Dichtung und verweist in deren Schlussteil auf die Fortsetzung im Eneasroman.[35] Beachtenswert erscheint, dass der Dichter – unter Umständen aus kritischer Distanz entgegen der üblichen Darstellungsweise – höfische Idealisierungen vermeidet und seine handelnden Personen im Gegenteil ein kontrastreiches, zuweilen sogar grobes Verhalten erkennen lassen.

Seinem Gönner ließ Herbort von Fritzlar eine besondere Ehrung zuteil werden. Herkules, dem Anführer der Griechen, gab er das Wappen des Landgrafen:

Der kvnic quam auch zv gewer	Der König kam auch zur Verteidigung.
Do sach er vnder dem her	Da sah er inmitten des Heers,
Oben von der mvre	oben von der Mauer aus,
Einen schilt von lasure	einen blauen Schild.
Dar inne einen Lewen glizen	Darin leuchtete ein Löwe
Von roten vnd von wizzen	von Rot und Silber.

Herbort von Fritzlar: Liet von Troye. V. 1.325 – 1.330 [36]

Albrecht von Halberstadt „Die Metamorphosen des Ovid"

zwelf hundert jâr und zehen bevorn,	Eintausendeinhundertneunzig Jahre
sît unser herre wart geborn,	seit der Geburt unseres Herrn
ergangen wâren an die stunde,	waren vergangen,
daz ich des bûches begunde	da begann ich mit der Arbeit an dem Buch.
bî eines vursten zîten,	Dies geschah zu den Zeiten eines Fürsten,
in allen landen wîten	der in allen Landen
von sîner tugende wol bekant:	durch seine Tugend berühmt war:
daz was der voget von Düringe lant,	Das war der Gebieter des Thüringer Landes,
der lantgrâve Herman.	der Landgraf Hermann.

Albrecht von Halberstadt. Metamorphosen. V. 83 – 91 [37]

Zwar nennt Albrecht von Halberstadt im Prolog den Landgrafen Hermann I., es wird aber nicht deutlich, ob dieser auch den Auftrag zu dem Werk gegeben hat. Die rühmende Art der Erwähnung legt jedoch die Vermutung nahe. Die Identifikation des Dichters ist unsicher. Möglicherweise handelte es sich um einen zwischen 1189/90 und 1193 urkundlich bezeugten Halberstädter Domherren oder um einen Chorherren des Stifts Jechaburg bei Sondershausen, der im Zeitraum von 1217 bis 1251 als „albertus scolasticus" überliefert ist.[38] Interessant ist, dass im Prolog die Wirkungsstätte für die gesamte Werkentstehung benannt wird: eben das Stift Jechaburg, welches in engen Beziehungen zum Landgrafenhof stand.[39] Verfasst wurde das Werk zwischen 1190 und 1210.[40] Bei seiner Arbeit folgte der Dichter der antiken Vorlage der Metamorphosen des Ovid (43 v. Chr. – 18 n. Chr.) sehr genau.

Die Metamorphosen (Verwandlungen) Ovids bestehen aus 15 Büchern. Darin werden zahlreiche Verwandlungssagen aus der Welt der griechischen und römischen Götter und Heroen erzählt, beginnend mit der Entstehung der Welt aus dem Chaos bis hin zur Vergöttlichung Cæsars.

Die direkte Übertragung einer antiken Dichtung durch Albrecht von Halberstadt ohne den Vermittlungsweg über hochmittelalterliche französische oder lateinische Fassungen ist insofern bemerkenswert, als es dazu in der deutschen Literatur des hohen Mittelalters keine Parallele gibt. Die mittelalterliche Überlieferungslage stellt sich lediglich fragmentarisch dar. Vermutlich ist dies auch ein Indiz für einen geringen Erfolg beim Publikum.[41]

Nur dem allgemein breiteren Interesse an antiken Themen im 16. Jahrhundert, das für diesen Fall seinen Niederschlag in der Überarbeitung und Drucklegung durch den Colmarer Meistersänger, Buchhändler und Maler Jörg Wickram im Jahr 1545 fand, ist es zu danken, dass das Werk zumindest von dieser (gekürzten) Form her noch in seiner inhaltlichen Gänze bekannt ist. Eine originalgetreue und vollständige Rekonstruktion der Dichtung Albrechts von Halberstadt ist auf dieser Basis jedoch nicht mehr möglich.

Wolfram von Eschenbach „Willehalm"

lantgrâve von Düringen Herman	Durch Landgraf Hermann von Thüringen
tet mir diz maere von im bekant.	wurde mir die Geschichte von dem Helden bekannt,
er ist ein franzois genant	der Franzose war
kuns Gwillâms de Orangis.	und Graf Wilhelm von Orange hieß.

Wolfram von Eschenbach. Willehalm. 3,8 – 11 [42]

Der Auftrag Landgraf Hermanns I. galt diesmal keinem antiken Stoff, sondern
einer Historiendichtung. Mit Wolfram von Eschenbach wirkte nach Heinrich von
Veldeke dabei ein weiterer der bedeutendsten Epiker des hohen Mittelalters für
Landgraf Hermann I. Die Herkunft des Dichters ist umstritten. Wahrscheinlich hat
er sich nach dem fränkischen Eschenbach (heute Wolframs-Eschenbach bei Ans-
bach) benannt, ohne dass deutlich würde, ob er dem dort seit der zweiten Hälfte

Abb. 69
Symbolhafte Darstellung Wolframs von Eschenbach im 2. und 3. Bildfeld.
Große Bilderhandschrift des „Willehalm", um 1250/70

des 13. Jahrhunderts nachweisbaren Adelsgeschlecht angehörte. Sein Bildungsstand entsprach keineswegs der klerikal geprägten Ausbildung z. B. Heinrichs von Veldeke, und er behauptet von sich selbst: „ine kan decheinen buochstap" („Ich bin nicht eines Buchstabens mächtig." Parzival, 115,11).[43] Dennoch verraten seine Werke den hochintelligenten und trotz der fehlenden Kenntnis der klassischen lateinischen Autoren außerordentlich gelehrten Dichter, der sicher auch der französischen Sprache mächtig war. Außer dem „Willehalm" schuf Wolfram noch zwei weitere epische Werke: den gleichermaßen unvollendet gebliebenen „Titurel" und den berühmten „Parzival". Auch als Lyriker ist er bezeugt.[44]

Die Quelle für den „Willehalm" war das gegen Ende des 12. Jahrhunderts entstandene französische Epos „Aliscans". Dieses gehörte zu den so genannten Chansons de geste, einer Gattung, welche die Behandlung historisch-heldischer Stoffe zum Inhalt hatte. Das Werk war Teil eines gesamten Epenzyklus um Guillaume d'Orange. Hinter diesem verbirgt sich die historische Person des Grafen Wilhelm von Toulouse, der ein Verwandter des karolingischen Königshauses war. Er hatte unter Karl dem Großen und Ludwig dem Frommen gegen die Sarazenen gekämpft und stiftete später das Kloster Gellone (bei Montpellier), in dem er 812/13 auch starb. Die Erzählungen von seinen Taten waren im 12. und 13. Jahrhundert in Frankreich sehr beliebt und fanden große Verbreitung.

Berichtet wird vom Einfall des heidnischen Großkönigs Terramer in die Provence. Willehalm hatte dessen Tochter Arabel entführt und – nachdem sie sich taufen ließ und den Namen Gyburc annahm – geheiratet. Dafür will Terramer nun Rache nehmen. In der ersten Schlacht bei Alischanz schlägt er Willehalm vernichtend. Daraufhin sucht Willehalm Unterstützung am französischen Königshof, erhält diese und zieht in die zweite Schlacht bei Alischanz, die er vor allem durch die Unterstützung des Helden Rennewart – Terramers Sohn – gewinnt.

Das Werk bricht mit der Schilderung von Rennewarts rätselhaftem Verschwinden und der Überführung der toten Heidenkönige in ihre Heimat abrupt ab. Bemerkenswert ist, dass im Gegensatz zur französischen Vorlage die heidnischen Ritter als tugendhafte Kämpfer dargestellt und als Besiegte menschlich behandelt werden.

Noch während Wolframs Arbeit am „Willehalm" starb Landgraf Hermann im Jahr 1217. Doch scheint der Dichter auch noch danach – unter Hermanns Sohn Ludwig IV. – die Arbeit an seinem Werk fortgesetzt zu haben. Indiz hierfür ist die Aufnahme von Themen, die durchaus dessen Interessen entsprachen. Dazu gehören Fragen nach der grundlegenden Ordnung der Welt sowie die eines gottgefälligen Lebens in ihr. So wird Willehalm zum „Ritterheiligen" stilisiert, und Gyburc erscheint im Spannungsfeld ihres Lebens als Fürstin und als „heilige Frau". Gerade diese Konstellation erinnert sehr an Elisabeth, die Gemahlin Ludwigs IV.[45]

Dass der „Willehalm" nicht vollendet wurde, kann man wohl nur mit dem Tod Wolframs von Eschenbach um das Jahr 1220 erklären. Jedoch wird das Werk um 1250 durch Ulrich von Türheim – orientiert an dem weiteren Handlungsverlauf der französischen Vorlage – fertig gestellt.

Die Lyrik am Landgrafenhof

Am Hofe Hermanns I.
Der in den ören siech von ungesühte sî,
daz ist mîn rât, der lâz den hof ze Düringen frî,
wan kumet er dar, dêswâr er wirt ertoeret.
ich hân gedrungen, unz ich niht mê gedringen mac.
ein schar vert ûz, diu ander in, naht unde tac.
grôz wunder ist, daz iemen dâ gehoeret.
Der lantgrâve ist sô gemuot,
daz er mit stolzen helden sîne hab vertuot,
der iegeslîcher wol ein kenpfe waere.
mir ist sîn hôhe fuor wol kunt:
und gulte ein fuoder guotes wînes tûsent pfunt,
dâ stüend doch niemer ritters becher laere.

Walther von der Vogelweide [46]

Dem Ohrenkranken kann ich nur raten, nicht an den Thüringer Landgrafenhof zu kommen. Denn dort wird er erst recht taub! Ich war dort und kann das Gedränge nicht mehr ertragen. Kaum geht die eine Schar, so kommt schon die nächste – und das bei Tag und Nacht! Es ist ein großes Wunder, dass da überhaupt noch jemand etwas hört. Und der Landgraf ist so gesinnt, dass er mit „stolzen" Helden noch all sein Hab und Gut durchbringt. Ich kenne seine höfische Art wohl: Selbst wenn ein Fuder guten Weines tausend Pfund kosten würde, so stünde doch niemals der Ritter Becher leer!

Diese Aussage gibt, wenngleich sicher nicht frei vom persönlichen Neid und der Unzufriedenheit Walthers, einen besonderen Einblick in das Geschehen.[47] Sichtlicherweise zeigte sich der Landgraf äußerst gastfreundlich. Im Grunde hätte das den Dichter erfreuen müssen, bot sich doch so rein quantitativ ein großes Publikum für seine Kunst. Allerdings scheint durch das Desinteresse wenig höfisch zu nennender Gäste die Qualität der Auftrittsbedingungen erheblich beeinträchtigt gewesen zu sein.[48]

Zugleich präsentiert das Gedicht aber auch die Form der Spruchdichtung. Diese wurde vor allem von den fahrenden Dichtern gepflegt, die gesellschaftlich den untersten Bevölkerungsschichten zuzurechnen waren. Ohne dauerhaften Wohnsitz, ohne einen festen Gönner und ohne ein gesichertes Auskommen boten sie ihre Kunst an vielfältigen Orten unter den verschiedensten Bedingungen dar. Walther von der Vogelweide charakterisierte das Spektrum mit „ze hove und an der strâzen" (am Hof und auf der Straße).[49] Inhaltlich stand das Lob unterschiedlicher Gönner mit der besonderen Betonung von deren „milte" (Freigebigkeit) entsprechend dem mittelalterlichen Herrscherideal als zentralem Begriff im Vordergrund. Dies sicherte eine breite Auftragslage durch größere und kleinere Höfe. Zugleich reflektiert es das existenzielle Interesse der Künstler, bestritten sie doch von den Gaben der Herren ihren Lebensunterhalt. Eine in der Absicht der Gönner stehende weite Verbreitung war durch die Lebensumstände der umherziehenden Dichter gegeben. Zum Lob gehörte aber auch, wie am zitierten Spruch Walthers

Abb. 70
Walther von der Vogelweide.
Große Heidelberger Liederhandschrift,
um 1300–1330/40

deutlich wird, die Kritik unhöfischer Zustände. Damit war natürlich neben dem Tadel an sich die Absicht verbunden, ein verbessertes Verhalten sowohl bei den Bloßgestellten als auch bei anderen zu erreichen. Dieses Spannungsfeld zeigt sich sehr schön an den beiden zitierten Walthersprüchen: der zunächst ob seiner undifferenzierten Freigebigkeit kritisierte Fürst erscheint als beständig großzügige, selbst im Winter strahlende „Blume Thüringens", zu dessen Hofstaat sich Walther voller Stolz zählt.

Doch waren für die Spruchdichtung noch andere Themen relevant: die Klage über politische Zustände mit ihrer Reflexion über den Verfall der Ordnung sowie der Gefährdung von Frieden und Recht, die moralisierende Ermahnung ob der Missachtung von Tugend, Recht und der Gefährdung der Moral sowie religiöse Texte als Ausdruck einer intensiven Laienfrömmigkeit.[50]

Durch Walther von der Vogelweide erfuhr diese Dichtungsform Ende des 12./Anfang des 13. Jahrhunderts ihre höfische Ausformung, indem er sie denselben künstlerischen Prinzipien wie der liedhaften Minnedichtung folgend gestaltete. Im Gegensatz zu anderen Spruchdichtern beschäftigte sich Walther vor allem auch mit dem Thema der Reichspolitik. Charakterisiert durch eine auf Intensität ausgerichtete Ausprägung des dichterischen „Ichs" in verschiedenen Rollen sowie eine allegorische und bildhafte Sprache beabsichtigten die Stücke eine entsprechende propagandistische Wirkung in verschiedenen Hofkreisen.[51] Hier kaum Nachahmung findend, steht sein Werk einzigartig da.

Ob Walthers Minnedichtung aus seiner Zeit in Thüringen stammt, ist nicht sicher bekannt. Dieser Sachverhalt und die Tatsache, dass der bedeutende und schulebildende Heinrich von Morungen nicht am Landgrafenhof nachgewiesen werden kann, dürfen jedoch nicht den Eindruck erwecken, dass diese Dichtung in Thüringen nicht gepflegt wurde.[52] Schon in den 1180er Jahren wirkte mit Heinrich von Veldeke ein Künstler im Umfeld Hermanns, von dem Minnelieder überliefert sind – und die zum Teil wahrscheinlich auch in Thüringen entstanden.[53] Ebenso ist Wolfram von Eschenbach als Lyriker bezeugt.[54] In dem in der Sängerkriegsüberlieferung erwähnten Heinrich dem Schreiber sieht man für gewöhnlich den landgräflichen Ministerialen Heinrich von Weißensee, dem unter Hermann I., Ludwig IV. und Heinrich Raspe IV. die landgräfliche Kanzlei unterstand. Es wird vermutet, dass er identisch mit dem in der Großen Heidelberger Liederhandschrift (Manesse) verzeichneten „tugendhaftem Schreiber" ist, von dem dort Minnelieder überliefert sind. Für diesen Fall wäre von einer Entstehung dieser Dichtung im direkten Zusammenhang mit dem Thüringer Hof auszugehen.[55] Generell erweist sich eine Lokalisierung als schwierig, da es zu den Spielregeln der hohen Minne gehört, die konkret gemeinten Personen in der Anonymität zu belassen.

Minnedichtung ist höfische Dichtung. Die in Südfrankreich entstandene Form erfuhr ab ungefähr 1170 Aufnahme am staufischen Hof, von wo aus sie ihre weitere Verbreitung fand.

Abb. 71
Der tugendhafte Schreiber.
Große Heidelberger Liederhandschrift,
um 1300 – 1330 / 40

Inhaltlich grundlegend ist die Sicht auf die hochadlige Frau als Vorbild und sitt-lich-moralische Erzieherin. Die ursprünglich vor allem dem niederen Adel ange-hörenden Minnesänger gestalteten ihre Dichtung gleichsam als Lehnsverhältnis: nur dienten sie eben in diesem ethischen Bereich nicht ihrem Herrn, sondern der Herrin. Gepriesen wurden Tugend, Schönheit sowie höfisches Verhalten, verbun-den mit der Sehnsucht nach Nähe zu der hohen Frau und dem Bekenntnis, ihr beständig treu zu dienen.

Um der Herrin mit seinem Minnedienst gerecht zu werden können, musste auch der Dichter den höfischen Wertevorstellungen entsprechen. Diese waren von zentralen Begriffen geprägt: „êre" (durch ehrenhaftes Leben Gewinnung von gesellschaftlichem Ansehen), „âventiure" (Bewährung in anspruchsvollem ritter-lichen Kampf), „mâze" (vernunftmäßige Bändigung der Leidenschaften), „zuht" (beständige Selbsterziehung), „staete" (Treue, Beständigkeit), „fröude" (Frohsinn) sowie „hôher muot" (lebensbejahende Hochstimmung des ritterlich-höfischen Menschen).[56]

Im Ergebnis ging es nicht um die Erfüllung durch tatsächliche körperliche Zuneigung. Eine solche Erkenntlichkeit durfte nur hypothetisch, in Gedanken, gewährt werden. Hohe Minne meint nicht Liebe, sondern Verehrung. Der Lohn des Dichters bestand im moralischen Zugewinn und der Erhöhung seiner Tugend-haftigkeit.

Natürlich waren aber auch höfische Dichter nur Menschen. In der Form der sogenannten „niederen oder ebenen Minne" wurde witzig und frech mit dem Thema umgegangen, man beschrieb Liebesfreuden und erotische Traumerlebnisse. Den Bezugspunkt bildete hier allerdings eine dem Dichter sozial gleichgestellte Frau. Auch Walther von der Vogelweide, der die Einseitigkeit des Dienstes im höfischen Minnesang durchaus kritisch sah, hat sich in einem Teil seines Schaffens dieser Form zugewandt.

Dass insgesamt die – in ihren verschiedenen Facetten dem Zeitgeschmack ent-sprechende – aktuelle Dicht- und Liedkunst an einem offensichtlich so kulturinter-essierten Hof wie dem Hermanns I. keine Rolle gespielt hat, ist kaum vorstellbar.

Der Sängerhof wird Dichtung

Unter den Namen „Klingsor von Ungerlant" in der Großen Heidelberger Lieder-handschrift (um 1300–1330/40) sowie „Der von Ofterdingen" und „Her Wolfram" in der Jenaer Liederhandschrift (um 1330/40) ist jeweils eine Reihe unabhängig voneinander entstandener Spruchgedichte überliefert, deren älteste wahrschein-lich um die Mitte des 13. Jahrhunderts in Thüringen entstanden. Die namentliche Zuordnung in den benannten Handschriften reflektiert dabei wohl eher den Inhalt als die Verfasserschaft der wahrscheinlich anonym geschriebenen und erst durch spätere Bearbeitungen in einen Zusammenhang gebrachten Dichtung.

Am Anfang steht das 24 Strophen umfassende „Fürstenlob", welches einen Sängerwettstreit am Hof Hermanns I. beschreibt. Dies war der Anlass dafür, dass der Zyklus im 19. Jahrhundert die Bezeichnung „Wartburgkrieg" bekam. Die

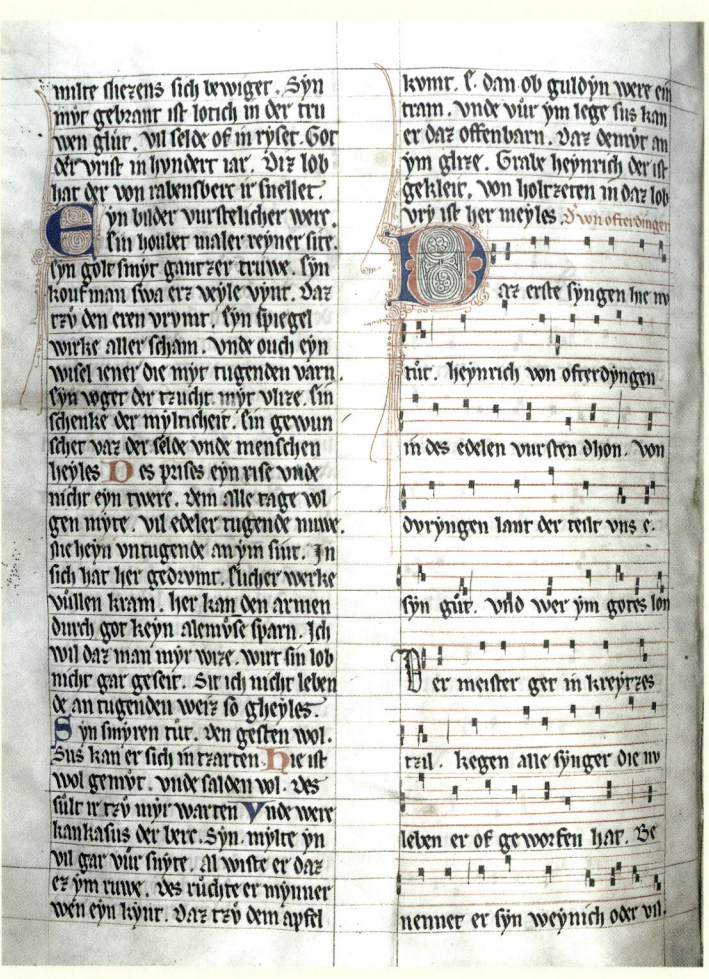

Abb. 72
Der Anfang des Sängerwettstreits im „Fürstenlob". Jenaer Liederhandschrift, um 1330/40

thüringische Geschichtsschreibung des Spätmittelalters hielt das Ereignis für historisch wahr und datierte es auf die Jahre 1206/07. Beweise für ein tatsächliches
Geschehen gibt es nicht. Wahrscheinlicher ist, dass sich hier schon Wirklichkeit
und Sage vermischten und zur Verklärung des Landgrafenhofes beitrugen.

Aus dem 13. Jahrhundert nur fragmentarisch überliefert, fand der Stoff im
14. und 15. Jahrhundert eine weite Verbreitung.[57] Eine klare Lokalisierung bietet
die ältere Überlieferung jedoch nicht. Erst die spätmittelalterliche Chronistik
benannte als Ort des Geschehens eindeutig die Wartburg.[58] Auf dieser Grundlage
blieb das berühmte Mäzenatentum Landgraf Hermanns I. in zahlreichen Variationen der Erzählung bis heute lebendig.

Der Sängerkrieg auf der Wartburg

Am Hofe des Landgrafen Hermann von Thüringen hatten sich sechs edle und tugendsame Männer zusammengefunden, die hübsche Lieder dichten konnten. Sie erfanden auch neue Gesänge, mit denen sie im Wettstreit gegeneinander antraten. Und weil dieser Sängerwettstreit auf der Wartburg über Eisenach geschah, so heißt man ihn noch heute den Sängerkrieg auf der Wartburg.

Der erste Sänger hieß Heinrich Schreiber und war ein guter Ritter; der zweite Walther von der Vogelweide; der dritte Reinhart von Zwetzen, auch Reinmar Zweter genannt; der vierte Wolfram von Eschenbach; diese waren alle ritterbürtige Mannen und gute Wappner. Biterolf, der fünfte, gehörte zu der Landgräfin Dienerschaft und der sechste, Heinrich von Ofterdingen, war ein Bürger der Stadt Eisenach aus einem frommen Geschlecht.

In ihrem Wettkampf priesen sie laut das Lob guter Fürsten und vornehmlich das des gastlichen und kunstsinnigen Landgrafen Hermann. Nur Heinrich von Ofterdingen lobte in seinem Gesange den Herzog von Österreich und hob ihn hoch über alle anderen Fürsten. Da entbrannte der Streit unter ihnen so hart, dass sie beschlossen, der Verlierer solle sofort dem Scharfrichter übergeben werden. Nun sangen alle gegen Heinrich von Ofterdingen, denn sie hassten ihn, waren neidisch auf seine Kunst und hätten ihn gern vom Hof vertrieben. Ofterdingen verglich den Herzog von Österreich mit der Sonne und gestand allen anderen Fürsten nur den Glanz der Sterne zu.

Die übrigen Sänger aber erhoben den Landgrafen von Thüringen über alles und nannten ihn den Tag, dem die Sonne erst nachfolge. Endlich schien die Überzahl zu siegen, fünf gegen einen, und Ofterdingen rief sehnsuchtsvoll nach dem Meister aller Sänger, nach Klingsor von Ungarnland. Denn dieser, so meinte er, würde seine Meisterschaft und die Tugendhaftigkeit des Österreichers bezeugen.

Doch die anderen Sänger wollten auf der Stelle Ofterdingens Tod und riefen den Scharfrichter. Daraufhin floh Heinrich von Ofterdingen zu der Landgräfin und bat um ihren Schutz. Die Fürstin aber forderte alle auf, Gerechtigkeit walten zu lassen. Und so beschloss man, dass Ofterdingen Meister Klingsor rufen solle. In Jahresfrist wollte man sich dann wieder treffen und sich dem Urteilsspruch des großen Magiers beugen. [...]

So geschah es dann auch nach einem Jahr zur Wartburg auf dem Ritterhaus. Klingsor sprach, dass der Tag von der Sonne komme, und wenn die Sonne die Erde nicht beleuchte, so wäre kein Tag. Mit diesen weisen Worten zeigte er, dass Heinrich von Ofterdingen keinesfalls verloren hatte, und sühnte gütlich ihren Streit.[59]

Zur Baugeschichte der Neuenburg II

Reinhard Schmitt

Wohnturm

Zisterne, Küche, Badestube, Latrinen

Doppelkapelle

Abb. 73   Die Neuenburg von Südwesten, 2002

Wohnturm

Neben dem Umbau der aus dem frühen 12. Jahrhundert stammenden Burgkapelle stellt der Neubau des spätromanischen Wohnturms II (um 1225/26) vor der südlichen Ringmauer und dicht westlich neben dem Tor zur Kernburg die letzte große Baumaßnahme unter den ludowingischen Landgrafen von Thüringen dar.

Hinweis
Fett gedruckte Begriffe
werden im Glossar zur
Baugeschichte S. 44/45
erläutert.

Der Turm[1] misst ca. 9,2 x 9,6 m und war ursprünglich mindestens 18 m hoch. Er enthält vier Geschosse, die durch Balkendecken getrennt sind. Ins Erdgeschoss führt von Osten her ein rundbogiger Eingang. Das zweite und das dritte Obergeschoss besaßen ebenfalls Türen in der Ostwand, die später vermauert wurden. Sie ermöglichten den Zugang auf hölzerne Galerien, die sowohl zu den südlich gelegenen Latrinen außen am Gebäude entlang führten als auch den Zutritt vom Torhaus her gestatteten. In das erste Obergeschoss gelangte man durch eine Tür, die in das Mauerwerk der älteren Ringmauer gebrochen worden und über das westlich neben dem Torhaus befindliche Treppenhaus zu erreichen war. Die beiden mittleren Geschosse sind durch Kamine ausgezeichnet, deren Rauchhauben in Resten erhalten blieben. Im ersten Obergeschoss befindet sich der Kamin in der Südostecke des Raumes. Die Haube bildete einen Viertelkreis; schwach sind noch die einstigen profilierten **Kämpfer** zu erkennen.[2] Der Schlot zog im zweiten

Abb. 74
Torhaus, Wohnturm und Westtorhaus (dahinter die Latrinengänge) von Südosten

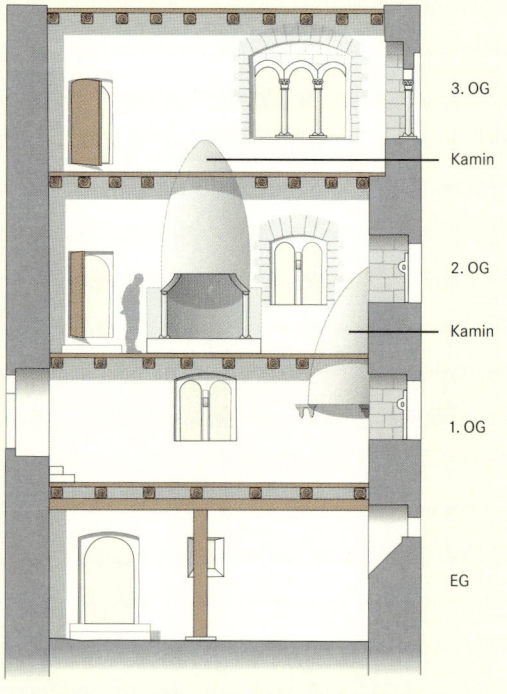

Abb. 75
Nord-Süd-Schnitt durch den Wohnturm von 1225/26, Rekonstruktion

3. OG

Kamin

2. OG

Kamin

1. OG

EG

Obergeschoss in die Mauerecke und stieg dort senkrecht nach oben. Der obere Abschluss ist unbekannt.

Der Kamin des zweiten Obergeschosses befand sich mittig vor der Ostwand. Seine Haube war halbkreisförmig gebildet. Überraschenderweise konnten an den die Haube einst tragenden **Kapitellen** Reparaturen festgestellt werden, die demzufolge größere Schäden an den Kapitellen und eine anschließende Weiternutzung mittels Verrußung bezeugen. Die zum Teil stark verrußten Wände belegen zudem anschaulich die intensive Nutzung der Kamine.

Während das Erdgeschoss nur kleinere Fenster aufwies, besaßen die mittleren Geschosse zumeist Doppelfenster mit einem Mittelpfosten (so genannte Biforien). Um den Radius des Fensterbogens genau anreißen zu können, wurde ein Zirkel mittig auf der **Sohlbank** eingestochen.

Die Fenster waren ursprünglich durch einen damals modernen Mechanismus zu verschließen, indem ein Balken innerhalb des Mauerkerns verschoben und durch eine Öse am Mittelpfosten gesteckt bis zu einer Arretiernische in der gegenüberliegenden **Laibung** gezogen wurde. Mit diesem Balken wurden hölzerne Läden fest an die Öffnungen gepresst. Im Jahr 1976 legte man im zweiten

Abb. 76
Rekonstruktion der Ostwand im zweiten Obergeschoss

Abb. 77
Zweites Obergeschoss von innen, Blick nach Südosten

Abb. 78
Die hölzernen Fensterläden
bei ihrer Auffindung 1976

Obergeschoss ein Fenster frei, in dem die hölzernen Läden noch existierten.[3] Sie wurden bei Umbaumaßnahmen in der Mitte des 15. Jahrhunderts beim Zusetzen des Fensters eingemauert. Vermutlich konnte der Fensterverschluss sogar der Jahreszeit angepasst werden: Die ebenfalls erhalten gebliebenen eisernen Haspen ermöglichten im Sommer die Anbringung von Rahmen mit eingespannter Tierhaut. Die feste Verriegelung dürfte wohl im Winter vorgenommen worden sein.[4] Eine zeitliche Scheidung dieser beiden Varianten ist aber nicht möglich. Es kann auch nicht gesagt werden, von wann die Läden stammen. Sicher ist nur, dass sie nach der Errichtung des Wohnturms und vor der Vermauerung des Fensters um 1462/63 in Funktion waren. Auffällig bleibt das Fehlen eines Bretterstücks am oberen Rand eines Fensters. Vielleicht war dies absichtlich entfernt worden, um allzu lästigen Rauch entweichen lassen zu können?

Seit dem 12. Jahrhundert häufen sich Belege dafür, dass Fenster mit hölzernen Läden von innen verschlossen wurden. Allerdings sind diese außerordentlich selten erhalten geblieben.[5]

Das dritte Obergeschoss öffnete sich mit vier dreiteiligen Fenstern nach außen, war nicht beheizbar und darf als „Sommerlaube" angesprochen werden, die einen vorzüglichen Blick ins Unstruttal gestattete. In welchem Umfang im frühen 13. Jahrhundert das Erleben der Natur eine Rolle spielte, ist ohne Zweifel noch sehr unzureichend untersucht worden. Für den Palas der Wartburg möchte Ernst Badstübner dies annehmen, für den Bergfried der Burg Boymont ebenso Udo Liessem, für eine große Bogenöffnung auf der Henneburg der Verfasser.[6]

Inzwischen liegen neuere Studien vor, die anhand von hochmittelalterlichen Quellen belegen, in welchem Ausmaß der damalige Mensch die ihn umgebende Natur zu erleben vermochte.

„Am dritten Ort, neben der Kapelle, ordnete er einen Saalbau, dessen ganze Komposition, vor allem das Fensterwerk, von so großer Schönheit war, dass man glauben konnte, eine geschicktere Künstlerhand als bei den zwei vorangehenden Bauten habe sie gestaltet oder deren Kunstfertiger habe sich in diesem Werk selbst übertroffen. [...] Sie [die Bäume im Garten] waren auf zweifache Weise von schönstem Anblick, indem sie die Menschen, welche an den Fenstern des Saals lehnten, und andererseits die, welche im Garten standen, durch wechselnden Anblick erfreuten. Die im Saal freute die Schönheit der Bäume, die im Garten der schöne Anblick der Fenster." So heißt es in der Bischofschronik von Le Mans (zweite Hälfte des 12. Jahrhunderts).

Oder in einer Schilderung des zerstörten Bischofspalastes in Auxerre: „Das bischöfliche Haus baute er aus Steinen geräumig neu und deckte es mit Ziegeln, und in jenem Teil des Hauses, der nach Osten schaut, errichtete er eine Art Station, die man gewöhnlich Loggia nennt, sehr erfreulich im Anblick, mit sehr schönen Säulen geschmückt, es konnte über die Stadtmauer überallhin und der darunter gelegene Fluss, Weinberge und Äcker gesehen werden." [7]

Zahlreiche großartige Fensterarkaden von Palasbauten ermöglichten eine solche angenehme Fernsicht.

Der im gleichen Bauzusammenhang geplante und ab 1227 ausgeführte südliche Anbau bestand ursprünglich aus einer Mauer mit Tor und zwei übereinander liegenden Gängen, die jeweils zu Latrinen führten. Ein starker Pfeiler etwa auf halbem Wege zwischen dem Wohnturm mit den rundbogigen Türen aus dem ersten und zweiten Obergeschoss und den Latrinenerkern unterteilte offensichtlich auch die Architektur der beiden Gänge: Bis zum Pfeiler waren die Gänge etwas breiter und wohl mit Fachwerk geschlossen. Auf dem Pfeiler wurden diese Räume durch eine Tür mit steinernen Gewänden begrenzt. Dahinter setzte sich schließlich ein offener Gang bis zu den Latrinen fort.

Im zweiten Obergeschoss haben sich auf der steinernen Rückwand des Gangs sehr qualitätvolle mittelalterliche Putzreste erhalten: **Fugenritzungen**, zum Teil in einer völlig „wilden" Anordnung, die nicht mehr das Bemühen um ein vereinheitlichendes Fugenbild erkennen lassen. Ebenso überraschen starke **Bandfugen**, die zudem rötlich eingefärbt und auf die übrige Putzfläche „geklebt" worden sind. Sie entstammen augenscheinlich einer jüngeren Bauphase, die als Reparatur oder

Abb. 79
Wandputze an der Westwand des Latrinengangs im zweiten Obergeschoss

Abb. 80
Westtorhaus von Westen

Modernisierung zu verstehen ist. Diese Bandfugen sind nach Untersuchungen der jüngsten Zeit zwar nicht mehr so selten, gehören aber noch immer zu den bemerkenswertesten Fugenbehandlungen seit dem frühen 13. Jahrhundert.[8]

Unstrittig dokumentieren die Bauform des Wohnturms und seine Ausstattung sowie die angebaute Latrinenanlage den gehobenen Wohnanspruch der landgräflichen Familie, die den Turm wohl auch bewohnte. Über die Ausgestaltung der Räume in den vier Geschossen mit Mobiliar und Wandbekleidungen lässt sich leider gar nichts aussagen – auf der Neuenburg wie auch sonst in hochmittelalterlichen Burgen.[9]

Der in der burgenkundlichen Literatur verwandte Terminus „Wohnturm" schließt einen gewissen Verteidigungscharakter ein.[10] Doch wird ein solcher durch die ebenerdige Tür wiederum negiert[11], die zudem keine Verriegelung aufwies. Die gemeinsam mit Wohnturm und Latrinenanlage errichtete äußere Ringmauer bot freilich einen zusätzlichen Schutz vor dem Kernburgtor und dem Eingang zum Wohnturm.

Abschließend sei noch auf die vermutlich in der Mitte des 16. Jahrhunderts in die Ostwand des Wohnturms eingefügte Plastik des so genannten „Haingottes" hingewiesen. Diese konnte bis heute nicht überzeugend interpretiert werden. Die sitzende Gestalt mit großem Kopf trägt keltische Züge. Eine Entstehung als heidnische Gottheit in germanischer Zeit wird vermutet. Unter dem Einfluss der iroschottischen Mission könnte diese durch einen Axt- oder Schwerthieb ins Gesicht entweiht worden sein. Ihre Herkunft ist unbekannt.

Zisterne, Küche, Badestube, Latrinen

Für das alltägliche Leben auf einer Burg war die Versorgung mit Wasser lebensnotwendig. Um diese zu gewährleisten, baute man Brunnen, Zisternen oder Röhrleitungen bzw. nutzte den Esel als Transportmittel oder leitete Flusswasser in separate Kanäle wie im Zisterzienserkloster Pforte bei Naumburg.[1] Einen beindruckend tiefen Brunnen schuf man zum Beispiel auf der Oberburg Kyffhausen (176 m).

Auf der Neuenburg konnte bisher vermutlich nur eine Filterzisterne nachgewiesen werden, die durch das gezielt in sie geleitete Regenwasser gespeist wurde. Sie befand sich vor der heutigen Freitreppe zum Fürstenbau. Leider konnte das Bauwerk aus Zeitgründen nicht vollständig untersucht werden.[2] Innerhalb der im Durchmesser ca. 7 m messenden Zisterne sickerte das Wasser durch so genannte Filtersteine nach unten, wo es in den Aufzugsschacht eindrang und mit einem Eimer hochgezogen werden konnte. Freigelegt wurden Teile der mit einem dicken Lehmpaket abgedichteten Zisternenwandung sowie der Filtermasse.

Auf einen bemerkenswerten Tatbestand sei außerdem hingewiesen: Als man um oder kurz vor 1170/75 den Bergfried I in der Kernburg abbrach, beließ man ca. 1,5 m oberhalb des damaligen Geländeniveaus stehen. Da das gewaltige, über 17 m starke Turmmassiv eine erhebliche Beeinträchtigung in der Burghoffläche darstellte, muss es wohl absichtlich erhalten worden sein. Weshalb und wofür, lässt sich anhand des bisherigen Befunds nicht erklären. Eine archäologische Untersuchung im Turminneren hat bisher nicht stattgefunden. Vielleicht könnte diese zur Deutung beitragen. Im Kontext einer auf der Wartburg erhaltenen Tankzisterne aus dem 12. Jahrhundert – und unmittelbar vor dem Palas gelegen – soll diese Nutzung vorsichtig angedeutet werden.[3]

Abb. 81
Schematischer Schnitt durch eine Filterzisterne

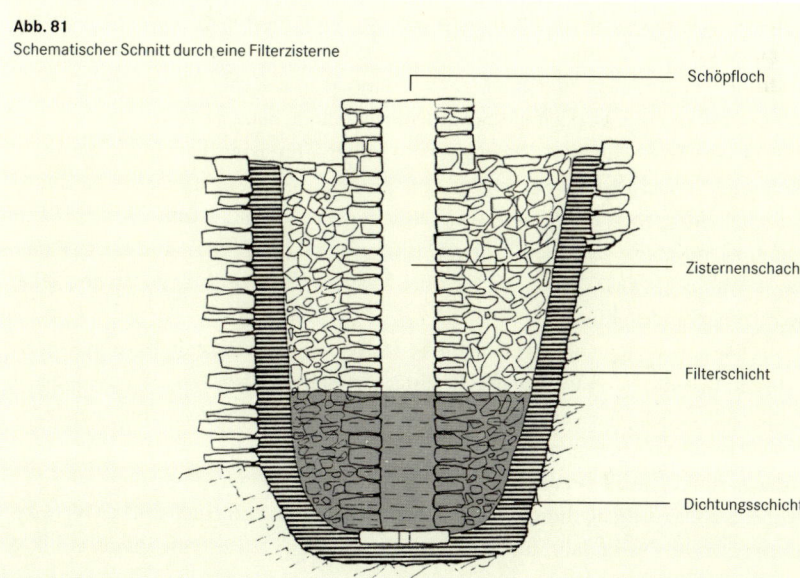

Schöpfloch

Zisternenschacht

Filterschicht

Dichtungsschicht

Aber der dort noch immer praktizierte „Eselsritt" belegt zudem die ergänzende Versorgung mittels Tieren. Dies ist außerdem für die Neuenburg und die Eckartsburg belegt. Mit dem heute noch so genannten „Eselsgraben", welcher zwischen der Burg und dem benachbarten Haineberg liegt, bestand ein direkter Versorgungsweg zur Unstrut. Für die Eckartsburg ist zum Jahre 1542 ein Eseltreiber überliefert.[4]

Eine Zisterne auf der Neuenburg wird erstmals am 15. September 1575 erwähnt: Der Kurfürst teilte mit, dass er den Bericht erhalten habe, „das die Cisterne vf vnserm Hause [nachträglich: schloß] Zue Freyburgk vmb abwendung willen feuers vnd ander gefahr besserung vonnoden hette".[5]

Von einem Röhrwasser ist am 15. Januar 1601 die Rede: Dem Kurfürst sei ihm berichtet worden, „daß die Wassertröge vfn Schloß doselbsten gar wandelbahr, das Rohr Waßer aber vmb feuers gefhar / die doch Got gnedig vorhüten wolle / vnd anderer vrsachen halben, gangkhaftig erhalten werden muß ..." Neue Wassertröge seien deshalb anzuschaffen.[6]
Die Anlage eines Brunnens erfolgte erst in den Jahren 1665–1677.[7]

Wasser wurde in der Küche, zur Körperpflege (Badestube), in Latrinen (Aborten) und für das Vieh benötigt. Außer der allgemeinen Körperhygiene dienten Bäder der Wahrung des Wohlbefindens sowie unterstützend der Heilung von Krankheiten. Dabei überwogen die Formen des Dampf- und Wannenbads in eigens dafür vorgesehenen Räumlichkeiten.

Mit einer Badestube darf auf der Neuenburg bereits im 12. Jahrhundert gerechnet werden, ohne dass Lage, Gestalt und Ausstattung bekannt sind. Vielleicht existierte eine erste innerhalb des Latrinenturms: Dort gab es neben den beiden Latrinen einen Raum, der vom Erdgeschoss des dahinter stehenden Gebäudes aus zu betreten war. Unter diesem Raum befand sich lediglich ein hoher Raumschacht, der bis zum anstehenden Fels hinabreichte. In der südlichen Außenwand des Turms ermöglichte eine bauzeitliche Öffnung vermutlich den Ausfluss von Wasser. Eine nachfolgende Badestube könnte man im frühen 13. Jahrhundert in der ehemaligen Warmluftheizung des Palas eingebaut haben; sichere Anhaltspunkte fehlen jedoch.

Über die Küchen der Neuenburg im hohen Mittelalter haben wir gar keine Kenntnis. Es darf aber davon ausgegangen werden, dass diese in eher bescheidenen Räumen untergebracht waren und noch nicht die seit dem Spätmittelalter bekannten großen Kamine besessen haben. Das vermutlich mit Eimern in diese transportierte Wasser ist als Schmutzwasser über Ausgusssteine nach draußen abgeleitet worden; Befunde fehlen.

Die auf der Neuenburg erhaltenen Latrinen zeigen eine beeindruckende qualitative Entwicklung dieser Anlagen. In ihrer unterschiedlichen Ausprägung und zeitlichen Abfolge sind sie geradezu einzigartig für den mittelalterlichen Burgenbau.[8]

Die ältesten Latrinen waren innerhalb der Mauerstärke untergebracht (Fallschacht mit Ausfluss): in der südlichen und in der nördlichen Ringmauer (um 1100), wobei die Sitzgelegenheiten verloren gegangen sind. Im Bergfried „Dicker Wilhelm" (letztes Drittel des 12. Jahrhunderts) sind diese jedoch in zwei Geschossen erhalten geblieben.

Abb. 82
Mauerlatrine im Hauptgeschoss
des Bergfrieds III

Eine modernere Variante stellen die um 1150 außen vor die Ringmauer gebauten Latrinen dar. Sie sind innerhalb eines Turmes untergebracht.[9] Der querrechteckige Latrinenturm besteht aus einem schmaleren Teil im Osten, in dem sich zwei versetzt übereinander angeordnete Latrinenkammern befanden, ganz unten der auf dem Fels aufsitzende Fallschacht, in den die beiden Latrinenschächte mündeten. Im Schacht erkennt man unten die Ringmauer ohne Putz mit dem einst verdeckten Fundament in opus spicatum-Technik. Vom Burghof aus bestand eine Entwässerungsmöglichkeit durch einen nachträglich durch die Ringmauer gebrochenen

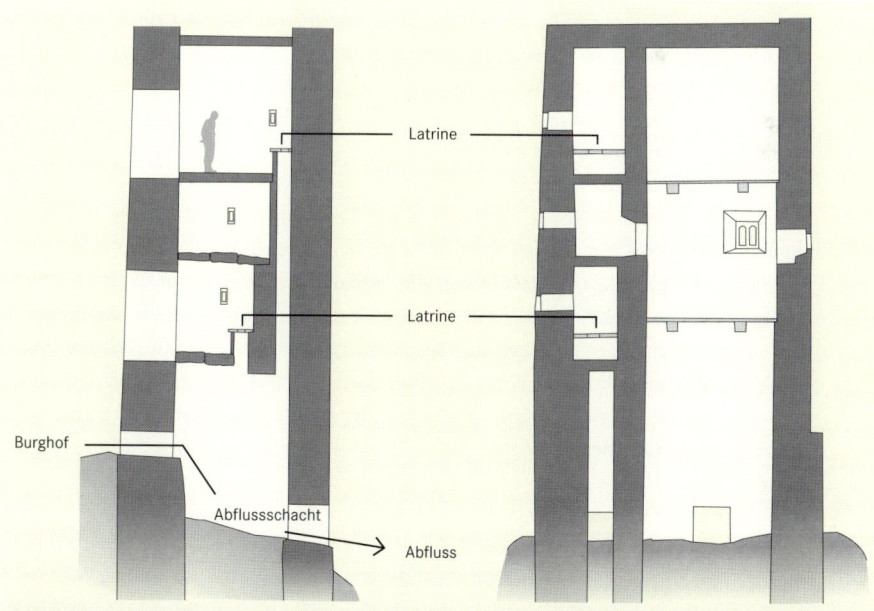

Abb. 83
Nord-Süd-Schnitt durch den Latrinenturm

Ost-West-Schnitt durch den Latrinenturm

Abb. 84
Innenansicht aus dem Latrinenturm,
Latrinensitz in der unteren Ebene

Kanal. Diese scheinbar „moderne" Form der Spülung findet sich auch auf der Wartburg. Nur die untere Latrinenkammer ist größtenteils erhalten geblieben, auch der steinerne Unterbau für den Sitz. Ein kleines Fenster belichtete den Raum von Osten. Der Zugang erfolgte von einem an die Ringmauer angelehnten Gebäude.

In der mittleren Ebene befindet sich die untere Latrinenkammer, die wie auch die verloren gegangene obere Latrine ein Fenster besaß und von einem hofseitigen Gebäude aus zu erreichen war. Von der oberen Latrinenkammer haben sich nur noch Teile erhalten. Zwischen beiden Kammern befand sich ein kleiner Raum, der nur von dem westlich benachbarten großen „Raumschacht" aus erreichbar gewesen ist. Seine Funktion ist unklar: Zum Aufenthalt von Menschen war er zu klein und zu niedrig, so dass eher an bestimmte Lagerzwecke zu denken ist. Seit der Vermauerung der ursprünglichen Latrineneingänge kann man heute nur noch durch diesen Raum und den aufgebrochenen Fußboden hinab in die untere Latrinenkammer und den Fallschacht gelangen.

Der von der Grundfläche her erheblich größere Raumschacht hat ursprünglich nur eine nutzbare Ebene besessen. Auch diese war vom hofseitigen Gebäude aus durch eine in Resten ablesbare Tür erreichbar; zwei Schlitzfenster belichteten den Raum. Unter dessen hölzernem Fußboden befand sich ein ca. 5 m tiefer „Schacht" ohne weitere Balkenlagen. Unmittelbar oberhalb des anstehenden Felsens existiert in der Südwand eine sorgfältig gemauerte, aber zum Teil zerstörte Rechtecköffnung. Da diese offensichtlich nur als Ausfluss von Wasser gedient haben kann, ist in Erwägung zu ziehen, ob der darüber gelegene Raum eine mit Wasser im Zusammenhang stehende Funktion besessen haben könnte (eine Badestube?).

Die obere Latrinenkammer wurde beim Bau des östlich anstoßenden Wohnturmes von 1225/26 zerstört. Zeitnah mit dem Bau dieses Wohnturms entstand auf der Hofseite ein neues romanisches Gebäude, dessen Westwand die Zugänge zu den beiden Latrinenkammern dauerhaft verstellte. Demzufolge müssen diese damals aufgegeben worden sein.

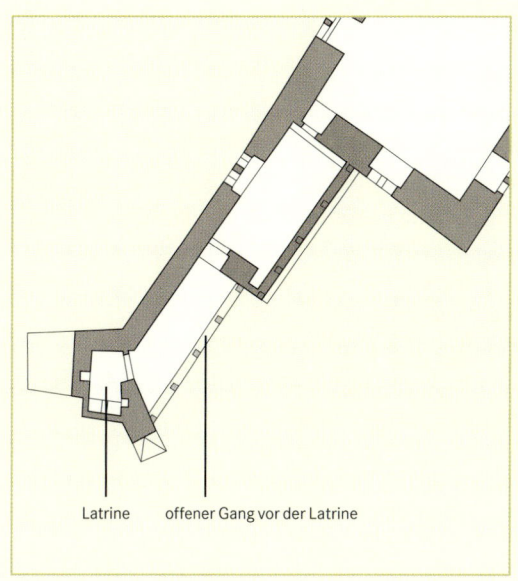

Latrine   offener Gang vor der Latrine

Abb. 85
Grundriss des Latrinengangs 1227

Abb. 86
Latrinenerker von Südosten

Mit den 1227 an den nur ein Jahr älteren Wohnturm angebauten Latrinengängen entlang einer drei Geschosse hohen Mauer wurde die modernste Form
geschaffen: mit deutlich von den Wohnräumen abgerückten Latrinenerkern.
Zudem ermöglichte die doppelsitzige Ausstattung, dass zwei Personen gleichzeitig ihre Notdurft verrichten konnten.[10]

Unterhalb der Latrinenerker bot sich 1991 die Möglichkeit, in Vorbereitung
auf Fundamentschachtungen für einen neuen Stützpfeiler archäologische Dokumentationen vorzunehmen. Dabei kamen mehrere Fäkalienschichten zum Vorschein, die die Benutzung der Latrinen tatsächlich bestätigten.

Der Typus des in deutlichem Abstand zum Wohnbau errichteten Latrinen-
erkers war in jener Zeit äußerst selten und kann als Frühform der seit der zweiten
Hälfte des 13. Jahrhunderts in Burgen des Deutschritterordens gebräuchlichen
Danzker verstanden werden darf. Darüber hinaus gelang es, auf der Kreuzfahrer-
burg Crac des Chevaliers (Syrien) aus dem späten 12. Jahrhundert eine vergleichbare Anlage aufzuspüren. Daraus ist freilich nicht automatisch der Schluss zu
ziehen, dass die Neuenburger Latrinen in Abhängigkeit von denen des Crac gebaut
worden sind. Es gab gewiss – wie auch im Falle des aufwändig ausgestatteten Bergfrieds III – innovative Entwicklungen an unterschiedlichen Orten, die bestimmten
Interessen und Bedürfnissen geschuldet waren.[11]

Doppelkapelle

„Alles zeugt von vielem Kunstsinn und wahrhaft fürstlicher Pracht."[1]

Allein die Doppelkapelle machte seit dem frühen 19. Jahrhundert den Ruhm der Neuenburg aus! Daran änderten auch die politischen Erwägungen um 1848 nicht viel, die Burg der Landgrafen von Thüringen und der heiligen Elisabeth als bewahrenswert einzuschätzen – entgegen den seit den 1820er Jahren vorherrschenden Absichten, bis auf den Bergfried und die Kapelle alle Bausubstanz abzubrechen. Dazu ist es zum Glück nicht gekommen. Vielmehr liefen die Bemühungen um die Instandsetzung von Kapelle und anderen Bauten parallel. Stand bei letzteren der Nutzungsaspekt im Vordergrund, so erfolgte die „Restauration" der Kapelle 1853/55 ausschließlich aus denkmalpflegerischen Erwägungen.[2]

Beschreibung

Die Doppelkapelle[3] steht etwa mittig innerhalb der Kernburg, allerdings nicht frei wie in Eger, Landsberg oder Lohra: Sie begrenzt die Wohn- und Palasbauten auf der Nordseite. Außerordentlich selten, wenn nicht gar einmalig, ist die engste bauliche Verzahnung von Palas und Kapelle, die sich trotz aller nachmittelalterlichen Veränderungen bis heute erhalten hat. Baugeschichtlich bedingt – ursprünglich nur ein eingeschossiger Saalbau mit östlich ansetzender, etwa halbrunder Apsis – steht das Untergeschoss separat und durch einen Gang vom südlich angrenzenden Erdgeschoss von Wohnbau C bzw. vom Palas getrennt. Der Umbau zur Doppelkapelle und die Errichtung des Palas über Wohnbau C erfolgten zeitgleich, sich unmittelbar verschränkend. Nach dem Abbruch der älteren Apsis wurde ein rechteckiger

Abb. 87
Doppelkapelle von Nordosten

Abb. 88
Doppelkapelle und Torhaus von Nordwesten

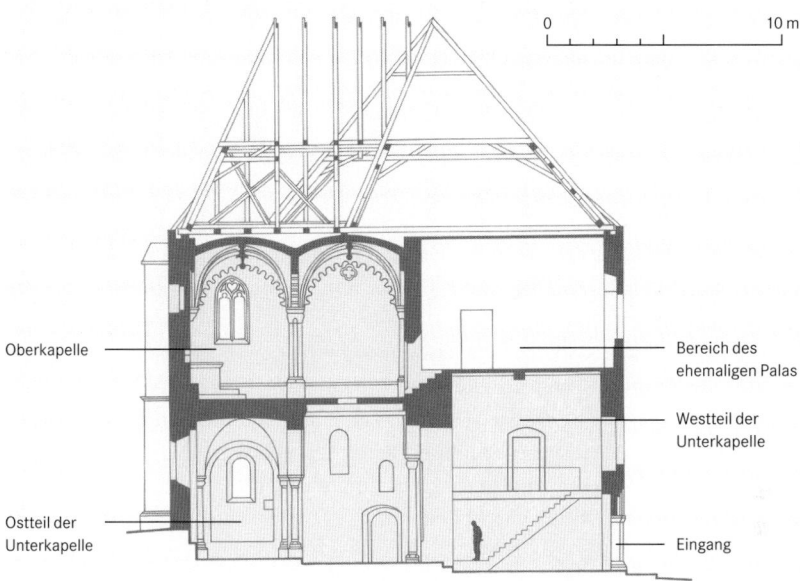

Abb. 89
Ost-West-Schnitt durch die Doppelkapelle

0   10 m

Oberkapelle

Bereich des
ehemaligen Palas

Westteil der
Unterkapelle

Ostteil der
Unterkapelle

Eingang

Altarraum an deren Stelle gebaut und anschließend ein Obergeschoss daraufgesetzt. Dieses ist gegliedert durch rahmende **Lisenen** und rückspringende Wandfelder dazwischen. Es erstreckte sich jedoch nicht bis zur Westwand des unteren, älteren Kapellenraumes, sondern endete etwa in dessen Mitte. Um an dieser Stelle die Westwand des oberen Raumes gründen und gleichzeitig das Untergeschoss als Raum weiterhin vollständig nutzen zu können, wurde hier eine Arkade mit zwei Säulen eingefügt – im Grunde genommen eine Substruktion für die Wand

Abb. 90
Nördliche Rundung der Apsis der
ersten Burgkapelle im Untergeschoss
der Doppelkapelle von Süden

im Obergeschoss. Zeitnah bzw. konzeptionell gleichzeitig errichtete man das zweite und dritte Obergeschoss des Palas und zog es über die im Erdgeschoss vorgegebene Nordwand von Wohnbau C bis an die Nordwand der Kapelle heran. Beide Räume stießen an deren Westwand an. Vom zweiten Obergeschoss aus war der obere Kapellenraum zu betreten; das dritte Obergeschoss des Palas, der Saal, überragte die Kapelle.

Dies alles erwies sich später als eine gewagte Konstruktion, die in der Mitte des 16. Jahrhunderts zu Abbrüchen oder Einstürzen und anschließenden Umbauten führte. Deformierungen sind noch heute an der Mittelsäule der Westwand in der oberen Kapelle zu sehen. Auch nach den Erneuerungen und einer Reduzierung der Palasgeschosse erreicht man noch heute vom Kirchsaal das Obergeschoss der Doppelkapelle.

Von der älteren Saalkirche sind fast sämtliche Teile des Mauerwerks sowie Reste von drei rundbogigen Fenstern und einer Tür im Süden erhalten geblieben. Diese Kapelle könnte schon in der ersten Hälfte des 12. Jahrhunderts errichtet worden sein; eine exakte Datierung ist mangels bestimmbarer Einzelformen nicht möglich.

Im neuen Altarraum der Unterkapelle dominieren drei eingetiefte rundbogige Wandfelder mit vier in die Raumecken eingestellten Säulen, die das Kreuzgratgewölbe

Abb. 91
Untergeschoss der Doppelkapelle, Blick nach Südwesten

tragen. Gegenüber dem älteren Saal ist der Altarraum etwas eingeschnürt. An dieser Stelle vermittelt ein großer Rundbogen, der von zwei Säulen getragen wird. Der Saal ist zwar durch die Dreierarkade unterbrochen, aber dennoch als Raum gänzlich nachvollziehbar. Zwischen Altarraum und Arkade sind sehr anschaulich die bereits damals vermauerten Fenster vom Saalbau und die neuen der Doppelkapelle wahrzunehmen. In diesem Raumabschnitt schloss oben eine Balkendecke ab, in der sich die Öffnung zwischen beiden Geschossen befand. Westlich hinter der Arkade sind heute im verputzten Zustand keine alten Fenster mehr sichtbar; sie konnten aber sämtlich in den 1980er Jahren dokumentiert werden.

Der kleinere Kapellenraum im Obergeschoss – das eigentliche Schmuckstück! – war von Westen her durch eine rundbogige Tür zu betreten, deren südliches Gewände samt Schwelle 1988 freigelegt wurden. Keilsteine des Bogens fanden sich innerhalb des im 16. Jahrhundert erneuerten Mauerwerks. Der Raum wirkt wie ein „Versatzstück" aus dem Niederrheingebiet, so sehr offenbart er seine

Abb. 92
Außenansicht der Doppelkapellensüdwand mit den wichtigsten Bauphasen

 Mauerwerk der ersten Burgkirche (erste Hälfte des 12. Jahrhunderts)

 Umbau zur Doppelkapelle und Einbeziehung in einen Palasbau (letztes Viertel des 12. Jahrhunderts). Die gestrichelte Linie markiert eine in spätmittelalterlicher Zeit abgeschlagene Lisene.

 Hinweis auf eine hölzerne Galerie entlang der Hofseite des Palas

 Umbau der Galerie zu einer steinernen Wand, vermutlich mit mehreren Fenstern (vor der Mitte des 15. Jahrhunderts). Die im linken oberen Wandfeld sichtbaren kleinen Löcher im Quadermauerwerk dienten der Haftung eines Wandputzes innerhalb der steinernen Galerie.

 Reparaturen nach Abbruch der steinernen Wand (Mitte des 15. Jahrhunderts)

baukünstlerische Herkunft! Die rundbogigen Fenster sind in Resten sichtbar, an der Nordwand sogar mit umlaufender Rankenbemalung; besonders auffällig sind indes die Lilienfenster in der Ostwand. Wie diese Fenster verschlossen waren, ist nicht eindeutig zu sagen. Die meisten rundbogigen Fenster dürften mit einem hölzernen Rahmen versehen gewesen sein, der innen an einen Falz anschlug und vermutlich verglast war.[4] Die Lilienfenster waren ursprünglich wohl unverschlossen.

Außen an der Südwand der Kapelle – heute in einem Raum des 15./16. Jahrhunderts – ist die relative Abfolge vom Saalbau zur Doppelkapelle sehr schön abzulesen: mit dem Mauerwerk der ältesten Burgkapelle mit einem Rundbogenfenster in der für die Zeit von 1100 bis zur Mitte des 12. Jahrhunderts typischen Oberflächenbearbeitung (Spitzeisen) sowie mit dem Mauerwerk der Doppelkapelle, der Aufstockung, einem neuen Fenster, der Lisenengliederung, bearbeitet mit dem Beil (Fläche).

Auf einem umlaufenden Wandsockel stehen im oberen Kapellenraum vollständig freiplastisch ausgebildete Säulen, die gemeinsam mit einem **Bündelpfeiler** in der Mitte vier **Gurtbögen** tragen, zwischen die sich die Gewölbe mit runden Rippen und hängenden Schlusssteinen spannen. An der Unterseite der Gurtbögen finden sich kleine „Rundbogenfriese", Zackenfriese mit Röllchen an ihren Enden. Dieses Motiv hat stets zur Bewunderung Anlass gegeben. An der Ostwand steht der sorgfältig gemauerte, bauzeitliche Altarblock innerhalb eines nur wenig rückspringenden Wandfelds.

Die Säulen in der Obergeschosskapelle sind – wie die Bauuntersuchungen ergaben – bis auf die Konsole im Osten oberhalb des Altars und die mittlere Wandsäule im Westen ansonsten mit den Wänden in einem Zuge errichtet worden. Auch die zwei Lilienfenster und ein **Vierpassfenster** auf der Ostseite sowie ein Vierpass in der Südwand gehören zur ersten Bauphase der Doppelkapelle, die zunächst eine andere – eine dreischiffige und zweijochige – Einwölbung des oberen Raumes besaß. Dies konnte ebenfalls in den 1980er Jahren festgestellt werden, insbesondere an der Ostwand. Das mittlere Säulenpaar muss demnach schon damals – wie der jüngere Bündelpfeiler – etwas unglücklich über dem großen Rundbogen zwischen unterem Saal und Altarraum angeordnet gewesen sein. Zu einem späteren Zeitpunkt wurde

Abb. 93
Ostwand der Oberkapelle mit der ursprünglichen Dreischiffigkeit im letzten Viertel des 12. Jahrhunderts

Abb. 94
Adlerkapitell in der Südost-
Ecke der Oberkapelle

dieses Gliederungs- und Wölbsystem aufgegeben und durch das heutige ersetzt. Dabei entfernte man die beiden mittleren Wandsäulen im Osten und Westen und ersetzte sie durch eine Wandsäule im Westen sowie eine Konsole oberhalb des Altars. An der östlichen Außenwand ist außerdem zu erkennen, dass ein dort ursprünglich das „Mittelschiff" belichtendes Vierpassfenster („Rautenfenster") durch das neue Wölbsystem funktionslos geworden war und vermauert wurde.

Kapitelle und Basen der Säulen im Altarraum und der Arkade im Untergeschoss sind charakterisiert durch Blatt- und Rankenornamente im Kerbschnittstil, während das Palmetten-Ringband-Motiv sowie die Würfelfriese an den Kämpfern ebenso im sächsischen Kunstkreis beheimatet sind. Die Ornamentik im Obergeschoss entspricht derselben Stilstufe, ist aber plastischer, filigraner, ausgearbeitet. An figürlichen Motiven im Obergeschoss sind hervorzuheben: sechs Drachen am Kapitell der Nordwand, ein Löwe oder Bär im Nordosten, ein Adler, der einen Hasen ergreift, im Südosten, zwei gegenständliche Löwen im Südwesten. Besonders reich ist das Schmuckwerk am Bündelpfeiler, allerdings unterschiedlich intensiv ausgearbeitet an den vier Seiten, mit Rankenwerk am Kämpfer, schlankeren **Kelchblockkapitellen** mit Blattranken, einem Köpfchen im westlichen Kämpfer („Kopffüßler") sowie einem Affengesicht zwischen den Basen.

Von der einstigen Ausmalung hat sich bis auf geringe Reste um ein Fenster der Nordwand und Farbspuren an den Rippen nichts erhalten. Die Wandflächen waren vermutlich weder figürlich noch ornamental ausgemalt. Das belegen größere Partien originalen Putzes mit mehreren Anstrichen zum Beispiel auf der Nordwand, wo sich Inschriften aus dem frühen 16. Jahrhundert erhalten haben.[5]

Das berühmte Motiv der Zackenbögen („polylobe Bögen")[6] im Obergeschoss besitzt in Deutschland wohl nur eine einzige Parallele in der so genannten Westvorhalle (dem ursprünglich östlichen Kreuzgangflügel) der Kölner Andreaskirche.[7] Wie neuere Bauuntersuchungen zeigen, ist die Qualität der Kölner Bögen deutlich schlechter. Von dort mögen diese Formen auch – wie die zahlreichen anderen Bauformen aus dem Rheinland – nach Freyburg vermittelt worden sein. Seine Ursprünge wird man mit guten Gründen im Bereich der maurischen Architektur Spaniens, vermutlich auch der mozarabischen (christlich-arabischen) Architektur Nordspaniens, vermuten dürfen.[8] Kürzlich wurde eine Zeichnung des Kommandanten der Wartburg, Bernhard von Arnswald, aus der Zeit um 1850 publiziert, die einen Zackenbogen zeigt. Im Gegensatz zu allen anderen dargestellten Bau**spolien** ist der Bogen heute nicht auffindbar.[9] Vielleicht gehörte

Abb. 95
Obergeschoss der Doppelkapelle, Blick nach Osten

er zur immer wieder gesuchten hochromanischen Burgkapelle der Wartburg[10], die dann einen ähnlichen Einfluss aus dem Kölner Raum gezeigt hätte wie die Neuenburger Kapelle.[11]

Die bescheidene Ausbildung der Öffnung im hölzernen Fußboden des Obergeschosses lässt sich nicht mit Sicherheit bis in die erste Bauphase zurückverfolgen. Da eine Öffnung jedoch unverzichtbar zum Typus der Doppelkapelle gehört, wird man von dieser oder einer ähnlichen Variante auszugehen haben.[12] Durch diese Öffnung wurde eine akustische Verbindung zwischen dem von den Burgbewohnern genutzten Untergeschoss und dem Obergeschoss, das wohl Privat**oratorium** der Landgrafenfamilie gewesen war, hergestellt.

Typus

Es ist allgemein üblich, die zweigeschossige Kapelle der Neuenburg als „Doppelkapelle" zu bezeichnen. Der Terminus „Doppelkapelle" scheint wohl erstmals im Jahre 1694 für das entsprechende Bauwerk auf der Burg Eger benutzt worden zu sein.[13] Dass es erheblich mehr nachweisbare bzw. gar erhaltene Doppelkapellen gibt, verwundert oft. Zudem kommen gelegentlich Neuentdeckungen hinzu.[14]

Vorbild für den Bautypus war vermutlich die Aachener Pfalzkapelle Karls des Großen. Ab der Mitte des 11. Jahrhunderts errichteten auch geistliche und weltliche Vertreter des Königtums und des Hochadels Doppelkapellen in der Nähe ihrer Kathedralkirchen (Speyer, Mainz) und in ihren Burgen (Eger, Nürnberg, Schwarzrheindorf, Landsberg).

Den Bautypus hat zuletzt Ulrich Stevens behandelt.[15] Danach gehört die Kapelle der Neuenburg zu den Doppelkapellen; schon in seiner Dissertation hatte sie Stevens dem Typus „doppelgeschossige Kapelle mit Raumverbindung" zugeordnet.[16] Allerdings sind dessen typologische Gruppenbildungen nicht unwidersprochen geblieben. Insbesondere die Funktion von „unten und oben" ist offensichtlich bis heute nicht überzeugend geklärt bzw. wird wieder zunehmend in Frage gestellt.[17] Dennoch: Der Bautypus der Freyburger Doppelkapelle passt – ausgehend von der nunmehr nachgewiesenen Gestalt – weder zu quadratischen Doppelkapellen mit oder ohne vier Freistützen noch zu den längsrechteckigen Bauten oder auch zu solchen mit umlaufenden Emporen (und ebenfalls zwei Altären). Eine Formulierung wie „doppelgeschossige Kapellen mit Raumverbindung" wirkt zwar wie die gesamte Klassifizierung recht schematisch, charakterisiert den Bau in Freyburg aber dennoch zutreffend: Es fehlt zwar der den „klassischen Typus" der Doppelkapelle in Deutschland geradezu bestimmende „Raumschacht" zwischen beiden Geschossen, doch ermöglichte die Öffnung in der Decke des Untergeschosses auch unabhängig vom Vierstützentypus die erforderliche räumliche und akustische Verbindung, wobei ohne Zweifel die horizontale Ausrichtung beider Geschosse dominierte.[18]

Zur Funktionsbestimmung der beiden übereinanderliegenden Kapellen fehlen aussagekräftige Quellen. Dennoch dürfte eine Scheidung in **„capella publica"** im Untergeschoss und **„capella privata"** im Obergeschoss der Wahrheit nahe kommen.[19] An die untere Kapelle, die „Leutkapelle" – primär nicht für das „Gesinde" der Burg, sondern die Burggrafenfamilie, Gäste und andere Burgbewohner –, waren häufig Pfarrrechte geknüpft, was in Freyburg jedoch nicht zu belegen ist. Bestattungen wurden während der Ausgrabungen nicht gefunden. Der Taufstein stammt wahrscheinlich aus der am Fuß des Schlossbergs gelegenen Kilianskirche, die vermutlich älter als die Burgkapelle ist und anfangs als erste Burgkapelle gedient haben könnte.[20]

Die jetzige Aufstellung des Taufsteins entspricht der vor 1853/55 (von 1853/55 bis 1991 stand er dicht westlich der Stufe zum Altarraum). Dieser Platz dürfte aber erst im 16. Jahrhundert gewählt worden sein, als das Untergeschoss um die Hälfte verkleinert wurde.

Durch seine Oberflächenbearbeitung wie die gesamte Form würde er ohnehin nicht zur baukünstlerischen Qualität der Doppelkapelle passen. Der Taufstein läßt sich allgemein in spätromanische Zeit einordnen.[21]

Der Altar der oberen Kapelle ist erhalten geblieben. In einem Inventar von 1655/56 wird ein Marienbild auf dem Altar genannt – vielleicht die seit 1900 bekannte Holzfigur der heiligen Elisabeth.[22] Für das Untergeschoss gibt es leider keine mittelalterlichen Befunde. Aufgedeckte Fundamentreste gehören zum Unterbau eines im mittleren 16. Jahrhundert neu gesetzten Altars, der sich seit 1731 auch archivalisch nachweisen läßt (Holzaltar).[23]

Im Visitationsprotokoll von 1539 werden zwei Altäre genannt: Nikolaus und Allerheiligen. Außerdem ist von einer „Nikolaikapelle" bereits für 1495 und von der „Elisabeth-Kapelle" im Jahre 1458/59 die Rede, was zumindest auf den Obergeschossraum zu beziehen ist[24]; auch Elisabeth muss also an einem Altar verehrt worden sein, vermutlich aber erst seit spätgotischer Zeit.[25] Die im späten 14. Jahrhundert geschaffene Elisabethfigur könnte demselben Kontext entstammen.[26]

Baumaterial

Für das „gewöhnliche" Mauerwerk, aber auch für Tür- und Fenstergewände kam der vor Ort anstehende Muschelkalkstein zur Anwendung. Die Säulen mit ihren Kapitellen und Basen sind ebenfalls aus Kalkstein gearbeitet. Besondere Aufmerksamkeit haben aber stets die schwarzen Säulenschäfte im Obergeschoss gefunden. Materialanalysen ergaben, dass hier Kohlenkalk aus dem belgischen Ardennengebiet verarbeitet worden ist. Einige Teile der Schäfte sind aus Sand- und Kalkstein hergestellt und schwarz angestrichen, wohl weil die „importierten" Teile nicht ausreichten bzw. zu Bruch gegangen waren. Es muss dem Bauherrn offensichtlich darum gegangen sein, die insbesondere im Rheinland häufig verbauten schwarzen Säulenschäfte auch in seiner Neuenburger Kapelle erleben und zeigen zu können.[27] Damit steht die Neuenburg aber nicht allein: Auch auf der Wartburg und der Runneburg sind Baumaterialien aus anderen Regionen verbaut worden.[28]

Für die Dreierarkade im Untergeschoss kam Sandstein aus den Brüchen von Seebergen bei Gotha, die der Landgrafenfamilie gehörten, zur Anwendung. Die erforderliche Länge der Schäfte war in Kalkstein nicht herzustellen.[29]

Abb. 96
Bündelpfeiler im Obergeschoss mit schwarzen Säulenschäften

Datierung

Die Datierung der Doppelkapelle ist bislang ausschließlich anhand ihrer Bauzier versucht worden.[30] Der ursprüngliche Saalbau besitzt keinerlei datierbare Bauformen. Auffallend sind die senkrecht ins Mauerwerk geschnittenen Fensterlaibungen. Lediglich die Oberflächenbearbeitung weist wohl in die Zeit vor der Mitte des 12. Jahrhunderts. Da diese jedoch identisch mit der der ältesten Gebäude (Wohnbau C, Wohnturm I) ist, wird man davon ausgehen können, dass die Kapelle aus der Frühzeit der Burg stammt. Die Kilianskirche als eine ältere Burgkapelle anzusehen, ist daher nicht zwingend, aber möglich.

Die baugeschichtlichen Untersuchungen konnten für die Aufstockung nur die relative Abfolge zweier Bauphasen klären, nicht aber den zeitlichen Abstand zwischen diesen. Beim derzeitigen Kenntnisstand hoch- und spätromanischer Bauzier verwundert es nicht, dass auch die Beurteilung der Neuenburger Schmuckformen Schwankungen unterworfen war, abhängig von Datierungen der niederrheinischen Vorbilder. Ausgehend von der älteren Literatur lag es nahe, die Kapelle in die zwanziger Jahre des 13. Jahrhunderts einzuordnen, in folgerichtiger Ableitung vom Neubau des Naumburger Doms ab ca. 1213. Demzufolge rangierte die Doppelkapelle entsprechend später um 1220/30. Die Zweiphasigkeit des Obergeschosses war ja nicht bekannt.[31] Es könnten nunmehr eine Vielzahl von möglichen Vergleichsbeispielen für die beiden Bauphasen aus dem Rheinland angeführt werden: für die Unterkapelle die Turmkapitelle der Kölner Andreaskirche[32], für die Oberkapelle Beispiele aus Brauweiler (Kreuzgang), aus St. Pantaleon in Köln, aus der Schwanenburg in Kleve, für die Zier des Bündelpfeilers die so genannte Westvorhalle der Andreaskirche in

Köln.[33] Erstere Vorbilder würden in die 1160er und 1170er Jahre zu datieren sein, Letzteres kurz vor 1200. Daraus möchte Brigitte Kaelble, die sich seit Jahrzehnten mit der romanischen Bauzier im Rheinland beschäftigt, eine Datierung der ersten Bauphase der Doppelkapelle in die Zeit nach dem Wartburgpalas (1160er Jahre) und vor der Andreas-Westvorhalle (1190er Jahre) vorschlagen, vielleicht in die späten 70er und 8oer Jahre.[34] Parallelen finden sich auch in der Ornamentik des Runneburgpalas, das **Adlerkapitell** ist ähnlich dort und auf der Wartburg. Dazu würden auch die Lilienfenster passen (letztes Drittel des 12. Jahrhunderts).[35] Die geringen Unterschiede zwischen Unter- und Obergeschoss können sowohl von bestimmten Vorbildern abhängig als auch der unterschiedlichen sozialen Wertigkeit der beiden Räume geschuldet sein, wie dies etwa in Landsberg oder Nürnberg ähnlich zu beobachten ist.[36]

Schließlich scheint diese zeitliche Einordnung von den seit ein paar Jahren vorliegenden Datierungen mehrerer Deckenbalken bestätigt zu werden: um 1170/75.[37] Diese Balken befinden sich im ersten Obergeschoss der Warmluftheizung des damals im Bau befindlichen Palas. Unter der Voraussetzung, dass die Bauzeiten eines solch repräsentativen Gebäudes nicht allzu groß gewesen sein können, um es in absehbarer – aus der Sicht des Bauherrn: erlebbarer – Zeit fertig gestellt zu sehen und zu nutzen[38], darf man den Bau des Palas und der Doppelkapelle in die 1170er und 1180er Jahre setzen (vielleicht auch noch bis in die 90er Jahre, auch wenn das – bezogen auf das dendrochronologische Datum 1170/75 – ein sehr langer Zeitabschnitt gewesen wäre).

Die lang anhaltende Diskussion um die stilistische Nähe von Doppelkapelle und Neubau des Naumburger Doms muss auf der Grundlage des aktuellen Kenntnisstands fortgeführt werden: Die Landgrafen von Thüringen setzten ihre seit den

Abb. 97
Bauphasenpläne

Burgkirche

1. Hälfte des 12. Jahrhunderts

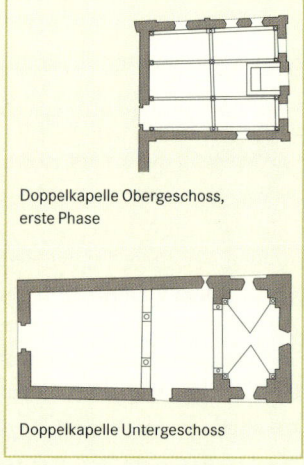

Doppelkapelle Obergeschoss, erste Phase

Doppelkapelle Untergeschoss

1170er und 1180er Jahre

Doppelkapelle Obergeschoss, zweite Phase

um 1200/20

1160er Jahren (Wartburg) nachweisbaren Übernahmen von Bauformen und Bauzier auch in den 70er und 80er Jahren fort (Palas der Runneburg, Palas und Doppelkapelle der Neuenburg), deutlich vor und völlig unabhängig vom Naumburger Dom, der erst ab ca. 1213 im Neubau von den jüngeren Formen zum Beispiel der Andreaskirche profitierte.

Etwa in dieselbe Zeit wie die Neuenburger Doppelkapelle wird auch – trotz der unterschiedlichen Gewichtungen einzelner Autoren – die Doppelkapelle der Burg Landsberg datiert. Doch wie anders zeigen sich deren Bautypus, Bauformen und Bauzier! Neben traditionellen sächsischen Vorbildern ist nur auf eine gröbere Beeinflussung vom „Kunstkreis" um Königslutter zu verweisen.[39]

Die Datierung der zweiten Phase des Neuenburger Obergeschosses ist in unmittelbarer Ableitung vom Bauschmuck und den Zackenbögen in der Westvorhalle der Andreaskirche zu sehen, derzeit sowohl in die 1190er Jahre bis deutlich nach 1200 eingeordnet.[40] Diese Spanne wird auch bestätigt durch die Betrachtung der hängenden Schlusssteine: im Nordwesten und Südosten eine Kugel, im Südwesten und Nordosten eine Kugel unterhalb eines Blattkranzes. Beispiele dafür finden sich in Köln, St. Pantaleon (Süd**annex**), daselbst in der Schatzkammer; St. Andreas (Sakristei); St. Severin (Krypta); auch: Magdeburg, Chorumgang und Naumburg, Krypta des Doms. Die bislang ältesten Beispiele begegnen um 1200 in St. Maria Lyskirchen in Köln.[41]

Als Fazit bleibt: Die baukünstlerische Ableitung der Umbauphase des Neuenburger Obergeschosses von der Andreas-Westvorhalle ist unstrittig, eine engere zeitliche Fixierung jedoch immer wieder abhängig von der Beurteilung des Vorbilds. Somit kommen für die Neuenburg die Jahre zwischen kurz vor 1200 und bis gegen 1220 in Betracht. Irgendwo innerhalb dieses Zeitraumes fand der Umbau statt. Da schon bei der ersten Phase von einer raschen Übernahme modernster rheinischer Bauzier und keiner langen Bauzeit auszugehen ist, wird dies gewiss auch bei der Übernahme der Zackenbögen so gewesen sein. Eine gründliche Analyse der Neuenburger Bauzier im Zusammenhang mit den Ergebnissen der Baugeschichtsforschung steht also noch aus, war und ist aber abhängig von der Bewertung der rheinischen Vorbilder.[42]

In der Literatur wird gelegentlich auf enge Kontakte der landgräflichen Familie zum Niederrhein hingewiesen. Quellenmäßig belegt ist ein Güterkomplex um Burg Windeck an der Sieg, erschlossen ein weiterer um Altenwied. Das war folglich nicht sehr viel; zudem verkaufte Landgraf Ludwig III. diese Besitzungen zwischen 1180 und 1188 an den Kölner Erzbischof; für 1232 und 1242 ist in Köln eine „Caminata" als landgräfliches Besitztum – ein fester (und offensichtlich beheizbarer) Wohnbau – überliefert, der aber schon längere Zeit existiert haben dürfte. Aus der Tatsache, dass Heinrich von Veldeke in den 80er Jahren des 12. Jahrhunderts sein Æneasepos auf der Neuenburg fertigstellen konnte und er außerdem an Fürstenhöfen des Rheinlands (Kleve) und des Maasgebietes (Looz) tätig gewesen ist, lässt sich für baugeschichtliche Zusammenhänge ebenfalls nur schwer etwas ermitteln. Engere Beziehungen zwischen den Grafen von Kleve und den Landgrafen dürften aber wohl nur bis 1186 bestanden haben, als Landgraf Ludwig III. seine Gemahlin aus dem Hause Kleve verstieß.[43] Für die nunmehr vorgeschlagene Bauzeit der Doppelkapelle (erste Phase) und stilistische Übereinstimmungen mit der Bauzier am Klever Palas würden diese Kontakte ins Rheinland jedoch gut passen.

Ein durch verwandtschaftliche Bindungen ermöglichter intensiverer Austausch auch von Künstlern und Steinmetzen ist zu vermuten, aber quellenmäßig nicht zu belegen. Dennoch sollte bei allen konträren Überlegungen und vor allem bei der gegebenen unsicheren Quellenbasis weiterhin davon ausgegangen werden, dass die bis 1186/88 existierenden familiären und noch im 13. Jahrhundert nachweisbaren politischen Beziehungen zum Niederrheingebiet den Grund für einen auch über deren Ende fortdauernden kulturellen Austausch gelegt haben dürften. In diesem Kontext wäre dann auch der „Transfer" der Zackenbögen und der Bauzier von den Kapitellen in der Westvorhalle der Andreaskirche zu verstehen.

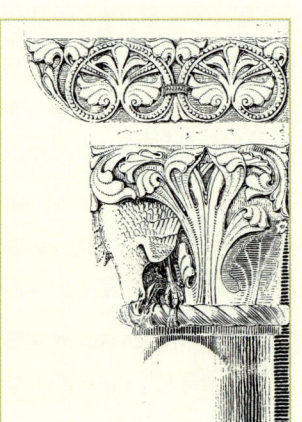

Abb. 98
Detailzeichnung von Kapitellen aus der Oberkapelle, Behm, 1847

Insbesondere die gegenüber den schlichteren Formen der (zeitgleichen) Untergeschosskapelle architektonisch reich ausgestattete herrschaftliche Privatkapelle des landgräflichen Burgherrn unterstreicht die bedeutsame fürstliche Stellung innerhalb der Reichspolitik, die Ludwig IV. und Elisabeth innehatten. Mit guten Gründen konnte Georg Dehio deshalb die Freyburger Doppelkapelle „zum Besten und Bezeichnendsten, [...] was uns von der höfischen Kunst der Hohenstaufenzeit geblieben ist", rechnen.[44]

Elisabeth-Rapport

Kristine Glatzel

Eine Nacht im November

Als Elisabeth, die ungarische Königstochter und Landgräfin von Thüringen, in der Nacht vom 16. zum 17. November 1231 starb, endete ein Leben, das Standesgenossen ein Skandal oder zumindest in weiten Teilen unverständlich war. Für Arme und Kranke, für ihre unmittelbare Umgebung jedoch war sie eine Heilige. Scharen von ihnen drängten sich um den Leichnam der vierundzwanzigjährigen jungen Frau und nahmen Abschied. Eine Augenzeugin berichtet: „Mit dem grauen Gewand bekleidet, das Gesicht mit Tüchern umwunden, lag sie da. Aus Frömmigkeit und um Reliquien von ihr zu haben, lösten oder rissen viele Leute Teilchen von den Tüchern, schnitten ihr Haupthaar und Nägel ab, einige stutzten ihr die Ohren, andere schnitten ihr sogar die Brustwarzen weg! Wie strömten die Armen zusammen, wie groß war ihr Schmerz, wie tief ihre Trauer, welch ein Jammern, besonders bei den Kranken und Armen, bei ihrem Tod! War sie ihnen allen doch zur zweiten Mutter geworden! Kaum lässt sich der Schmerz, das Klagen und die Trauer der Einzelnen schildern."[1]

Eine lange vergangene Novembernacht wird durch diese Schilderung für uns lebendig. Weinende, klagende Menschen in ärmlichen und zerlumpten Gewändern drängen sich um eine Tote, verstümmeln sie, um einen kleinen Teil „ihrer"

Abb. 100
Elisabeth stirbt. Fenster (Medaillon), Marburg, 1234/40

Heiligen bei sich tragen zu können, als Schutz vor dem allgegenwärtigen Bösen, vor Krankheit und Verderben.

Wer war diese junge Frau, von der wir lesen, dass sie gerne lachte und in schwierigsten und bedrohlichsten Situationen fröhlich blieb, die ein Leben in bitterer Armut dem Reichtum, höfischer Eleganz und Prachtentfaltung vorzog? Wer war sie, die beim Tode ihres geliebten jungen Mannes ausrief, dass die Freuden der Welt für sie verloren seien, die auf ihre eigenen Kinder verzichtete und von der wir so seltsame Details erfahren wie von ihrem missglückten Versuch, eine Kuh zu melken, deren Milch sie einer armen Frau bringen wollte, und davon, dass sie nicht kochen konnte, dies aber zur stillen Verzweiflung ihrer Gefährtinnen trotzdem tat?

Die Zeugen

Es gehört zu den absoluten Ausnahmesituationen, so viele und auch intime Details über das Leben von zwei Menschen im Mittelalter aus den schriftlichen Quellen erfahren zu können wie über die ungarische Königstochter Elisabeth und ihren Gemahl, Ludwig IV. Landgrafen von Thüringen. Dieser erstaunliche Sachverhalt ist letztlich dem außergewöhnlichen Leben und Wirken Elisabeths geschuldet, die wir ohne Zweifel zu den herausragendsten Frauenpersönlichkeiten des Mittelalters zählen können.

Die Schilderung der Ereignisse in der Nacht von Elisabeths Tod können wir der protokollierten Aussage einer ehemaligen Dienerin Elisabeths entnehmen. Sie befindet sich in einem Aktenstück, das Anfang 1235 angelegt wurde.[2] Elisabeths Beichtvater, Konrad von Marburg, hatte Papst Gregor IX. um die Kanonisation der verstorbenen Landgräfin gebeten.

Kanonisation: Selig- und Heiligsprechungsverfahren
Verfahren, durch das der Papst den öffentlichen Kult eines Dieners Gottes, eines Verstorbenen, der sich nach seinem Urteil der ewigen Heiligkeit erfreut, zulässt. Die Heiligsprechung war ein die Verehrung begründender Rechtsakt, bestehend aus einer *Bittschrift,* der *Voruntersuchung* mit Bericht an den Papst, der *Untersuchung* durch mehrere delegierte Richter, der *Beglaubigung* des Ergebnisses des Beweisverfahrens durch einen bestellten Gerichtsnotar, der versiegelten *Einsendung* des Ergebnisses an den Papst und der Verkündigung der *Heiligsprechung.*

Die päpstlichen Kommissare, Bischof Konrad von Hildesheim, Abt Hermann von Georgenthal und Abt Ludwig von Hersfeld, hatten Rechtsprofessoren beauftragt, vor allem die vier Dienerinnen der Landgräfin über deren Leben zu befragen. Zu diesen Vernehmungen der unter Eid aussagenden Dienerinnen wurden Protokolle angefertigt und im Zuge des Heiligsprechungsverfahrens an den Papst gesandt.

Zu den vier Dienerinnen gehörte Guda, die bereits im Alter von etwa fünf Jahren der vierjährigen Elisabeth zugesellt wurde. Sie kannte die Landgräfin am längsten und von ihr erfahren wir auch etwas über Elisabeths Kindheit. Die Aussagen von Elisabeths Hofdame Isentrud von Hörselgau schildern besonders anschaulich die selbstlose Hingabe ihrer Herrin an die Pflege von Kranken und ihre Fürsorge für die

Armen. Ihr verdanken wir auch Einblicke in Elisabeths Beziehung zu ihrem Gemahl Ludwig IV. Von Isentrud vermerken die Protokollanten, dass sie ungefähr fünf Jahre zu Lebzeiten des Landgrafen und ein Jahr über seinen Tod (1227) hinaus zur engsten Umgebung Elisabeths gehörte. Sie „war mit ihr so vertraut, dass sie alle ihre Geheimnisse kannte."[3] Isentrud wurde, wie sie selbst berichtet, schließlich von Magister Konrad mit den wenigen verbliebenen geliebten Menschen aus Elisabeths Umgebung „vertrieben". Ein Vorgang, der von ungeheurer Härte des Beichtvaters zeugt. Er entfernte zudem eine der vertrauten Dienerinnen nach der anderen. „Sie sollte jede Trennung einzeln schmerzlich empfinden. Die selige Elisabeth entließ mich in tiefem Kummer und unter vielen Tränen"[4], berichtet Isentrud.

Warum Konrad von Marburg der ihm durch Ludwig IV. anvertrauten Elisabeth diesen tiefen Schmerz zufügte, vor allem aber: warum sie dies und andere schwere Demütigungen über sich ergehen ließ, darüber wird noch im Folgenden zu berichten sein. Irmgard, eine weitere Dienerin Elisabeths, die zur Zeit ihrer Aussage bereits Ordensfrau war, erzählt ebenfalls vom Einsatz ihrer Herrin für Arme und Kranke. Sie schildert auch die körperlichen Züchtigungen, die Konrad an Elisabeth und ihren Dienerinnen vollzog. Irmgards Bericht enthält zahlreiche den Charakter und das Denken ihrer Herrin beschreibende Details.

Die vierte aussagende Dienerin der Landgräfin hieß wie diese Elisabeth. Sie wie auch Irmgard beschreiben das Sterben der jungen Frau und die Ereignisse an deren Totenbett.

Wenn man sich die Frage nach der Glaubwürdigkeit der Aussagen der vier Dienerinnen zu dem von dramatischen Ereignissen und großen Spannungen geprägten Leben der Elisabeth von Thüringen stellt, muss man davon ausgehen, dass sie sich sehr wohl der Bedeutung und des Ziels der Befragung bewusst waren. Es ging um die Heiligsprechung ihrer Herrin und damit auch um die Wertung ihres eigenen Lebens an der Seite einer Heiligen. Sie konzentrierten sich also auf Ereignisse und Verhaltensweisen Elisabeths, die nach ihrer und der Auffassung ihrer Zeit deren heiligengemäßes Leben unter Beweis stellten. Selbst da, wo sie intime Details aus dem Eheleben der Landgräfin ansprechen, geschah das im Sinne dieser Beweisführung. Sie sagten unter Eid aus. Das verbot ihnen bei ihrem Seelenheil jede Erfindung. Fakten und Geschehnisse, die keinen Bezug zur Frömmigkeit und den aus dieser resultierenden Handlungen der Landgräfin haben, waren dagegen nicht Gegenstand ihrer Erinnerungen im Zuge dieses Verfahrens.

Die Aussagen der Dienerinnen ergänzen die von Elisabeths Beichtvater Konrad von Marburg verfasste Lebensbeschreibung der Landgräfin, die frei von legendären Verklärungen ist.[5] Cesarius von Heisterbach verfasste zwischen 1236 und 1237 eine weitere Lebensbeschreibung, die wesentlich stärker auf das Wunderbare gerichtet ist. Sie bezieht auch eine Reihe von Anekdoten über den Landgrafen Ludwig ein. Die Orientierung auf wunderbare Ereignisse findet sich auch in der Lebensbeschreibung eines anonymen toskanischen Franziskaners des 13. Jahrhunderts, der u.a. erstmals vom Rosenwunder der Heiligen Elisabeth erzählt. Weitere Elisabethviten entstanden in der Folgezeit. Zwischen 1289 und 1297, über 58 Jahre nach Elisabeths Tod, verfasste Dietrich von Apolda, ein Dominikaner aus Erfurt, eine umfassende Lebensbeschreibung der Heiligen.[6] In seiner „Vita S. Elisabeth" bezieht er sich auf die Aussagen der Dienerinnen sowie auf weitere Mitteilungen von Zeitgenossen, aber auch auf legendarische Überlieferungen und Erzählungen von Wundern, die dem Papst berichtet wurden.

Am Landgrafenhof in Thüringen

Bei Dietrich von Apolda finden wir auch eine anschauliche Schilderung der feierlichen Einholung der vierjährigen Königstochter an den landgräflichen Hof. Elisabeth war 1207 als Tochter des Königs Andreas II. von Ungarn und seiner Gemahlin, Gertrud von Andechs-Meranien, in Ungarn geboren worden. Die kleine Prinzessin wurde 1211 durch eine vornehme Gesandtschaft des Landgrafen Hermann I. nach Thüringen geleitet. Durch die Verbindung mit dem ungarischen Königshaus und den mächtigen Andechs-Meraniern gelang Hermann von Thüringen ein politisches Bündnis von großer Tragweite und eine weitere Einbindung seiner Familie in das Netzwerk europäischer Aristokratie. Dietrich von Apolda berichtet von der reichen Mitgift der kleinen Braut, von Gold und Silber, von purpurnen Gewändern,

Abb. 101
Die junge Elisabeth auf
dem Weg nach Thüringen.
Lübecker Elisabethzyklus,
um 1420

edlen Kleinodien, von der silbernen Wiege des Kindes und einer silbernen Wanne. „Kurz gesagt, sie schickte so viel, dass man so schöne, kostbare und erlesene Schätze, wie sie die Königin ihrer Tochter mitgab, niemals nach Thüringen gebracht noch jemals dort erblickt hatte."

Schon bei seiner Ankunft wurde dem Kind ein Mädchen aus thüringischem Adel als ständige Spielgefährtin zugeordnet. Es ist eben jene Guda, die ihre lebenslange Freundin wurde. Sie beschreibt die außerordentliche Frömmigkeit des so früh aus seinem vertrauten Umfeld gerissenen Kindes. In der Aussage Gudas wird auch darauf Bezug genommen, dass Elisabeth zumindest zeitweise bei einer „besonders mächtigen Familie des Hofs" untergebracht und dort Demütigungen ausgesetzt war.[7] Elisabeth habe diese und auch, als sie in das heiratsfähige Alter gekommen war, die Gehässigkeiten von Vasallen und Ratgebern ihres zukünftigen Mannes geduldig ertragen. Dem jungen Landgrafen sei geraten worden, Elisabeth zu ihrem königlichen Vater zurückzuschicken und sich nach einem Bundesgenossen in größerer Nähe umzusehen, der möglicherweise eine noch größere Mitgift zu geben bereit wäre. Diese schwierige Situation und die damit verbundenen Demütigungen hätten die Königstochter veranlasst, noch häufiger ihre Zuflucht zu Gott zu nehmen. Allerdings fand sie nach Gudas Aussage „wider alles Erwarten an ihrem Bräutigam einen geheimen Tröster in all ihrer Betrübnis und Traurigkeit."[8] Dietrich von Apolda berichtet, dass der Ritter Walther von Vargula, der zu der Gesandtschaft gehört hatte, die Elisabeth von Ungarn nach Thüringen geleitet hatte, Ludwig eines Tages die besorgte Frage stellte, was er nun mit des Königs Tochter im Sinn habe. Ludwig soll auf einen Berg gedeutet und gesagt haben, dass, wenn dieser Berg aus Gold wäre, er lieber auf diesen verzichten würde, als von der Ehe mit Elisabeth Abstand zu nehmen. Und er habe darum gebeten, Elisabeth diese Worte, verbunden mit einem Geschenk, zu überbringen.[9]

Der Bräutigam, Ludwig IV., hatte im Alter von 17 Jahren, kurz vor dem Tod seines Vaters Hermann I., die Herrschaft als Landgraf von Thüringen und Pfalzgraf von Sachsen übernommen. Das war im Jahr 1217 geschehen. Elisabeth war damals 10 Jahre alt. Kurz nach seinem Regierungsantritt traf der junge Landgraf in Altenburg anlässlich eines großen Hoftages mit dem vier Jahre älteren König Friedrich II. zusammen, zu dessen Vertrauten er lebenslang gehören sollte. Schon bald wurde der zielbewusste und intelligente junge Fürst in schwere Kämpfe mit dem Erzbischof von Mainz und dessen Anhängern verwickelt – es ging dabei um die nordhessischen Güter – und von diesem exkommuniziert.

Exkommunikation: Kirchenbann
Im hohen und späten Mittelalter zunehmend als Kampfmittel benutzte Kirchenstrafe unterschiedlichen Ausmaßes, die zu empfindlichen Einschränkungen in allen Lebensbereichen des Exkommunizierten führen konnte. Sie beinhaltete u. a. den Ausschluss von den Sakramenten, die Verweigerung der Taufe, der Teilnahme am Abendmahl und der Sterbesakramente. Die Exkommunikation konnte durch Absolution (Vergebung) aufgehoben werden.

Es ist anzunehmen, dass der Vorgang dem jungen Mädchen Elisabeth nicht verborgen blieb und es tief beunruhigt hat.

Abb. 102
Landgraf Ludwig IV.
Grabplatte, Reinhardsbrunn,
1. Viertel des 14. Jahrhunderts

Mit großer Tatkraft nahm Ludwig IV. seine hohen politischen Aufgaben wahr und bediente sich bei seinen kriegerischen Auseinandersetzungen durchaus der Mittel seiner Zeit: dem Niederbrennen von Dörfern seines Gegners und der Schädigung der Bauern. [10]

1221 heiratete der einundzwanzigjährige Landgraf die dreizehneinhalb Jahre alte Elisabeth. Ein Jahr darauf wurde auf der Creuzburg der Sohn Hermann II. geboren. Zuvor noch reisten Ludwig IV. und Elisabeth mit großem Gefolge zum königlichen Hof nach Ungarn. Dort begegnete die junge Landgräfin nach elf Jahren erstmals wieder ihrem Vater. Ihre Mutter Gertrud war 1213 ermordet worden.

Zeitgleich mit der Vermählung Ludwigs IV. war dessen Mutter, Landgräfin Sophia, zu den Zisterzienserinnen in das Katharinenkloster zu Eisenach gezogen. Die Leitung der landgräflichen Hofhaltung fiel damit an Elisabeth, die für diese Aufgabe erzogen und ausgebildet worden war. Eine fürstliche Lebenshaltung, die Einhaltung der Normen und Gepflogenheiten an den Fürstenhöfen des Hochadels, zu der auch das Tragen von Schmuck und kostbaren Gewändern zählte, gehörten zu ihren vielfältigen Verpflichtungen. Elisabeth nahm mit ihren Hofdamen an Gastmählern und Festlichkeiten teil. Sie begleitete, so oft es nur anging, den Landgrafen auf seinen Reisen. Für die Jahre 1224 und 1225 bezeugen Urkunden die Anwesenheit Ludwigs IV., seiner „hochgeliebten Ehefrau Elisabeth", seiner Mutter Sophia sowie seiner Brüder Heinrich Raspe und Konrad auf der Neuenburg.

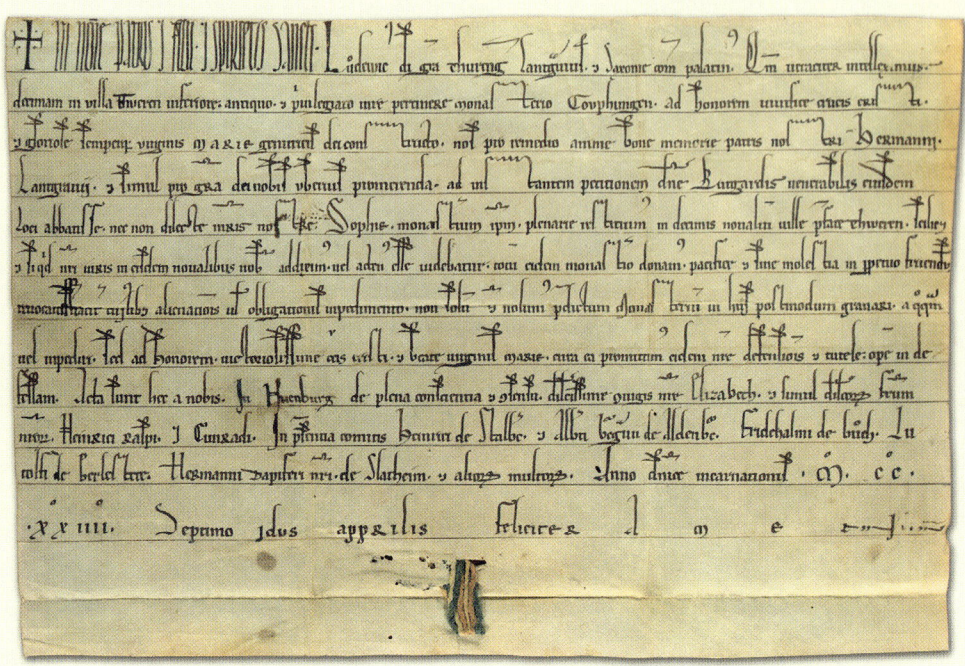

Abb. 103
Urkunde Landgraf Ludwigs IV. vom 7. April 1224 mit der Erwähnung Elisabeths

Wie häufig sich Elisabeth auf den einzelnen landgräflichen Burgen aufhielt, ist heute nicht mehr nachweisbar. Letztlich sind es nur herausgehobene Ereignisse – wie die Geburt ihres Sohnes auf der Creuzburg, die Geburten ihrer Töchter Sophie und Gertrud auf der Wartburg –, die durch die Chroniken vermerkt wurden oder beurkundete Rechtsakte, die auf den Burgen stattfanden und an denen sie beteiligt war, die uns ihre Präsenz gesichert überliefern. Mit einiger Sicherheit kann jedoch vermutet werden, dass die häufigen Aufenthalte Ludwigs IV. auf der Neuenburg im Zusammenhang mit seinem machtvollen Ausgreifen nach Osten und den kriegerischen Auseinandersetzungen mit seiner Halbschwester Jutta um seinen Einfluss und die Vormundschaftsregierung in der Markgrafschaft Meißen auch die Landgräfin vermehrt auf die Neuenburg führten.

In Abwesenheit ihres Gemahls hatte Elisabeth offenbar weitreichende Befugnisse. Ihr Handlungsspielraum und ihre Vollmachten werden anlässlich der Hungersnot im Jahre 1226 besonders deutlich. Ihr Gemahl, Ludwig IV. weilte, als dieses Ereignis die Lage der Bevölkerung dramatisch verschärfte, gerade für längere Zeit bei Kaiser Friedrich II. in Cremona. Elisabeth handelte mit bemerkenswerter Umsicht. Sie verteilte die Vorräte aus den landgräflichen Kornspeichern an die Hungernden, indem sie das Getreide in „Tagesrationen" ausgeben ließ, um zu verhindern, dass Handel und Wucher damit getrieben werden konnten. Darüber hinaus ließ die Landgräfin Sicheln an die Notleidenden verteilen, damit sie sich Korn von den landgräflichen Feldern holen konnten. Unterhalb der Wartburg ließ sie für die Kranken und Schwachen, die nicht mehr in der Lage waren, ihren Anteil in Empfang zu nehmen, ein Hospital errichten. Der Überlieferung nach soll der heimkehrende Landgraf mit heftigen Klagen über die maßlose Mildtätigkeit seiner Gemahlin konfrontiert worden sein. Er soll geantwortet haben, man möge Elisabeth Gott geben und den Armen Gutes tun lassen, nur Wartburg und Neuenburg sollten seiner Herrschaft erhalten bleiben.

Abb. 104
Elisabeth verteilt Lebens-
mittel an die Armen.
Lübecker Elisabethzyklus,
um 1420

Aus Liebe zu Gott und den Armen

Elisabeths Wirken für Arme und Kranke in Eisenach lässt mit großer Wahrschein-lichkeit vermuten, dass Kontakte der Landgräfin zu den Vertretern der religiösen Frauenbewegung bestanden, die in den ersten Jahrzehnten des 13. Jahrhunderts rasch anwuchs und der zunächst vor allem Frauen des hohen und niederen Adels und des städtischen Patriziats angehörten.[11] Sie wurden als Beginen bezeichnet. Die Frauen und Mädchen verweigerten die von ihren Eltern bestimmten Ehen, lebten allein oder in Gemeinschaft von eigener Hände Arbeit und ohne jeden Besitz. Ihre Aufgabe sahen die Beginen in der Fürsorge für Arme und Kranke. Elisabeth fühlte sich zu diesen Ideen in hohem Maße hingezogen. Verstärkt wurde diese Neigung noch, als 1224/25 die ersten Franziskaner in Thüringen auftauchten und mit großer Begeisterung die Lehren des Franz von Assisi verkündeten.

Franziskaner oder **Minoriten:** durch Franz von Assisi (etwa 1181–1226), Sohn eines reichen Tuchhändlers, gegründete Bruderschaft, die sich in der Christusnachfolge zu radikaler Armut und zur Arbeit bekennt. Papst Honorius III. bestätigte 1223 die Regel der Franziskaner, zu der die Predigt als Mahnung zur Buße ebenso gehört wie die Krankenpflege – insbesondere die Pflege von Aussätzigen –, die manuelle Arbeit und das Betteln als Mittel zum Lebensunterhalt.

Elisabeth ermöglichte 1225 die Niederlassung von Franziskanern in Eisenach und versorgte sie mit selbstgesponnener Wolle. Sie ließ sich von einem Laienbruder Rodeger darin unterweisen, sich in „Keuschheit, Demut und Geduld zu üben, im Gebet zu verharren und Werke der Barmherzigkeit zu leisten".[12] Die Werke der Barmherzigkeit sind im Matthäus-Evangelium festgeschrieben und fordern dazu auf, die Hungernden zu speisen, den Durstigen zu trinken zu geben, die Nackten zu bekleiden, die Fremden zu beherbergen, den Armen Almosen zu geben und die Kranken und Gefangenen zu besuchen.

Zur Zeit Elisabeths hatten die Werke der Barmherzigkeit im Zusammenhang mit der Lehre vom Fegefeuer eine neue Bedeutung gewonnen. Nicht mehr nur Klöster und Geistliche nahmen nun traditionell ihre Ausübung wahr, sondern auch Laien machten sich ihre Ausübung zur Pflicht. Galten doch diese Werke und damit der Dienst an Armen und Kranken als wirksame Buße zur Linderung und Verkürzung der Qualen des Fegefeuers für die Seelen der Verstorbenen.[13]

Zu einer radikalen Hinwendung zu den franziskanischen Idealen und einer Abkehr vom höfischen Leben und Glanz kam es durch Elisabeths Begegnung mit dem einflussreichen Kreuzzugsprediger Konrad von Marburg. Der wortgewaltige Prediger lebte selbst in größter Armut und Askese und gewann bald das Vertrauen der landgräflichen Familie. Elisabeth bestimmte Konrad zu ihrem Beichtvater und Seelenführer. Sie stand nun in einem für sie schwer zu ertragenden Konflikt zwischen ihren religiösen Idealen und ihrem Stand mit den damit verbundenen Verpflichtungen als Landgräfin. Ludwig IV. hatte seine junge Frau stets geschützt und in ihrem Bestreben unterstützt. Beide waren sich, und das war in den Ehen des Hochadels keineswegs selbstverständlich, in aufrichtiger Liebe zugetan. Elisabeth brauchte jedoch bei ihrer intensiven Suche nach einem den Evangelien verpflichteten Leben und in einer durch die Ketzerbewegungen[14] und neue religiöse Auffassungen erschütterten Zeit schwerer Irritationen eine unabhängige Autorität, einen geistlichen Betreuer.

Konrad lenkte sie auf einen Weg, der sie in den offenen Widerspruch zu den Gepflogenheiten höfischen Lebens führte. Die Hofgesellschaft war schockiert und brüskiert, wenn sich die Landgräfin mit schmutzigen, stinkenden Bettlern und Kranken abgab, sie wusch, ihnen Haare und Nägel schnitt, für arme Verstorbene eigenhändig Totenhemden nähte, Wolle spann und in die elendsten Hütten ging, um die Menschen zu versorgen.

Isentrud berichtet vom Spital unterhalb der Wartburg: „Darin brachte sie sehr viele Kranke unter, die zur allgemeinen Almosenverteilung nicht kommen konnten. Sie besuchte die Insassen dieses Hauses ohne Rücksicht auf den sehr mühsamen Ab- und Aufstieg mehrmals am Tag, tröstete sie, sprach mit ihnen über geduldiges Ausharren und ihr Seeleheil und stillte ihnen vollauf Hunger und Durst. Um ihnen Almosen schenken zu können, verkaufte sie sogar ihren Schmuck. Obwohl ihr sonst verdorbene Luft überall zuwider war, ertrug sie, selbst im Sommer, ohne jeden Ekel die schlechte Krankenluft, die ihre Mägde nur schwer und mit Murren aushielten. Sie bediente die Kranken eigenhändig und frohen Mutes." Und an anderer Stelle: "Und wo immer sie später Aussätzige antraf, setzte sie sich zu ihnen, tröstete und ermahnte sie zur Geduld. [...] Sie begegnete ihnen wie Gesunden ohne Ekel und gab ihnen Almosen."

1226, Elisabeth war achtzehn oder neunzehn Jahre alt, legte sie im Beisein ihres Ehemannes in die Hände ihres Beichtvaters Konrad ein zweifaches Gelübde ab. Sie gelobte Magister Konrad Gehorsam, soweit es die Rechte des Landgrafen zuließen, und für den Fall, dass Ludwig vor ihr sterben sollte, ewige Keuschheit.

Abb. 105
Gelübde Elisabeths an
ihren Beichtvater
Konrad von Marburg.
Lübecker Elisabethzyklus,
um 1420

Konrads Befehle beeinflussten Elisabeths Lebensführung nachhaltig. Zu ihnen gehörte auch das Gebot, nur Speisen und Getränke zu sich zu nehmen, die rechtmäßig erworben wurden und nicht auf Ausbeutung der Armen beruhten. Es war ein Affront gegen die Hofgesellschaft, wenn die Landgräfin an festlichen Tafeln hungerte oder nur Brot und Wasser zu sich nahm, wenn die rechtmäßige Herkunft der Speisen nicht nachgewiesen werden konnte. Aus den Aussagen Isentruds geht hervor, dass Ludwig, der neben seiner Gemahlin saß, dieser immer leise sagte, welcher Herkunft die gerade aufgetragenen Gerichte seien.[15] Konrads Befehl entsprach dabei durchaus der heftigen Kritik kirchlicher Reformer, die auf die nicht zu verantwortende Belastung des Volkes durch die aufwändige Lebenshaltung des Adels und Hochadels zielte.

Ludwigs Autorität schützte Elisabeth und ihr für ihre Umgebung oft unverständliches und anstößiges Verhalten nicht nur, er bestärkte sie sogar in ihren Ansichten und zeigte Verständnis für ihre Gebets- und Bußpraxis. Sie ließ sich oft nachts von ihren Dienerinnen wecken und verließ das Ehebett, um zu beten. Bezeichnend für ihren oft mühsamen Balanceakt zwischen der Liebe zu ihrem Mann und der Liebe zu Gott ist ihre durch Isentrud überlieferte Antwort auf die Frage der Dienerinnen, ob sie nicht gerne bei ihrem Mann schlafe: „Wenn ich auch nicht immer beten kann, so möchte ich meinem Fleisch doch diese Gewalt antun, dass ich mich von meinem heißgeliebten Gemahl losreiße."[16] Sowohl Ludwig wie auch die Dienerinnen sorgten sich um die Gesundheit der Landgräfin. Ludwig hielt manchmal „ihre Hände während ihres Betens in den seinen und bat sie aus Sorge um ihr Wohlergehen, sich doch wieder hinzulegen."[17] Die Landgräfin war sich der Gefahr, die durch ihre Lebensweise drohte, durchaus bewusst. Nach dem Tode ihres Mannes, als sie sich in ihrem Hospital aufopferte und ihr Leben in noch härterer Askese verbrachte, so berichten die Quellen, hat sie selber einen Arzt konsultiert. „Er sollte ihr tägliches Maß festsetzen, damit sie sich nicht zuviel entziehe und durch übertriebenes Fasten krank werde."[18]

Schwester in der Welt

Im Sommer 1227 brach Ludwig IV. mit großem Gefolge zum Kreuzzug ins Heilige Land auf. Der Abschied zwischen den Ehegatten wird als herzzerreißend beschrieben. Sie begleitete ihn, soweit sie konnte. Beide ritten nach dem Auseinandergehen immer wieder zurück, um sich noch einmal zu umarmen. Es wurde ein Abschied für immer. Am 11. September 1227 starb Ludwig IV. Landgraf von Thüringen mit vielen anderen an einer Seuche, die im Kreuzfahrerlager bei Brindisi ausgebrochen war. Wenige Tage später gebar Elisabeth ihr drittes Kind, ihre Tochter Gertrud.

Elisabeths Welt war zusammengebrochen. Der Mann, den sie liebte, der Vater ihrer Kinder, der Mensch, der sie liebevoll beschützt hatte, lebte nicht mehr. Ludwig hatte vor seiner Abreise Vorsorge getroffen. Er hatte für die Zeit seiner Abwesenheit seinen jüngeren Bruder Heinrich Raspe zu seinem Stellvertreter und Verwalter der Landgrafschaft bestimmt. Heinrich Raspe sollte auch im Falle von Ludwigs Tod die Vormundschaft für seinen Sohn Hermann bis zu dessen Mündigkeit übernehmen

Abb. 106
Der Abschied Ludwigs IV.
und Elisabeths.
Elisabethschrein (Relief),
Marburg, um 1235/49

und die Regentschaft ausüben. Für die Versorgung Elisabeths hatte Ludwig die
landgräflichen Güter vorgesehen, die sie als Wittum erhalten hatte.

Wittum: Gabe des Bräutigams bei der Eheschließung, die der Witwenversorgung diente.

Nach Ludwigs Tod brachen die Konflikte zwischen Elisabeth und ihren
Schwägern offen aus. Landgraf Heinrich Raspe verweigerte aus Furcht, die Landgräfin würde alles an die Armen verschenken, die Herausgabe des Wittums. Er bot
ihr statt dessen den Unterhalt an der landgräflichen Tafel an, ein Angebot, von dem
er wusste, dass sie es wegen Konrads Speisegebot nicht annehmen konnte. Elisabeth verließ tief gedemütigt mit ihren Kindern und ihren engsten Vertrauten die
Wartburg. Niemand wagte sie aufzunehmen. Sie verbrachte den Winter 1227/28 in
einem Schweinestall. Nach einem kurzen Aufenthalt bei einem Pfarrer wurde auf
Weisung des Hofes ein kleiner Schuppen ihr Quartier.

Der Skandal brachte Elisabeths Verwandte mütterlicherseits, die Andechs-
Meranier, und ihren Vater, den König von Ungarn, auf den Plan. Der Papst bestellte,
um dem unwürdigen Zustand zu beenden, Konrad von Marburg zu ihrem
Beschützer und betraute ihn mit der Wahrung ihrer Rechte und der Sorge um

Abb. 107
Elisabeth verlässt mit ihren Kindern die Wartburg.
Lübecker Elisabethzyklus, um 1420

Abb. 108
Elisabeth entsagt feierlich allen weltlichen Würden.
Lübecker Elisabethzyklus, um 1420

ihren Besitz. Am Karfreitag 1228 sprach Konrad mit Elisabeth über ihre Zukunft. Elisabeth verweigerte den Eintritt in ein Kloster und wollte ihren Lebensunterhalt durch Betteln bestreiten. Konrad zwang die Landgräfin, nicht auf ihren Besitz zu verzichten, nahm ihr jedoch das gern gegebene Gelübde ab, auf allen Glanz dieser Welt zu verzichten und „allen Anverwandten, ihren Kindern und ihrem eigenen Willen zu entsagen".[19] Der Verzicht auf den eigenen Willen in Verbindung mit dem Gehorsam wurde seit Benedikt von Nursia[20] als die höchste Form der Selbstverleugnung angesehen. Auch für die Bettelorden galt die Auffassung: Wer den Weg der Vollkommenheit gewählt hat, verzichtet nicht nur auf äußere Güter, sondern letztlich auf sich selbst. Elisabeth war entschlossen, den schweren Weg zur Vollkommenheit anzustreben, indem sie das Opfer der Selbstverleugnung brachte. Sie wollte als „soror in seculo", als Schwester in der Welt, in der Nachfolge Christi leben.[21]

Die Andechs-Meranier hatten jedoch andere Pläne mit ihr. Sie ließen die junge Witwe durch ihren Onkel, Bischof Ekbert von Bamberg, auf eine Burg in Franken verbringen und waren bestrebt, im Gegensatz zu Elisabeths ausdrücklichen Wünschen und Gelübden, für sie eine neue Heiratsverbindung innerhalb des Hochadels zustande zu bringen.

Nur die Überbringung der Gebeine Ludwigs IV. und ihre Beisetzung im Kloster
Reinhardsbrunn ermöglichten Elisabeth noch einmal einen Aufenthalt in Thüringen. 1228 folgte sie ihrem Beichtvater und Seelenführer Konrad nach Marburg und
erbaute dort auf Grund und Boden, den sie als Wittum nutzen konnte, ein Hospital.
Dessen Kapelle ließ sie als erste Kirche nördlich der Alpen dem 1228 heilig gesprochenen Franziskus weihen. Konrad von Marburg hatte mit Elisabeths Schwägern
Heinrich Raspe und Konrad einen Kompromiss ausgehandelt. Die Witwe erhielt
die für damalige Zeit sehr hohe Summe von 2.000 Mark und einige landgräfliche
Ländereien, deren Einkünfte ihr zur Verfügung standen.

In den Elisabeth verbleibenden drei Jahren bis zu ihrem Tod wurde die
Armen- und Krankenpflege ihr Lebensinhalt. Sie übernahm selbst die niedrigsten
und schwersten Arbeiten für die Kranken und erwarb die Mittel für ihren äußerst
bescheidenen persönlichen Unterhalt ebenfalls durch Arbeit. Die Dienerin Irmgard
berichtete, dass Elisabeth für das Kloster Altenberg, in dem auch ihre Tochter Gertrud lebte, Wolle spann. Von dem Lohn, den sie dafür erhielt, bestritt sie ihren
Lebensunterhalt und gab davon auch noch den Armen. In diesem Zusammenhang
kam auch die Mission des von König Andreas II. zu Elisabeth nach Marburg ent-
sandten Grafen zur Sprache. Hier wird deutlich, dass Elisabeths außergewöhnliches und befremdliches Verhalten Gesprächsstoff in den höchsten europäischen

Abb. 109
Die Überbringung der Gebeine und des Rings Ludwigs IV. Fenster (Medaillon), Marburg, 1234/40

Abb. 110
Elisabeth besucht einen Kranken. Fenster (Medaillon), Marburg, 1234/40

Adelskreisen war. Irmgard sagte aus: „Einmal schickte der König von Ungarn, der Vater der seligen Elisabeth, einen Grafen namens Paviam mit großem Gefolge, um seine Tochter in sein Land zurückzurufen. Er hatte nämlich gehört, sie führe ein trostloses Leben wie eine Bettlerin". Der Graf traf die verwitwete Landgräfin dabei an, wie sie Wolle spann. Man stelle sich die Wirkung vor! Die Königstochter trug vielfach geflickte Kleidung und lebte unter ärmlichen Umständen. Und zudem arbeitete sie auch noch. Ein unstandesgemäßeres Verhalten konnten sich die Zeitgenossen kaum vorstellen. „Vor Verwunderung bekreuzigte er sich und rief: ‚Noch nie hat man eine Königstochter spinnen gesehen!‘ Weil sie sich aber in jeder Weise nach Armut und Loslösung von der Welt sehnte, ließ sie sich nicht bewegen, mit dem Boten ihres Vaters in ihre Heimat zurückzukehren."[22]

Der für uns heute so schwer zu verstehende Verzicht auf ihre Kinder entspricht einer Franziskanerregel, die wiederum auf ein Christus-Wort des Matthäus-Evangeliums zurück geht: „Jeder, der Vater oder Mutter, Brüder oder Schwestern, Frau oder Kinder, Häuser oder Äcker meinetwegen verlässt, wird hundertfachen Lohn empfangen und das ewige Leben besitzen". An die Stelle der eigenen Kinder traten für Elisabeth die Kinder der Armen und Kranken und die elternlosen Kinder, die sie „Mutter" nannten und für die sie mit größter Aufopferung sorgte. In der Aussage der Dienerin Irmgard wird diese hingebungsvolle Zuwendung mit

Beispielen belegt. „Sie sagte auch aus, die selige Elisabeth habe ein mit Ausschlag behaftetes und einäugiges Kind sechsmal in einer Nacht zur Verrichtung der Notdurft abgehalten, ins Bett zurückgebracht und oft wieder zugedeckt. Sie wusch auch selbst seine schmutzig gewordenen Bettücher und sprach ihm gütig und freundlich zu.“[23]

Hospitalgründungen durch begüterte und privilegierte Menschen waren zu Elisabeths Zeit keine außergewöhnliche Handlungen. Ihr ging es jedoch um die körperliche Hinwendung zu den Kranken, um Hilfe für die sozial Schwachen. Ein Christus-Wort aus dem Matthäus-Evangelium lautet: „Was ihr für einen meiner geringsten Brüder getan habt, das habt ihr für mich getan.“ (Mt. 25,40) Es bildete die Grundlage für die Verbindung der Werke der Armen- und Krankenpflege mit dem Verdienst im Himmel, mit der Vorsorge für das Seelenheil im Jenseits. Elisabeth glaubte wie ihre Zeitgenossen an die Heilung von der Sünde, die Rettung vor dem Bösen durch Buße. Die Krankenpflege, so schreibt Jacques de Vitry, ein Zeitgenosse Elisabeths, wurde als „heiliges und köstliches Martyrium vor Gottes Angesicht“ angesehen, mit dem keine andere Buße verglichen werden könne. Sie galt als höchste Form der Askese. Für die in den Spitälern Dienenden wurde überdies verheißen, dass sie, „je niedriger sie im Hause des Herrn sind, auf eine umso höhere Stufe im Reiche Gottes steigen“.[24]

In der Hinwendung zu Aussätzigen stand Elisabeth in besonderem Maße den Idealen und Erfahrungen Franz von Assisis nahe. Franziskus schrieb: „Als ich in Sünden war, kam es mir sehr bitter vor, Aussätzige zu sehen. Und der Herr selbst hat mich unter sie geführt, und ich habe ihnen Barmherzigkeit erwiesen. Und da ich fortging von ihnen, wurde mir das, was mir bitter vorkam, in Süßigkeit der Seele und des Leibes verwandelt.“[25] Die Überwindung des Ekels vor den Kranken gehörte sowohl bei Franziskus wie bei Elisabeth zum Dienst an ihrem bedürftigen Nächsten.

Die Reinhardsbrunner Überlieferung erzählt im Zusammenhang mit der Neuenburg in legendarischer Form von Elisabeths Bemühungen um einen Aussätzigen.

„Ein anderes Mal hielten sich der Herr Landgraf mit der Herrin Landgräfin Sophia, seiner Mutter, und seiner Gemahlin, der heiligen Elisabeth, auf der Burg Neuenburg auf, als Elisabeth aus Liebe zur Demut und aus Mitleid einen Aussätzigen badete und ihn in das Bett des Fürsten legte. Als dies die Schwiegermutter erfuhr, nahm sie ihren Sohn an der Hand, führte ihn an sein Bett und sagte: ‚Nun schau dir einmal an, mit welchen Leuten Elisabeth dein Bett zu beschmutzen pflegt.‘ Da aber öffnete Gott die inneren Augen des Fürsten, und er sah auf seinem Ehelager den Gekreuzigten liegen. Weise geworden durch diese innere Schau, bat der fromme Fürst seine heilige Gattin, noch öfter solche auf seinem Lager zu betten. Er erkannte nämlich, dass der Herr Jesus Christus in seinen kranken Gliedern gepflegt und aufgenommen werde. Deshalb erfreute den frommen Fürsten eben jener Anblick, der die strenge Frau so sehr erschreckt hatte.“[26]

Erst der Eisenacher Chronist Johannes Rothe hat am Anfang des 15. Jahrhunderts diese Erzählung – wie so manches andere – auf die Wartburg verlegt.

Die grausame Härte, mit der Konrad von Marburg Elisabeth physisch und psychisch misshandelte, wirkt heute auf uns unverständlich und abstoßend. Er

Abb. 111
Das Kruzifix in des
Landgrafen Bett.
Lübecker Elisabethzyklus,
um 1420

schlug sie und ihre Dienerinnen und ließ sie schlagen. Irmgard sagte aus, sie
habe noch nach drei Wochen die Spuren der Schläge gehabt und Elisabeth noch
länger, weil sie heftiger gezüchtigt worden sei. Sie musste sich zu Boden werfen
und unbedingten Gehorsam leisten. Konrad entließ die ihr vertrauten Frauen, die
sie liebte, eine nach der anderen aus ihrem Dienst und schickte sie fort. Dafür gab
er ihr strenge, unfreundliche Gefährtinnen, die ihr Fallen stellten und jede Form
von Ungehorsam bei Konrad anzeigten. Irmgard übermittelt in ihrem Bericht eine
Äußerung Elisabeths, die ihre Haltung zu diesen Vorgängen deutlich macht: „Wir
müssen solcherlei gerne hinnehmen. Es ist mit uns wie mit dem Schilf, das im
Fluss wächst. Schwillt der Fluss an, so wird es hinuntergedrückt und neigt sich.
Das Wasser fließt darüber, ohne es zu knicken. Hört die Überflutung auf, so richtet
sich das Schilf wieder empor." [27]

Es war Elisabeths freie Entscheidung, so zu leben. In einer ihr als heillos
erscheinenden Welt wollte sie lernen, demütig zu sein, Schmerzen zu ertragen und
Opfer zu bringen und sich all jenen zuzuwenden, die ihrer Hilfe bedurften. Sie selbst
hatte Konrad wegen seiner konsequenten freiwilligen Armut und seiner Strenge
dafür ausgewählt, sie zu demütigen, ihr Schmerzen zuzufügen, ihr Opfer abzuver-
langen. Der Konrad bekannte Zisterziensermönch Cesarius von Heisterbach fügte

den Aussagen Isentruds hinzu, Konrad habe all dies getan, „damit aus eben diesem Gehorsam ihr ein noch größerer Verdienst erwachse".[28]

Die Berichte der Dienerinnen schildern das Alltagsgeschehen der Jahre, die Elisabeth als Hospitalschwester in Marburg verbrachte, sehr anschaulich und detailreich. Sie begegnet uns hier als fröhliche, hilfsbereite und mitleidsvolle Pflegerin der Kranken. Sie war liebevoll zu ihren Gefährtinnen selbst einfachsten Standes und gab den Armen selbstlos und großzügig, was in ihren Kräften stand. Die hingebungsvolle Arbeit, verbunden mit harter Askese, verzehrten ihre Kräfte. Sie starb in Marburg im Alter von 24 Jahren. Noch vor ihrer Bestattung am 19. November 1231 in der Kapelle ihres Hospitals sollen sich die ersten Wunder ereignet haben. Wenige Monate später zogen bereits Scharen von Pilgern zu ihrem Grab.

Die Heilige

Konrad betrieb mit Unterstützung der landgräflichen Familie die Heiligsprechung Elisabeths. Das Leben des Beichtvaters der Landgräfin nahm ein jähes und tragisches Ende, als er 1233 in der Nähe von Marburg von Adligen erschlagen wurde, die er der Ketzerei angeklagt hatte. Im Frühsommer 1234 erreichte Elisabeths Schwager, Landgraf Konrad, in Verhandlungen mit dem Papst die Übertragung des Marburger Hospitals, verbunden mit dem Patronatsrecht über die Marburger Kirchen, an den in enger Beziehung zur Landgrafenfamilie stehenden Deutschen Orden.[29] Im gleichen Jahr trat Landgraf Konrad in den Deutschen Orden ein, dessen Hochmeister er 1239 wurde. Zu Pfingsten, am 27. Mai 1235, erhob Papst Gregor IX. in Perugia Elisabeth von Thüringen zur Ehre der Altäre. In der Heiligsprechungsurkunde stellte er allen, die an ihrem Todestag ihr Grab besuchen, einen Ablass für ein Jahr in Aussicht.

Am 1. Mai 1236 versammelte sich in Marburg eine unübersehbare Menschenmenge. Zahlreiche Fürsten, Bischöfe und Geistliche und selbst Kaiser Friedrich II. trafen zur feierlichen Erhebung von Elisabeths Gebeinen ein. Ihre Gebeine wurden aus dem fast im Zentrum der Kapelle gelegenen Grab herausgehoben und beim Altar bestattet.[30] Kaiser Friedrich berichtete dem Ordensgeneral der Franziskaner in einem Brief von dem feierlichen Akt und auch davon, dass er Augenzeuge der Heilung eines Lahmen an Elisabeths Grab gewesen sei.

Der Deutsche Orden förderte den Kult der heiligen Elisabeth. Bereits 1236 wurde der Zisterziensermönch Cesarius von Heisterbach vom Prior des Deutschen Hauses in Marburg gebeten, eine vollständige Elisabethbiografie zu verfassen. Der Orden war es auch, der bereits 1235 damit begann, über dem Grab der Heiligen die Elisabeth-Kirche, eine große Ordens- und Wallfahrtskirche in den für Deutschland neuen Bauformen der Gotik, errichten zu lassen. Schon Ende des 13. Jahrhunderts zählte die Elisabethverehrung zu den verbreitetsten Heiligenkulten in Mitteleuropa. In Nordfrankreich, den Niederlanden, Italien, Ungarn, Schlesien, Böhmen und Süddeutschland weihte man der Heiligen zahlreiche Kirchen und Klöster. Die Landgräfin von Thüringen war eine der populärsten Heiligen Europas geworden.

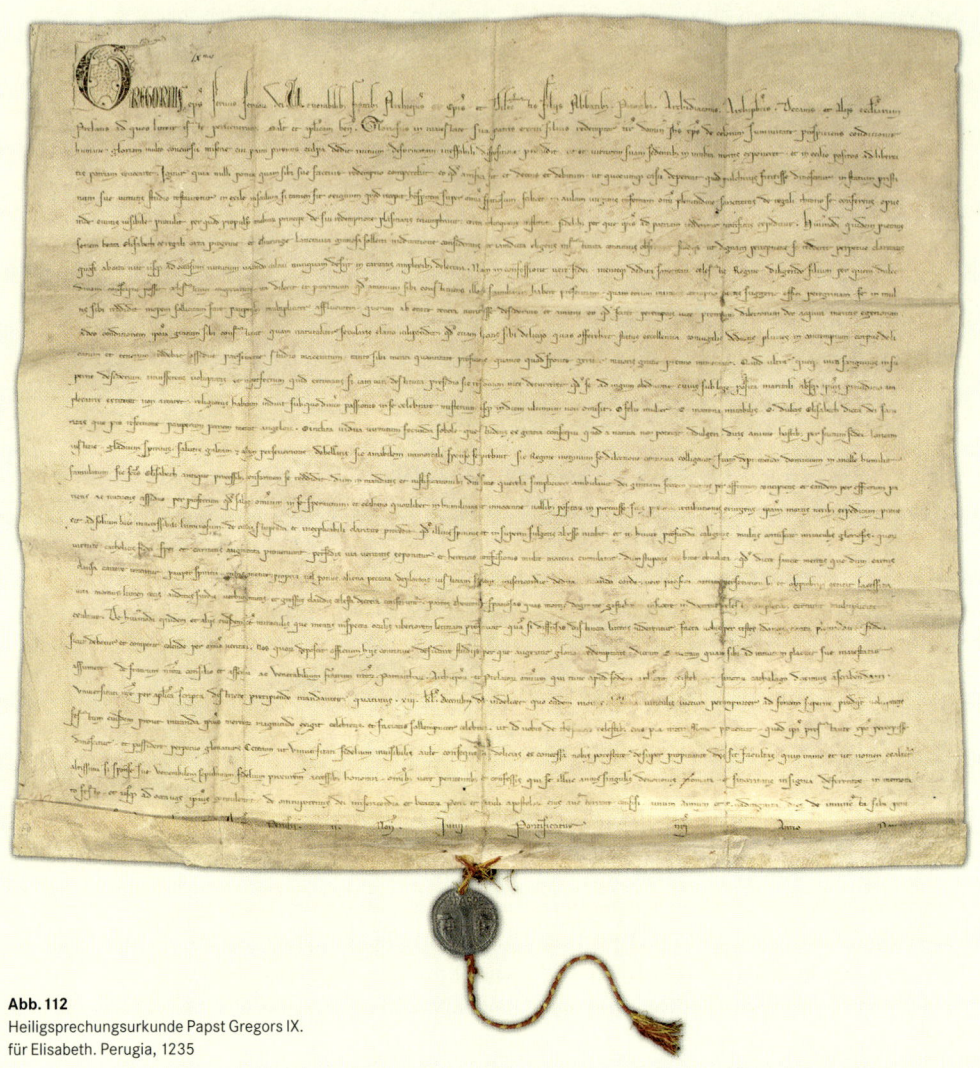

Abb. 112
Heiligsprechungsurkunde Papst Gregors IX.
für Elisabeth. Perugia, 1235

In Thüringen lassen sich hochmittelalterliche Zeugnisse der Verehrung Elisabeths nur selten nachweisen. Eine bemerkenswerte Ausnahme stellt das um 1240 entstandene Standbild im Naumburger Dom dar.

Über eine Verehrung der heiligen Elisabeth auf der Neuenburg im Hochmittelalter schweigen die schriftlichen Quellen. Erst für die Jahre 1458/59 hat sich eine Amtsrechnung mit dem Hinweis erhalten, dass in der „stoben" vor der „sante Elysabethin Cappelln" eine Reparatur vorgenommen wurde. Da sich in unmittelbarer Nähe des Untergeschosses der Doppelkapelle nie eine Stube befunden hat, bezieht sich diese Aussage zweifellos auf den prachtvollen oberen Kapellenraum.[31] In diesem Raum befindet sich an der Nordwand eine Inschrift, in der neben Maria, der heiligen Anna Selbdritt und der heiligen Katharina auch die „verehrungswürdige Elisabeth" (Elizabet veneranda) um Hilfe angefleht wird.[32] Die vermutlich zu Beginn des 16. Jahrhunderts entstandene Schrift diente nicht der Raumausschmückung. Sie ist ein sehr persönliches und menschlich anrührendes Zeugnis und zugleich ein Beleg für die Verehrung der heiligen Elisabeth auf der Neuenburg.

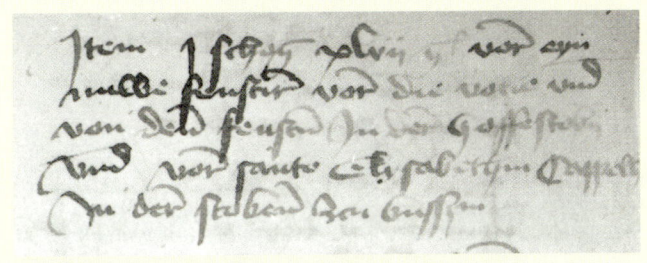

Abb. 113
Ältester schriftlicher Beleg für das Elisabeth-Patrozinium der Oberkapelle von 1458/59

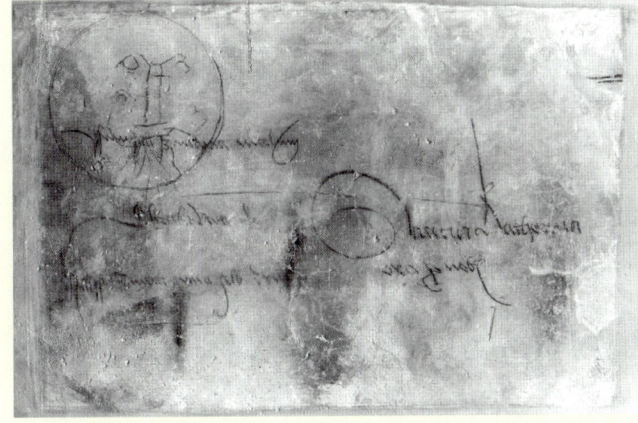

Abb. 114
Inschriften in der Oberkapelle der Neuenburg, Anfang des 16. Jahrhunderts

    Elisabeth von Thüringen steht in einer Reihe von Frauen, die nach neuen Frömmigkeits- und Lebensformen suchten. Viele von ihnen waren auch vornehmer Herkunft. In einer Zeit, in der auf dem Land und in den Städten ein ungeheuerer Anstieg der Massenarmut stattfand, die im krassesten Widerspruch zur aufwändigen Lebenshaltung von Adel und Klerus stand, strebten sie die Nachfolge Christi in seinem Leiden und in seiner Armut an. Aber keine von ihnen stieg so kompromisslos von der höchsten gesellschaftlichen Ebene in die tiefste Armut hinab, ließ sich so konsequent auf reale Armut, verbunden mit körperlicher Arbeit, ein und nahm dafür Schmähungen, Verfolgung und Verachtung in Kauf. Dies und ihre bedingungslose Hinwendung zu hilfsbedürftigen Menschen ließen sie zur Mutter der Armen und zur Schwester der Kranken werden. Ihr beispielloses Leben wirkt bis in die heutige Zeit hinein.

Anhang

Anmerkungen

Die Familie der Ludowinger

1   Vgl. Tebruck, Stefan: Die Reinhardsbrunner Geschichtsschreibung im Hochmittelalter.
    Klösterliche Traditionsbildung zwischen Fürstenhof, Kirche und Reich. Frankfurt/Main –
    Berlin – Bern – Bruxelles – New York – Oxford – Wien 2001 (Jenaer Beiträge zur
    Geschichte. Band 4), S. 385–392.

2   Vgl. Lemmer, Manfred: Die Neuenburg in Geschichte, Literatur und Kunst des hohen
    Mittelalters. Freyburg 1993 (novum castrum. Schriftenreihe des Vereins zur Rettung und
    Erhaltung der Neuenburg e.V. Heft 2), S. 7.

3   Vgl. Tebruck, Stefan: Die Gründungsgeschichte des Klosters Zscheiplitz. In: Zscheiplitz.
    Pfalzgrafenhof, Kirche, Kloster und Gut. Freyburg/Unstrut 1999, S. 6–35 (novum castrum.
    Schriftenreihe des Vereins zur Rettung und Erhaltung der Neuenburg e.V. Heft 7).

4   Vgl. Lemmer 1993 (wie Anm. 2), S. 5.

5   Vgl. Tebruck 2001 (wie Anm. 1), S. 63.

6   Vgl. ebd., S. 335.

7   Vgl. Patze, Hans/Schlesinger, Walter (Hg.): Geschichte Thüringens. Band 2, 1. Teil: Hohes
    und spätes Mittelalter. Köln/Wien 1974 (Mitteldeutsche Forschungen 48/II, 1), S. 23.

8   Vgl. Lemmer 1993 (wie Anm. 2), S. 11.

9   Vgl. Gabler, Gottlob Traugott: Freyburg, Stadt und Schloß, nebst ihren Umgebungen.
    Querfurt 1836, S. 74–80.

10 Vgl. Schwind, Fred: Die Landgrafschaft Thüringen und der landgräfliche Hof zur Zeit
    der Elisabeth. In: Sankt Elisabeth. Fürstin Dienerin Heilige. Aufsätze Dokumentation
    Katalog. Hg. von der Philipps-Universität Marburg in Verbindung mit dem hessischen
    Landesamt für geschichtliche Landeskunde. Sigmaringen 1981, S. 32.

11 Werner, Matthias (Hg.): Heinrich Raspe – Landgraf von Thüringen und römischer König
    (1227–1247). Frankfurt/Main – Berlin – Bern – Bruxelles – New York – Oxford – Wien
    2003 (Jenaer Beiträge zur Geschichte. Band 3), S. 132.

12 Vgl. Patze/Schlesinger 1974 (wie Anm. 7), S. 27.

13 Vgl. Tebruck 2001 (wie Anm. 1), S. 257.

14 Vgl. Hucker, Bernd Ulrich: Das Grafenpaar Beatrix und Otto von Botenlauben und die
    deutsche Kreuzzugsbewegung. In: Kotzur, Hans-Jürgen (Hg.): Die Kreuzzüge. Kein Krieg
    ist heilig. Katalogbuch. Mainz 2004, S. 36.

15 Vgl. Werner, Matthias: Die heilige Elisabeth in Thüringen. 2., veränderte Auflage.
    Freyburg 2000 (novum castrum. Schriftenreihe des Vereins zur Rettung und Erhaltung
    der Neuenburg e.V. Heft 1), S. 9.

16 Vgl. Werner 2003 (wie Anm. 11), S. 131 ff.

17 Ebd., S. 135.

18 Vgl. ebd., S. 197.

Zur Baugeschichte der Neuenburg I

Überblick

1 Bahn, Bernd W.: Freyburg an der Unstrut vor 1203 – Voraussetzungen einer Siedlung vor der Stadtgründung. In: Freyburg an der Unstrut. Beiträge zur Frühgeschichte der Stadt. Freyburg 2004, S. 36–56 (novum castrum. Schriftenreihe des Vereins zur Rettung und Erhaltung der Neuenburg e.V. Heft 8); ders.: „… in urbe quae Geniun dicitur". Die Burgen der Ekkehardinger an der Unstrutmündung. In: Saale-Unstrut-Jahrbuch 5 (2000), S. 28–39 und 6 (2001), S. 28–40.

2 Schmitt, Reinhard: Burg, Kloster und Schloß Goseck. Zum Stand der baugeschichtlichen Erforschung. In: Denkmalpflege in Sachsen-Anhalt 7 (1999), S. 32–54.

3 Zu diesem Thema zuletzt Huschenbett, Dietrich: Eine Mord- und Minne-Geschichte aus Thüringen. Zur Darstellung der Ermordung des sächsischen Pfalzgrafen Friedrich III. durch Ludwig den Springer, Graf von Thüringen. In: Strukturen der Gesellschaft im Mittelalter. Interdisziplinäre Mediävistik in Würzburg. Hg. von Dieter Rödel und Joachim Schneider. Wiesbaden 1996, S. 35–49.

4 Säckl, Joachim: Zur Geschichte des Rittersitzes und Herrenhauses in Weischütz/Unstrut. In: Burgen und Schlösser in Sachsen-Anhalt 4 (1995), S. 77–98, hier S. 79–81; Tebruck, Stefan: Die Gründungsgeschichte des Klosters Zscheiplitz. In: Zscheiplitz. Pfalzgrafenhof, Kirche, Kloster und Gut. Freyburg/Unstrut 1999, S. 6–35, hier S. 16 (novum castrum. Schriftenreihe des Vereins zur Rettung und Erhaltung der Neuenburg e.V. Heft 7).

5 Tebruck, Stefan: Die Reinhardsbrunner Geschichtsschreibung im Hochmittelalter. Klösterliche Traditionsbildung zwischen Fürstenhof, Kirche und Reich. Frankfurt/Main – Berlin – Bern – Bruxelles – New York – Oxford – Wien 2001, S. 177 (Jenaer Beiträge zur Geschichte. Band 4).

6 Vorläufiges Arbeitsergebnis von Herrn Dr. Thomas Eißing, dem hierfür und für jahrelange engagierte Untersuchungen gerade auch an Bauhölzern der Neuenburg herzlich gedankt sei (Otto-Friedrich-Universität Bamberg, Institut für Denkmalpflege und Bauforschung, Abteilung Dendrochronologie und Gefügekunde/Dendrolabor).

7 Als Parallele: Meyer, Werner: Die Frohburg. Ausgrabungen 1973–1977. Zürich 1989, S. 116 (Schweizer Beiträge zur Kulturgeschichte und Archäologie des Mittelalters. Band 16).

8 Zu Baudaten und -zeiten vgl. Antonow, Alexander: Planung und Bau von Burgen im süddeutschen Raum. 2., verbesserte und ergänzte Auflage. Frankfurt am Main 1993, S. 215–220; vorsichtiger Biller, Thomas: Die Adelsburg in Deutschland. Entstehung, Form und Bedeutung. München/Berlin 1993, S. 179, 182. Von Hermann Wäscher stammt der Versuch, die Bauzeit der Burg Kyffhausen zu berechnen: Die Baugeschichte der Burg Kyffhausen. Halle 1959, S. 28–29 (Schriftenreihe der Staatlichen Galerie Moritzburg in Halle. Heft 15). Die Bauzeit der Burg Münzenberg nimmt Günther Binding mit etwa 10 Jahren an: Burg Münzenberg. Eine staufische Burganlage. 2. Auflage. Bonn 1965, S. 137–139 (Abhandlungen zur Kunst-, Musik- und Literaturwissenschaft. Band 20). Nach den Quellen Ebner, Herwig: Die Burg in historiographischen Werken des Mittelalters. In: Festschrift Friedrich Hausmann. Graz 1977, S. 133–134. Jüngst Schock-Werner, Barbara: Der Bau einer Steinburg. In: Ritter, Burgen und Dörfer. Mittelalterliches Leben in Stadt und Land (Katalog). Tüchersfeld 1997, S. 44: „Bei normalen Bedingungen wurde eine Burg in 3–5 Jahren fertiggestellt."

9 Binding, Günther: Deutsche Königspfalzen von Karl dem Großen bis Friedrich II. (765–1240). Darmstadt 1996, S. 318–326; Biller, Thomas: Die Pfalz Friedrichs I. zu Kaiserswerth – zu ihrer Rekonstruktion und Interpretation. In: Forschungen zu Burgen und Schlössern. Band 4. München/Berlin 1998, S. 173–188.

10 Zu dieser Entwicklung Jost, Bettina: Burg Babenhausen – eine regelmäßige Wasserburg der 1180er Jahre und ihre Einordnung in das Baugeschehen der Stauferzeit. In: Burgen und Schlösser 40 (1999), S. 122–136 und vor allem Biller, Thomas: Die Entwicklung regelmäßiger Burgformen in der Spätromanik und die Burg Kaub (Gutenfels). In: Forschungen zu Burgen

und Schlössern. Band 7. München/Berlin 2002, S. 23–44. Jüngst ders. in Biller, Thomas und G. Ulrich Großmann: Burg und Schloß. Der Adelssitz im deutschsprachigen Raum. Regensburg 2002, S. 79–80.

11 Cronica Reinhardsbrunnensis. Ed. und hg. von Oswald Holder-Egger. Berlin 1896, S. 539 (Monumenta Germaniae Historica. Scriptores. Tom. 30/1). Bezüglich der sagenhaften „lebenden Mauer", die Landgraf Ludwig II. dem Kaiser präsentierte, heißt es in einer jüngeren Überlieferung: „Diese burck gefelt mir wol, ohn das sie kein mauren hat vor der kemte." (Thüringische Chronik von Ninus und Trebeta. Hg. von Karl Peter Lepsius. In: Lepsius, Karl Peter: Kleine Schriften. Band 3. Magdeburg 1855, S. 253) Es bleibt natürlich unklar, welche „Kemenate" hier gemeint gewesen ist.

12 Burg Weißensee „Runneburg" Thüringen. Baugeschichte und Forschung. Hg. Thüringi-sches Landesamt für Denkmalpflege. Wissenschaftliche Koordination Cord Meckseper, Roland Möller, Thomas Stolle. Frankfurt/Main 1998; dazu die Rezension von Schmitt, Reinhard: Die Runneburg in Weißensee. Baugeschichtliche Aufarbeitung der bisherigen Forschungsergebnisse (= Arbeitshefte des Thüringischen Landesamtes für Denkmal-pflege 15). Bad Homburg und Leipzig, 1998. Gleichzeitig erschienen unter dem Titel: Burg-Weißensee „Runneburg" Thüringen. Baugeschichte und Forschung. Hg. Thüringi-sches Landesamt für Denkmalpflege. Wissenschaftliche Koordination Cord Meckseper, Roland Möller, Thomas Stolle (= Bibliotheksreihe „Europäische Baukunst 3). Frankfurt/ Main 1998. In: Die Denkmalpflege 57 (1999) [2000], S. 165–170.

13 Biller, Thomas: Der frühe gotische Burgenbau im Elsaß (1250–1300). München/Berlin 1995, S. 102 (Biller, Thomas und Bernhard Metz: Die Burgen des Elsaß. Architektur und Geschichte. Band III), Birkenfels: Abb. 100; Dreistein/Ost: Abb. 107; Oedenburg: Abb. 121; Wangenburg: Abb. 135 Nr. 10.

14 Dazu künftig Schmitt, Reinhard: Der Nordturm der Erstanlage als „Danzker" (in einer umfassenden Publikation über den Crac des Chevaliers; Leitung: Thomas Biller).

15 Biller, Thomas: Die Adelsburg in Deutschland. Entstehung, Form und Bedeutung. München/Berlin 1993, S. 202. Zu Zwingern jüngst außerdem: Durdik, Tomas: Die Nut-zung und Entwicklung des Zwingers in der Böhmischen Burgenarchitektur. In: Burgenfor-schung aus Sachsen 10 (1997), S. 110–129 (bereits erste Hälfte des 13. Jahrhunderts); Müller, Heinz: Entwicklung der Zwinger im Burgenbau Sachsens. In: Burgenforschung aus Sachsen 10 (1997), S. 130–140 (in Leipzig frühes 13. Jahrhundert). Auch der vor der östlichen Ringmauer der Rudelsburg gelegene und wohl noch romanische zweite Mauer-zug könnte als ein früher Zwinger gedeutet werden, der mit einem äußeren Tor verbunden war (hier in spätgotischer Zeit verändert): Schmitt, Reinhard: Bad Kösen. Rudelsburg, Saaleck, Romanisches Haus. 3. Auflage. München/Berlin 1996, S. 12–14 (Große Bau-denkmäler. Heft 457). – Ob die Gestalt der Ostseite der Neuenburg in der ersten Hälfte des 12. Jahrhunderts mit zwei einen älteren Wall eingrenzenden Ringmauern bereits eine Frühform des Zwingers darstellt, muss wohl offen bleiben. Der funktionalen Deutung bei Biller 1993 (wie oben) widerspräche der Befund nicht. Sollte es sich bestätigen, dass die an dieser östlichen Burgseite stehenden zwei Achtecktürme auf byzantinischen Einfluss zurückzuführen sind, warum dann nicht auch der Zwinger?

16 Dehio, Georg: Handbuch der deutschen Kunstdenkmäler. Band I: Mitteldeutschland. Berlin 1924, S. 115; Heideloff, Carl: Die Ornamentik des Mittelalters. Textband I. Heft 5. Nürnberg 1847, S. 20.

Kemenate, Palas und weitere Wohnbauten

1 Zur Wohnarchitektur mehrere Beiträge in: Burgen in Mitteleuropa. Ein Handbuch. Band I: Bauformen und Entwicklung. Hg. von der Deutschen Burgenvereinigung e.V. Stuttgart 1999, S. 257–306.

2 Schmitt, Reinhard: Steinerne Wohnbauten und Wohntürme vom 10. bis zum 13. Jahr-hundert in Sachsen-Anhalt. In: Burgenforschung aus Sachsen. Sonderheft Wohntürme.

Kolloquium vom 28. September bis 30. September 2001 auf Burg Kriebstein/Sachsen. Hg. von Heinz Müller. Weißbach 2002, S. 91–103. Vgl. den Abschnitt über Wohn- und Saalbauten von Thomas Biller bei Biller, Thomas und G. Ulrich Großmann: Burg und Schloß. Der Adelssitz im deutschsprachigen Raum. Regensburg 2002, S. 80–91.

3 Schmitt, Reinhard: Zu den Wohn- und Palasbauten der Neuenburg bei Freyburg/Unstrut vom Ende des 11. Jahrhunderts bis zur Mitte des 13. Jahrhunderts. In: Forschungen zu Burgen und Schlössern. Band 5. München/Berlin 2000, S. 15–30.

4 Zur Definition des Wohnturms jüngst: Herrmann, Christopher: Wohntürme des späten Mittelalters auf Burgen im Rhein-Mosel-Gebiet. Espelkamp 1995, S. 12–13 (Veröffentlichungen der Deutschen Burgenvereinigung e.V. Reihe A: Forschungen. Band 2): „Ein Wohnturm ist ein bewohnbarer und wehrhafter bzw. in befestigter Umgebung stehender eigenständiger Turm." Zu frühen Wohntürmen Steinmetz, Thomas: Burgen im Odenwald. Brensbach 1998, S. 108; vgl. auch die Bemerkungen von Bettina Jost: Die Lobdeburg über Jena-Lobeda. Überlegungen zu Geschichte und Einordnung einer ungewöhnlichen Adelsburg. In: Burgen und Schlösser in Thüringen 1997. Jena 1997, S. 12 mit Anm. 32. Vgl. die Beiträge von Dieter Barz, Bettina Jost, Ingolf Gräßler, Rudolf Meister sowie Norbert Oelsner und Uwe Richter in Wohntürme 2002 (wie Anm. 2); Hesse, Stefan: Die mittelalterliche Siedlung Vriemeensen im Rahmen der südniedersächsischen Wüstungsforschung unter besonderer Berücksichtigung der Problematik von Kleinadelssitzen. Neumünster 2003, S. 25–28 (Göttinger Schriften zur Vor- und Frühgeschichte. Band 28). Jüngst auch Schock-Werner, Barbara und Reinhard Friedrich: Wohnturm. In: Wörterbuch der Burgen, Schlösser und Festungen. Hg. von Horst Wolfgang Böhme, Reinhard Friedrich und Barbara Schock-Werner. Stuttgart 2004, S. 265–267.

5 Lage eines (angenommenen) Wohnturms unmittelbar hinter einem Wall zum Beispiel in Hamburg, Sachsenstein und Groitzsch. Dazu Schmitt, Reinhard und Wilfried Weise: Forschungen zur Baugeschichte der Neuenburg und der Eckartsburg in romanischer Zeit. Freyburg 1997, S. 20 mit Anm. 16 und 23 (novum castrum. Schriftenreihe des Vereins zur Rettung und Erhaltung der Neuenburg e.V. Heft 5). In Leipzig konnte Herbert Küas zwei Bergfriede nachweisen, wobei der nach seiner Deutung jüngere Turm am Wall steht: Küas, Herbert: Das alte Leipzig in archäologischer Sicht. Berlin 1976, S. 43–52 (Veröffentlichungen des Landesmuseums für Vorgeschichte Dresden. Band 14).

6 Vogt, Heinz-Joachim: Die Wiprechtsburg in Groitzsch. Eine mittelalterliche Befestigung in Westsachsen. Berlin 1987, S. 136 (Veröffentlichungen des Landesmuseums für Vorgeschichte Dresden. Band 18).

7 Dazu jüngst Sachenbacher, Peter und Matthias Rupp: Slawische Burg – Deutscher Burgward – Pfalz. Zu einigen ausgewählten Problemen der Stadtarchäologie in Altenburg. In: Alt-Thüringen 28 (1994), S. 213–253; Hoffmann, Yves: Datierte Wohntürme und Bergfriede des 11. bis 13. Jahrhunderts in Sachsen. In: Burgenforschung aus Sachsen 12 (1999), S. 124–140; ders.: Zur Datierung von Wohntürmen und Bergfrieden des 11. bis 13. Jahrhunderts auf sächsischen Burgen. In: Historische Bauforschung in Sachsen. Dresden 2000, S. 47–58 (Arbeitshefte des Landesamtes für Denkmalpflege Sachsen. Heft 4). Auch auf der Henneburg bei Meiningen ermöglichten neueste Ausgrabungen eine Datierung eines quadratischen Turms (10 x 10 m) in die Zeit um 1100: Schwarzberg, Heiner: Ausgrabungen auf der Burg Henneberg, Lkr. Schmalkalden-Meiningen. Vorbericht. In: Ausgrabungen und Funde 40 (1995), S. 265–272. Das Problem früher Bergfriede bzw. die Entstehung des Bergfrieds überhaupt muss vielleicht nach den Befunden in Groitzsch, Altenburg und Neuenburg überdacht werden. Vgl. noch die Überlegungen bei Schmitt, Reinhard: Zum Stand der Bergfriedforschung in Sachsen-Anhalt. In: Burgenforschung aus Sachsen 3/4 (1994), S. 143–178; auch Jost, Bettina: Das Aufkommen des Bergfrieds im 12. Jahrhundert. In: Burgen und Schlösser 37 (1996) Heft 1, S. 2–15; neuerdings Schmitt, Reinhard: Frühe runde Burgtürme Mitteldeutschlands im Vergleich mit anderen Burgenlandschaften. In: Burgen und Schlösser in Sachsen-Anhalt 9 (2000), S. 39–66.

8 Küas, Herbert: Reste eines Burgturmes des 11. Jahrhunderts auf dem Burgberg in Meißen. In: Ausgrabungen und Funde 5 (1960), S. 94–98; Hoffmann, Yves: Der hoch-mittelalterliche quadratische Turm in der Burg zu Meißen. In: Ecclesia Misnensis. Jahr-buch des Dombau-Vereins Meißen 2000. Meißen 2000, S. 87–94; Schmid-Hecklau, Arne: Die archäologischen Ausgrabungen auf dem Burgberg in Meißen. Die Grabungen 1959–1963. Dresden 2004, S. 47–52, 59 und 227–228 (Veröffentlichungen des Lan-desamtes für Archäologie Sachsen mit Landesmuseum für Vorgeschichte. Band 43).

9 Einen frühen Kamin im Erdgeschoss besitzt die Flossenbürg: Boos, Andreas: Die Ruine Flossenbürg. Auferstehung einer Burg des hohen und späten Mittelalters. Weiden 1993, S. 44–50: um 1100.

10 Zu Kemenaten: Mrusek, Hans-Joachim: Die Stellung der Kemenate in Pfalzen und Burgen. In: Evolution générale et développements régionaux en histoire de l'art. Actes du 22e Congrès international d'Histoire de l'art. Budapest 1969. Budapest 1972, Band I, S. 403–409, Band III, S. 121–124 (unklare Definition); Scholke, Horst: Stille Schönheit. Romanische Feldsteinkirchen in der Altmark. Oschersleben 1993, S. 30 (Kemenaten seien immer in drei quadratische Räume unterteilt!); Kunstmann, Hellmut: Mensch und Burg. Burgenkundliche Betrachtungen an ostfränkischen Wehranlagen. Zweite, ergänzte Auflage. Neustadt an der Aisch 1985, S. 70–74 (Bezeichnung für die – heizbaren – Wohn-bauten); Bumke, Joachim: Höfische Kultur. Literatur und Gesellschaft im hohen Mittelalter. Band 1. München 1986, S. 155–161; Goez, Werner, Das Leben auf der Ritterburg. In: Mentalität und Alltag im Spätmittelalter. Hg. von Cord Meckseper und Elisabeth Schraut. Zweite Auflage. Göttingen 1991, S. 20–21; Haupt, Barbara: Die Kemenate der hochmittel-alterlichen Burg im Spiegel der zeitgenössischen (volkssprachigen) Literatur. In: Burg und Schloß als Lebensorte in Mittelalter und Renaissance. Hg. von Wilhelm G. Busse. Düssel-dorf 1995, S. 129–145 (auch einen dem Festsaal angenäherten Raum); Albrecht, Uwe: Der Adelssitz im Mittelalter. Studien zum Verhältnis von Architektur und Lebensform in Nord- und Westeuropa. München 1995, S. 29–30 (heizbare Privatgemächer der Burg). Jüngst Thomas Biller in: Biller/Großmann 2002 (wie Anm. 2), S. 84 mit Analyse des Wortgebrauchs seit dem Mittelalter; kurze Erläuterung auch bei Friedhoff, Jens und Reinhard Friedrich: Kemenate. In: Wörterbuch 2004 (wie Anm. 4), S. 168. Die Publikation leidet unter der nahezu vollständigen Ausblendung der mitteldeutschen Burgenland-schaft und -forschung! Eine sehr ausführliche Behandlung und Definition der Termini „Kemenate" bzw. „Turmhaus" und „Wohnturm" bietet Hesse 2003 (wie Anm. 4), S. 16–29.

11 Zur Problematik „Palas": Biller, Thomas: Castrum novum ante Girbaden noviter edificatum – Ein Saalbau Kaiser Friedrichs II. im Elsaß. In: Forschungen zu Burgen und Schlössern. Band 2. München/Berlin 1996, S. 159 mit Anm. 2; ders.: „Haus – Turm – ‚Palas'. Zu Entwicklung und Terminologie herrschaftlichen Wohnens auf Burgen" (Vortrag auf einer Tagung der Wartburg-Gesellschaft und des Staatsarchivs Wertheim am 26. April 1997 in Bronnbach); Tietz-Strödel, Marion: Die Kaiserpfalz Eger. In: Kunst in Eger. Stadt und Land. Hg. von Lorenz Schreiner. München/Wien 1992, S. 12–66, hier S. 20: „Nur, wo ein Bau überwiegend, wenn nicht gar ausschließlich von einem großen Saal geprägt wird, sprechen wir in der heutigen Fachterminologie von einem Palas, ohne daß dieser schärfer abzugren-zen ist." Steinmetz 1998 (wie Anm. 4), S. 113–117. Strickhausen, Gerd: Saalbau, Wohnbau, Palas – zu Terminologie, Typologie und Entwicklung der Hauptbauten auf Burgen des 12. Jahrhunderts. In: Forschungen zu Burgen und Schlössern. Band 4. München/ Berlin 1998, S. 153–160. Strickhausen unterscheidet Saalbau (zwei- bis dreigeschossig überein-ander liegende Säle, der obere bevorzugt ausgestattet), Wohnbau (zwei- bis dreigeschos-sig, etwa in der Gebäudemitte geteilt) und Palas (ebenfalls zwei- bis dreigeschossig mit Wohnräumen und dem Saal im oberen Geschoss). Ähnlich Biller 1997 (wie oben): Saal-bau (mit Saal im Erd- oder einzigen Obergeschoss), Wohnbau (mehrere kleine Wohn-räume, eventuell auch mit saalartigem Raum), Palas (Mischform von Saal- und Wohnbau mit Saal und weiteren repräsentativen Räumen). Jüngst diese stark relativierende

Formulierung von Thomas Biller, die sicher den augenblicklichen Kenntnisstand am besten umreißt: „Die moderne Burgenforschung erweist die Idee eines ‚einzigen' Wohngebäudes je Burg oft als Mär. Meist zum ersten Mal fragt sie zudem nach Raumgruppen und -funktionen, nach Entstehungszeiten und Umbauten. Mit fortschreitender Forschung werden differenzierte Begriffe erforderlich werden, für die ‚Wohnbau' als Oberbegriff sicher neutraler wäre als ‚Palas' mit seiner allzu komplexen Bedeutungsschicht." (Biller/Großmann 2002 [wie Anm. 2], S. 74. Biller schließt sich somit dem Vorschlag des Verfassers an (Schmitt 2002 [wie Anm. 2]). Dieter Barz möchte den Begriff „Palas" ebenfalls solange durch „Saalbau, Wohnbau oder Saal- und Wohnbau" ersetzt wissen, solange es „keine einheitliche Definition für den Palas" gibt: Saal- und Wohnbauten im Burgenbau der Pfalz – Bemerkungen zur Repräsentations- und Wohnfunktion auf hochmittelalterlichen Burgen. In: Festschrift für Hartmut Hofrichter zum 60. Geburtstag. Kaiserslautern 1999, S. 13–23, hier S. 22. Einfach die Definition bei Reichhalter, Gerhard und Karin und Thomas Kühtreiber: Burgen. Waldviertel und Wachau. St. Pölten 2001, S. 42: „Das für Wohn- und Repräsentationsaufgaben vorgesehene Hauptgebäude einer mittelalterlichen Burg."

12 Anders die Möglichkeiten, die Bettina Jost im Falle des Münzenberger Palas nutzen konnte: Die Stellung des Münzenberger Palas im 12. Jahrhundert. In: Forschungen zu Burgen und Schlössern. Band 4. München/Berlin 1998, S. 161–172.

13 Zu unterstreichen ist die Viergeschossigkeit des Palas etwa im Gegensatz zu der Situation auf der Wartburg. Dort hat eine eher überflüssige Diskussion um ein Keller- bzw. ein Erdgeschoss zu Verwirrung geführt: Der romanische Palas der Wartburg. Bauforschung an einer Welterbestätte. Band I. Hg. von Günter Schuchardt. Regensburg 2001. Nach den jüngsten archäologischen Befunden *kann* das unterste Geschoss tatsächlich nur als Keller gedeutet werden: Spazier, Ines: Die archäologischen Untersuchungen im Palas-Sockelgeschoß der Wartburg. In: Wartburg-Jahrbuch 2003. Regensburg 2004, S. 182–205. In der Literatur heißt es demgegenüber zum Beispiel: „Zum Hauptgeschoß des Palas, dem ersten Obergeschoß ...": Bornheim gen. Schilling, Werner: Rheinische Höhenburgen. Erster Band. Neuß 1964, S. 138 (Rheinischer Verein für Denkmalpflege und Heimatschutz. Jahrbuch 1961/63). Auch Strickhausen, Gerd: Burgen der Ludowinger in Thüringen, Hessen und dem Rheinland. Studien zu Architektur und Landesherrschaft im Hochmittelalter. Darmstadt/Marburg 1998, S. 50 (Quellen und Forschungen zur hessischen Geschichte. Band 109) spricht von zwei- bis dreigeschossigen Palasbauten.

14 Innenmaße einiger wichtiger Palassäle: Wartburg (14,1 x 38 m), Runneburg (12,9 x 29,4 m), Creuzburg (ca. 11 x 26 m), Eckartsburg (ca. 7 x 13 m), Gelnhausen (15,7 x 28,9 m), Münzenberg (11,5 x 31 m), Wildenberg (9 x 22,7 m), Querfurt (11,5 x 27 m), Rudelsburg (8,8 x 21 m).

15 Schmitt, Reinhard: Burg Querfurt. Beiträge zur Baugeschichte – Baubefunde und archivalische Quellen. Querfurt 2002, S. 52–56 (Schriftenreihe Museum Burg Querfurt. Sonderheft).

16 Grundlegend zum Thema Bingenheimer, Klaus: Die Luftheizungen des Mittelalters. Zur Typologie und Entwicklung eines technikgeschichtlichen Phänomens. Hamburg 1998 (Antiquitates. Archäologische Forschungsergebnisse. Band 17).

17 Lohmann, Burkhard und Thomas Stolle: Zusammenfassung der archäologischen Gelände- und Bauuntersuchungen auf der Runneburg. In: Burg Weißensee „Runneburg" Thüringen. Baugeschichte und Forschung. Hg. Thüringisches Landesamt für Denkmalpflege. Wissenschaftliche Koordination Cord Meckseper, Roland Möller, Thomas Stolle. Frankfurt am Main 1998, S. 96–145, hier S. 104–106.

18 Es sei die Vermutung geäußert, dass eine zunächst im Obergeschoss des Latrinenturms befindliche Badestube bei dessen Teilzerstörung um 1225/26 im Bereich der älteren, vielleicht nicht funktionstüchtigen Warmluftheizung im Zwickel von Wohnbau C und Wohnturm I verlagert wurde. Vgl. dazu Abschnitt über Heizungen.

19 Überhaupt ist die Erschließbarkeit der Obergeschosse von Wohn- und Palasbauten allgemein noch wenig überzeugend geklärt, wie eine Durchsicht der diesbezüglichen Literatur erbrachte. Im Gegensatz zu den oft sehr aufwändig gestalteten Fassaden und Innenräumen erscheinen die Außenzugänge häufig als bescheiden, so zum Beispiel jüngst von Thomas Biller für den Palas der

Gamburg rekonstruiert: Entdeckung eines Palas mit spätromanischer Ausmalung auf der Gamburg (Main-Tauber-Kreis). In: Burgen und Schlösser 31 (1990), S. 117–119. Auf „altanartige Treppenanlagen aus Stein" verwiesen Armand Baeriswyl und Daniel Gutscher: Burgdorf. Kornhaus. Eine mittelalterliche Häuserzeile in der Burgdorfer Unterstadt. Bern 1995, S. 37–38.

20 Mielke, Friedrich: Die Treppe der Wartburg als kulturgeschichtliches Zeugnis. In: Burgen und Schlösser 30 (1989), S. 35–39; Altwasser, Elmar: Aktuelle Bauforschung am Wart-burg-Palas. Bericht und Resümee. In: Palas der Wartburg 2001 (wie Anm. 13), S. 23–106, hier S. 73–74.

21 Biller, Thomas: Die Pfalz Friedrichs I. zu Kaiserswerth – zu ihrer Rekonstruktion und Inter-pretation. In: Forschungen zu Burgen und Schlössern. Band 4. München/Berlin 1998, S. 173–188.

22 Dort konnte 1997 sogar noch ein Rest der ursprünglichen Stufen im sekundär angefügten Treppenhaus aufgefunden werden: Kozok, Maike: Ergebnisse der bauarchäologischen Forschung zur Runneburg. Baugeschichte und Bauphasenanalyse. In: Burg Weißensee 1998 (wie Anm. 17), S. 146–206, hier S. 83–84 mit Abb. 154 und 155.

23 Mrusek, Hans-Joachim: Die Funktion und baugeschichtliche Entwicklung der Burg Gie-bichenstein in Halle (Saale) und ihre Stellung im früh- und hochfeudalen Burgenbau. Ing.-Diss. Weimar 1970, S. 35–36 und 107: vorgelagerte schmale Bauten aus der zweiten Hälfte des 12. Jahrhunderts, die entweder einen Gang oder eine Rampe bildeten, vielleicht aber auch zumindest teilweise ein Treppenhaus. Dies wurde durch jüngste bauarchäolo-gische Untersuchungen bestätigt (unpubliziert).

24 Altwasser, Elmar: Aktuelle Bauforschung am Wartburg-Palas. Bericht und Resümee. In: Palas der Wartburg 2001 (wie Anm. 13), S. 23–106, hier S. 96. – Auf der Hofseite an bereits bestehende Wohn- und/oder Palasgebäude nachträglich angefügte Anbauten kennzeichnen auch die bauliche Entwicklung des Palas der Burg Querfurt (erstes Viertel des 13. Jahrhunderts) und auf der Burg Tirol (12. Jahrhundert): Schmitt 2002 (wie Anm. 15), S. 55; Bitschnau. Martin: Baugeschichte der Burg Tirol im Hochmittelalter (1077/ 1100–1300). Vorberichte über die bauhistorischen Untersuchungen 1986–1994. In: Tiroler Heimat 59 (1995), S. 9; ders. und Walter Hauser: Burg Tirol im Hochmittelalter – Bauphasen und Zeitstellung. In: Forschungen zu Burgen und Schlössern. Band 4. München/Berlin 1998, S. 31–46.

Tor und Torhaus

1 Schmitt, Reinhard: Schloß Neuenburg bei Freyburg/Unstrut. Anmerkungen zur Bauge-schichte der Vorburg. In: Burgen und Schlösser in Sachsen-Anhalt 12 (2003), S. 150–177, hier S. 167 (Nr. 20).

2 Allgemein Zeune, Joachim: Tor, Torbau und Torturm. In: Burgen in Mitteleuropa. Ein Hand-buch. Band I: Bauformen und Entwicklung. Hg. von der Deutschen Burgenvereinigung e.V. Stuttgart 1999, S. 235–237. Donaustauf: Jacob, Rolf: Vorromanische und romanische Sakralarchitektur in der Oberpfalz. Weiden 1982, S. 60–65 (Weidner Heimatkundliche Arbeiten. Nummer 19); Querfurt: Schmitt, Reinhard: Burg Querfurt. Beiträge zur Bauge-schichte – Baubefunde und archivalische Quellen. Querfurt 2002, S. 53–54 (Schriftenreihe Museum Burg Querfurt. Sonderheft); Lützelburg: Barz, Dieter: Bemerkungen zum Torturm und zum nördlichen Palas der Lützelburg/Zorn. In: Etudes Médiévales V (1988–1992), S. 121–143; Schlössel: Bernhard, Helmut und Dieter Barz: Frühe Burgen in der Pfalz. Aus-gewählte Beispiele salischer Wehranlagen. In: Burgen der Salierzeit. Hg. von Horst Wolf-gang Böhme. Teil 2. Sigmaringen 1991, S. 125–175, hier S. 143–152 (Römisch-Ger-manisches Zentralmuseum. Monographien. Band 26); Barz, Dieter: Ausgrabungen in der salierzeitlichen Burg „Schlössel" bei Klingenmünster, Kreis Südliche Weinstraße. In: Archäologie in der Pfalz. Jahresbericht 2000. Speyer 2001, S. 133–138; Böhme, Horst Wolfgang: Burgen der Salierzeit in Hessen, in Rheinland-Pfalz und im Saarland. In: Burgen

der Salierzeit. Hg. von Horst Wolfgang Böhme. Teil 2. Sigmaringen 1991, S. 22–24, 55–58 (Römisch-Germanisches Zentralmuseum. Monographien. Band 26); Tauber, Jürg: Die Ödenburg bei Wenslingen – eine Grafenburg des 11. und 12. Jahrhunderts. Derendingen-Solothurn 1991, S. 135, 138–139 (Basler Beiträge zur Ur- und Frühgeschichte. Band 12).

3   Als Vergleich das Tor der Abtei Siegburg: Nußbaum, Norbert und Christina Notarius: Der romanische Torturm der Abtei Siegburg. In: Denkmalpflege im Rheinland 7 (1990) Nr. 3, S. 1–5.

Ringmauern, Türme, Wälle, Gräben und Brücken

1   Uhl, Stefan und Joachim Zeune: Mauern. In: Burgen in Mitteleuropa. Ein Handbuch. Band I: Bauformen und Entwicklung. Hg. von der Deutschen Burgenvereinigung e.V. Stuttgart 1999, S. 228–235.

2   Schmitt, Reinhard und Wilfried Weise: Forschungen zur Baugeschichte der Neuenburg und der Eckartsburg in romanischer Zeit. Freyburg 1997, S. 16 mit Anm. 16 (novum castrum. Schriftenreihe des Vereins zur Rettung und Erhaltung der Neuenburg e.V. Heft 5); Schmitt, Reinhard: Zu den romanischen Mauerwerksstrukturen auf der Neuenburg bei Freyburg/ Unstrut. In: Burgenforschung aus Sachsen 12 (1999), S. 74–109. Jüngst zu mittelalterlichem Mauerwerk Altwasser, Elmar: Die Erschließung von Mauerwerk als historische Quelle. In: Böhme, Horst Wolfgang und Otto Volk (Hg.): Burgen als Geschichtsquelle. Marburg 2003, S. 55–65 (Kleine Schriften aus dem Vorgeschichtlichen Seminar Marburg. Heft 54).

3   Landeshauptarchiv Sachsen-Anhalt, Abteilung Merseburg, Rep. C 48 IX Plankammer Merseburg K 42 Blatt IV (1819); das Foto auch abgebildet bei Schmitt, Reinhard und Wilfried Weise: Forschungen zur Baugeschichte der Neuenburg und der Eckartsburg in romanischer Zeit. Freyburg 1997, S. 22 (novum castrum. Schriftenreihe des Vereins zur Rettung und Erhaltung der Neuenburg e.V. Heft 5).

4   Schmitt 1999 (wie Anm. 2); jüngst Isenberg, Gabriele: Opus spicatum – eine Variante Vitruvscher Bautechnik in der hochmittelalterlichen Sakralarchitektur Westfalens. In: Grabung – Forschung – Präsentation. Festschrift Gundolf Precht. Mainz 2002, S. 345–349 (Xantener Berichte. Band 12).

5   So auch auf der Frohburg: Meyer, Werner: Die Frohburg. Ausgrabungen 1973–1977. Zürich 1989, S. 116 (Schweizer Beiträge zur Kulturgeschichte und Archäologie des Mittelalters. Band 16) mit weiteren Beispielen.

6   Schmitt, Reinhard: Die Mauerwerksoberflächen der Neuenburg bei Freyburg/Unstrut. In: Das Denkmal als Bild. Denkmalpflegerisches Handeln und seine Wirkung auf das Denkmal. Jahrestagung der Vereinigung der Landesdenkmalpfleger in der Bundesrepublik Deutschland. Halle/Saale vom 19. Juni bis 22. Juni 2001. Hg. vom Landesamt für Denkmalpflege Sachsen-Anhalt. Halle 2002, S. 79–84 (CD-ROM).

7   Unter der Ostwand des aus den Jahren 1693/94 stammenden Jägerhauses konnte im Jahre 2000 ein Mauerzug entdeckt werden, das heißt, im Bereich dieses Gebäudes muss die südliche Ringmauer nach Norden umgebogen und anschließend zum Vortor gezogen sein.

8   Vgl. Anm. 15 im Abschnitt Überblick!

9   Eine rechteckige Öffnung mit einem senkrecht stehenden Werkstein in der Mauer direkt östlich des Latrinenturms könnte vielleicht als Rest einer Zinne verstanden werden. Diese hätte dann allerdings nicht lange Bestand gehabt, da das hier zweigeschossige Gebäude höher als die Ringmauer aufragte.

10 Strickhausen, Gerd: Burgen der Ludowinger in Thüringen, Hessen und dem Rheinland. Studien zu Architektur und Landesherrschaft im Hochmittelalter. Darmstadt/Marburg 1998, S. 104–108 (Quellen und Forschungen zur hessischen Geschichte. Band 109); Schmitt, Reinhard: Zur Geschichte und Baugeschichte der Schönburg, Burgenlandkreis. In: Burgen und Schlösser in Sachsen-Anhalt 12 (2003), S. 15–79.

11 Burg Querfurt besitzt bereits im 10./11. Jahrhundert eine ca. 2 m starke Mauer; eine weitere aus der Zeit um 1220/30 stammende Mauer im Anschluss an den sog. Marterturm misst ebenfalls 2 m; sie weist in dem erhaltenen Abschnitt einen Gang innerhalb der Mauerstärke auf: Schmitt, Reinhard: Burg Querfurt. Beiträge zur Baugeschichte – Baubefunde und archivalische Quellen. Querfurt 2002, S. 114 (Schriftenreihe Museum Burg Querfurt. Sonderheft). Auf der Konradsburg wurde eine im Fundament 2,3 m starke Burgmauer aus der Zeit vor dem Klosterbau ab dem ersten Viertel des 12. Jahrhunderts ergraben: Ders.: Die Konradsburg. 4. Auflage. München/Berlin 1997, S. 9 (Große Baudenkmäler Heft 442). In Sachsen konnten mehrfach Mauerstärken um 2 m beobachtet werden (freundlicher Hinweis von Yves Hoffmann, Dresden).

12 Jost, Bettina: Das Aufkommen des Bergfrieds im 12. Jahrhundert. In: Burgen und Schlösser 37 (1996) Heft 1, S. 2–15; Schmitt, Reinhard: Zum Stand der Bergfriedforschung in Sachsen-Anhalt. In: Burgenforschung aus Sachsen. 3/4 (1994), S. 143–178; ders.: Frühe runde Burgtürme Mitteldeutschlands im Vergleich mit anderen Burgenlandschaften. In: Burgen und Schlösser in Sachsen-Anhalt 9 (2000), S. 39–66; Hoffmann, Yves: Datierte Wohntürme und Bergfriede des 11. bis 13. Jahrhunderts in Sachsen. In: Burgenforschung aus Sachsen 12 (1999), S. 124–140; ders.: Zur Datierung von Wohntürmen und Bergfrieden des 11. bis 13. Jahrhunderts auf sächsischen Burgen. In: Historische Bauforschung in Sachsen. Dresden 2000, S. 47–58 (Arbeitshefte des Landesamtes für Denkmalpflege Sachsen. Heft 4); Uhl, Stefan und Joachim Zeune: Bergfried. In: Burgen in Mitteleuropa. Ein Handbuch. Hg. von der Deutschen Burgenvereinigung e.V. Band 1. Stuttgart 1999, S. 237–245; Thomas Biller in: Biller, Thomas und G. Ulrich Großmann: Burg und Schloß. Der Adelssitz im deutschsprachigen Raum. Regensburg 2002, S. 74–77; Hesse, Stefan: Die mittelalterliche Siedlung Vriemeensen im Rahmen der südniedersächsischen Wüstungsforschung unter besonderer Berücksichtigung der Problematik von Kleinadelssitzen. Neumünster 2003, S. 24–25 (Göttinger Schriften zur Vor- und Frühgeschichte. Band 28); Barz, Dieter: Bergfried und Schildmauer im Burgenbau des 12. und 13. Jahrhunderts in der Pfalz. In: Burgenforschung aus Sachsen 17/1 (2004), S. 115–139 mit wieder stärkerer Betonung des Verteidigungscharakters und als Rückzugsort „für eine begrenzte Anzahl von Personen".

13 Schmitt, Reinhard: Zu den achteckigen Türmen im Schloß Neuenburg bei Freyburg an der Unstrut. In: Architektur – Struktur – Symbol. Streifzüge durch die Architekturgeschichte von der Antike bis zur Gegenwart. Festschrift für Cord Meckseper zum 65. Geburtstag. Hg. von Maike Kozok. Petersberg 1999, S. 247–268. Jüngst zu einem achteckigen Turm Ulrich, Stefan und Christel Bernard: Die Burgruine Merburg in Homburg. Neue Überlegungen zu einem Adelssitz des Hochmittelalters im Bliesgau. In: Burgen und Schlösser 44 (2003), S. 157–165.

14 Selbstverständlich ist damit nur das unmittelbar an den Turm anziehende Laufniveau gemeint; innerhalb der gesamten mittelalterlichen Hoffläche schwankte dieses Niveau spürbar und ist erst um 1700 ausgeglichen worden.

15 So schon – ohne Begründung – Hermann Wäscher: Feudalburgen in den Bezirken Halle und Magdeburg, Berlin 1962, S. 175. Dazu nunmehr Schmitt 1999 (wie Anm. 2). – Bei mehreren Schachtungen quer durch den ehemaligen Wallbereich von West nach Ost konnten in Höhen, in denen man ältere Befunde erwarten musste, keine Störungen beobachtet werden.

16 Hensch, Mathias: Ausgrabungen im Schloß Sulzbach. In: Das archäologische Jahr in Bayern 1994. Stuttgart 1995, S. 157–160; ders.: Eine hochmittelalterliche Kemenate und ein Saalgebäude des späten 10. Jahrhunderts im Schloß Sulzbach. In: Das archäologische Jahr in Bayern 1995. Stuttgart 1996, S. 145–147; ders.: Neue Ausgrabungsergebnisse zur Innenbebauung der Burg Sulzbach (Stadt Sulzbach-Rosenberg, Lkr. Amberg-Sulzbach) im 10. und 11. Jahrhundert. In: Beiträge zur Archäologie in der Oberpfalz 2 (1998), S. 367–378; ders.: Die Burg der Grafen von Sulzbach – Hochadelige Wohnkultur des 10. bis 12. Jahrhunderts. In: Ausgrabungen – Schicht für Schicht ins Mittelalter. Begleitheft zur Ausstellung des Lehrstuhls für Archäologie des Mittelalters und der Neuzeit im Historischen Museum Bamberg 26. Juli bis 27. September 1998.

Bamberg 1998, S. 79–89; ders.: Archäologische Untersuchungen im Schloß Sulzbach. In: Stadtgeschichte Sulzbach-Rosenberg. Band II. Sulzbach-Rosenberg 1999, S. 743–754 mit Hinweis auf einen zweiten achteckigen Turm in Sulzbach, der der Ringmauer vorgelagert war, aber nicht datiert werden kann. Herrn Dr. Mathias Hensch, Bamberg, danke ich sehr für seine Auskünfte und die Literaturangaben! Seine Dissertation ist inzwischen abgeschlossen: Burg Sulzbach in der Oberpfalz. Archäologisch-historische Forschungen zur Entwicklung eines Herrschaftszentrums des 8. bis 14. Jahrhunderts in Nordbayern (Druck vorgesehen in der Reihe: Materialien zur Archäologie in der Oberpfalz und in Regensburg. Band 3).

17   Mit Bezug auf Sulzbach-Rosenberg Zeune, Joachim: Zum Datieren von Burgen. Ein Plädoyer für das Detail. In: Burgenforschung aus Sachsen 8 (1996), S. 89–112, hier S. 99; außerdem ders.: Salierzeitliche Burgen in Bayern. In: Burgen der Salierzeit. Teil 2. Hg. von Horst Wolfgang Böhme. Sigmaringen 1991, S. 222–225 (Römisch-Germanisches Zentralmuseum. Monographien. Band 26).

18   Es ist zu hoffen, dass absehbare archäologische Untersuchungen auf der Burg Hundheim bei Heidelberg weitere Belege für frühe Achtecktürme in Deutschland erbringen werden (Lehrstuhl für Archäologie des Mittelalters und der frühen Neuzeit an der Universität Bamberg). Dazu zunächst Steinmetz, Thomas: Burgen im Odenwald. Brensbach 1998, S. 35.

19   Auf Ummantelungen älterer Gebäude verweist auch Meyer, Werner: Der frühe Steinbau auf Burgen im Gebiet der heutigen Schweiz. In: Forschungen zu Burgen und Schlössern. Band 4. München/Berlin 1998, S. 139–152, hier S. 147 mit Anm. 50. Beispiele von Rechtecktürmen: Nivagl/Graubünden (Clavadetscher, Otto P. und Werner Meyer: Das Burgenbuch von Graubünden. Zürich/Schwäbisch Hall 1984, S. 51): Steinhaus um 1100 im dritten Viertel des 12. Jahrhunderts verstärkt; Mörsburg/Zürich (Reicke, Daniel: „von starken und grossen flüejen". Eine Untersuchung zu Megalith- und Buckelquader-Mauerwerk an Burgtürmen im Gebiet zwischen Alpen und Rhein. Basel 1995, S. 67): Ummantelung eines älteren Turms im 13. Jahrhundert. Für die Zeit um 1230 ebenfalls an einem rechteckigen Turm nachgewiesen in Gries bei Bozen: Tiroler Burgenbuch. Band VIII: Raum Bozen. Hg. von Oswald Trapp und Magdalena Hörmann-Weingartner. Bozen/Wien 1989, S. 233. Die von Hermann Wäscher genannten Rundtürme mit äußerer Verstärkung in Freckleben und auf der Mittelburg Kyffhausen sind nicht gesichert: Wäscher, Hermann: Feudalburgen in den Bezirken Halle und Magdeburg. Berlin 1962, S. 101–102 und 109–115.

20   Biller, Thomas: Die Pfalz Friedrichs I. zu Kaiserswerth – zu ihrer Rekonstruktion und Interpretation. In: Forschungen zu Burgen und Schlössern. Band 4. München/Berlin 1998, S. 173–188.

21   Schmitt 2000 (wie Anm. 12).

22   „Quibus statim eam tradentibus, duas turres satis munitas in ea extruxit." (Pegauer Annalen zu 1080, in: Monumenta Germaniae Historica. Scriptores. Band XVI. Hannover 1859, S. 242).

23   Vogt, Heinz-Joachim: Die Wiprechtsburg in Groitzsch. Eine mittelalterliche Befestigung in Westsachsen. Berlin 1987, S. 136 (Veröffentlichungen des Landesmuseums für Vorgeschichte Dresden. Band 18).

24   Barz 2004 (wie Anm. 12), S. 123–125 mit Hinweis auf „Bergfriede" seit der zweiten Hälfte des 11. Jahrhunderts (bereits vor 1015 in Konradsdorf in Hessen); dazu ausführlich Friedrich, Waltraud: Das ehemalige Prämonstratenserinnenkloster Konradsdorf. 1000 Jahre Geschichte und Baugeschichte. Darmstadt und Marburg 1999, S. 82-89 (Quellen und Forschungen zur hessischen Geschichte. Band 118):

25   Streich, Gerhard: Burg und Kirche während des deutschen Mittelalters. Untersuchungen zur Sakraltopographie von Pfalzen, Burgen und Herrensitzen. Teil II. Sigmaringen 1984, S. 441 (Vorträge und Forschungen. Sonderband 29); Stolberg, Friedrich: Befestigungsanlagen im und am Harz von der Frühgeschichte bis zur Neuzeit. Hildesheim 1968, S. 331–334 (Forschungen und Quellen zur Geschichte des Harzgebietes. Band IX); Heine, Hans-Wilhelm: Burgen der salischen Zeit in Niedersachsen – Ein Überblick. In: Burgen der Salierzeit. Band 1. Hg. von Horst Wolfgang Böhme. Sigmaringen 1991, S. 56–58 (Römisch-Germanisches Zentralmuseum. Monographien. Band 25); Stein, Günter: Untersuchungen zum deutschen

Burgenbau der romanischen Epoche. Phil. Diss. Berlin 1950 verweist auf die mögliche Herkunft des Motivs aus dem Sakralbau: die Doppelturmfronten.

26 Zuletzt Antonow, Alexander: Planung und Bau von Burgen im süddeutschen Raum. 2. Auflage. Frankfurt/Main 1993, S. 193 (1:2,5–1:4).

27 Der unterste Vorsprung markiert zugleich die Fundamentoberkante und war von Anfang an mit Erde überlagert.

28 Schmitt, Reinhard: Ein bemerkenswerter Bergfriedstumpf auf der Neuenburg bei Freyburg/Unstrut. In: Burgen und Schlösser in Sachsen-Anhalt 4 (1995), S. 35–50.

29 Der Campanile von San Apollinare in Classe bei Ravenna besitzt vier Ecksporen, die mit den Freyburgern am ehesten zu vergleichen wären! (Freundlicher Hinweis von Herrn Dr. Stefan Tebruck, Jena) Der Turm wird ins 10. Jahrhundert datiert: Deichmann, Friedrich Wilhelm: Ravenna. Hauptstadt des spätantiken Abendlandes. Band II. Kommentar. 2. Teil. Wiesbaden 1976, S. 236 mit Abb. 113, Band II. Kommentar. 3. Teil. Wiesbaden 1989, Taf. 103 (Grundriss). Detaillierte Fotos verdankt der Verfasser seiner Tochter Dorothea Schmitt (August 1999).

30 Dass von oben herabgeworfene Steine von den Sporen abprallen und in Richtung eines Feindes zielen konnten, glaubt der Verfasser nicht; diese Deutungsmöglichkeit soll jedoch zumindest festgehalten sein.

31 Schmitt, Reinhard: Zur Geschichte und Baugeschichte des Bergfriedes „Dicker Wilhelm" vom 12. bis zum 18. Jahrhundert. In: Unsere Neuenburg (Mitteilungen des Vereins zur Rettung und Erhaltung der Neuenburg e.V.). Heft 2. Freyburg (Unstrut) 2001, S. 8–20.

32 Zu Hocheingängen: Dähn, Karl-Heinz: Hocheingänge an mittelalterlichen Wehranlagen. Mit Beispielen aus dem Raum Heilbronn. In: Jahrbuch für Schwäbisch-Fränkische Geschichte 31 (1986), S. 5–23; Kleiner, Hans: Hocheingänge an mittelalterlichen Wehrbauten in der Rhön. In: Heimat-Jahrbuch des Lankreises Rhön-Grabfeld 1989, S. 217–225.

33 Kozok, Maike: Ergebnisse der bauarchäologischen Forschung zur Runneburg. Baugeschichte und Bauphasenanalyse. In: Burg Weißensee „Runneburg" Thüringen. Baugeschichte und Forschung. Hg. Thüringisches Landesamt für Denkmalpflege. Wissenschaftliche Koordination Cord Meckseper, Roland Möller, Thomas Stolle. Frankfurt am Main 1998, S. 146–206, hier S. 83–84 mit Abb. 154 und 155.

34 So vor allem Meckseper, Cord: Burgen im Kreis Ludwigsburg. In: Ludwigsburger Geschichtsblätter 24 (1972), S. 37–64, hier S. 63 Anm. 77; ders.: Ausstrahlungen des französischen Burgenbaues nach Mitteleuropa im 13. Jahrhundert. In: Beiträge zur Kunst des Mittelalters. Festschrift für Hans Wentzel zum 60. Geburtstag. Berlin 1975, S. 135–144; ders.: Die Bergfriede von Besigheim und Reichenberg. In: Château Gaillard 9/10 (1980) [1982], S. 199–212, hier S. 204; zuletzt ders.: Architektur und Lebensformen. Burgen und Städte als Orte von Festlichkeit und literarischem Leben. In: Mittelalterliche Literatur im Lebenszusammenhang. Hg. von Eckart Conrad Lutz. Freiburg (Schweiz) 1997, S. 25–26 (Scrinium Friburgense. Band 8): „Runddonjon" erst seit etwa 1220 übernommen. Zuletzt 1998 nochmals eine Datierung ins frühe 13. Jahrhundert erwogen: Die Runneburg. In: Burg Weißensee 1998 (wie Anm. 33), S. 11–31, hier S. 26. – Zu den Bauten des Königs zusammenfassend: Mesqui, Jean: Châteaux forts et fortifications en France. Paris 1997, S. 290–291.

35 Schmitt, Reinhard: Bad Kösen. Rudelsburg, Saaleck, Romanisches Haus. 2. Auflage. München/Berlin 1996, S. 8 (Große Baudenkmäler Heft 457); ders.: Die Eckartsburg im späteren 12. und frühen 13. Jahrhundert – Aus der Arbeit des Referates für Bauforschung im Landesamt für Denkmalpflege Sachsen-Anhalt. In: Schumann, Dirk (Hg.): Bauforschung und Archäologie. Stadt- und Siedlungsentwicklung im Spiegel der Baustrukturen. Berlin 2000, S. 86–113, hier S. 108 und 110. Auf der Flossenbürg in der Oberpfalz besteht eine ähnliche Konstellation: Boos, Andreas: Die Ruine Flossenbürg. Auferstehung einer Burg des hohen und späten Mittelalters. Weiden 2000, S. 89–99 mit Anm. 96.

36 Säckl, Joachim: Die wüste Burg Haldecke zwischen Schloß Neuenburg und Stadt Freyburg/ Unstrut. In: Burgen und Schlösser in Sachsen-Anhalt. Sonderheft. Halle (Saale) 1996, S. 49–89.

37 Zeune, Joachim: Wall. In: Burgen in Mitteleuropa. Ein Handbuch. Band I: Bauformen und Entwicklung. Hg. von der Deutschen Burgenvereinigung e.V. Stuttgart 1999, S. 226–227.

38 Schmitt, Reinhard: Schloß Neuenburg bei Freyburg/Unstrut. Anmerkungen zur Baugeschichte der Vorburg. In: Burgen und Schlösser in Sachsen-Anhalt 12 (2003), S. 150–177, hier Anm. 33; Müller, Christine: Landgräfliche Städte in Thüringen. Die Städtepolitik der Ludowinger im 12. und 13. Jahrhundert. Köln/Weimar/Wien 2003, S. 84 (Veröffentlichungen der Historischen Kommission für Thüringen. Kleine Reihe. Band 7).

39 Dokumentation 1979 durch Wilfried Weise, Museum Schloss Neuenburg.

40 Ettel, Peter: castellum und monasterium in villa Karloburg – ein frühmittelalterlicher Zentral-ort am Main des 7. bis 13. Jahrhunderts. In: Zentrale Funktionen der Burg. Hg. von Barbara Schock-Werner. Braubach 2001, S. 54–64 mit Abb. 3 und 4 (Veröffentlichungen der Deutschen Burgenvereinigung e.V. Reihe B: Schriften. Band 6); Dapper, Michael M. C.: Das welfische Memmingen – archäologisch betrachtet. In: Die Welfen. Landesgeschichtliche Aspekte ihrer Herrschaft. Hg. von Karl-Ludwig Ay, Lorenz Maier und Joachim Jahn. Konstanz 1998, hier S. 181.

41 Zeune, Joachim: Graben. In: Burgen in Mitteleuropa. Ein Handbuch. Band I: Bauformen und Entwicklung. Hg. von der Deutschen Burgenvereinigung e.V. Stuttgart 1999, S. 227.

42 Diese Beobachtung ist Hans-Joachim Jasiulek, Freyburg, zu verdanken.

43 So in: Heinrich von Veldeke. Eneasroman. Die Berliner Bilderhandschrift mit Übersetzung und Kommentar hg. von Hans Fromm. Frankfurt am Main 1992, S. 352–353 (Bibliothek des Mittelalters. Band 4): „Jene hatten die Brücken hochgezogen."

Vorburg

1 Grimm, Paul: Tilleda. Eine Königspfalz am Kyffhäuser. Teil 2: Die Vorburg und Zusammenfassung. Berlin 1990, S. 13–98 und öfter (Schriften zur Ur- und Frühgeschichte. Band 40).

2 Uhl, Stefan: Wirtschaftsarchitektur und andere bauliche Einrichtungen. In: Burgen in Mitteleuropa. Ein Handbuch. Hg. von der Deutschen Burgenvereinigung e.V. Band I. Stuttgart 1999, S. 307–310. Vgl. auch Zeune, Joachim: Burgen. Symbole der Macht. Ein neues Bild der mittelalterlichen Burg. 2. Auflage. Regensburg 1997, S. 200–201; Steinmetz, Thomas: Burgen im Odenwald. Brensbach 1998, S. 124–126; Meyer, Werner: Landwirtschafts- und Handwerksbetriebe auf mittelalterlichen Burgen der Schweiz. In: Burg und Schloß als Lebensorte in Mittelalter und Renaissance. Hg. von Wilhelm G. Busse. Düsseldorf 1995, S. 19–34; ders.: Die Burg als Wirtschaftszentrum. In: Burgen in Mitteleuropa. Ein Handbuch. Hg. von der Deutschen Burgenvereinigung e.V. Band II. Stuttgart 1999, S. 89–93; Biller, Thomas: Die Adelsburg in Deutschland. Entstehung – Gestalt – Bedeutung. 2. Auflage. München/Berlin 1998, S. 137 (Wirtschaftsfunktionen „entweder völlig ausgelagert oder in einer optisch untergeordneten Vorburg angeordnet").

3 Grundsätzlich wäre es möglich, diesen Wall als östliche Begrenzung eines suburbiums zur Kernburg zu deuten. Ein archäologisches Profil von 1994 zeigte jedoch, dass in Höhe des Bergfriedes II der Wall eindeutig an den bereits stehenden Turm angeschüttet worden war.

4 Schmitt, Reinhard: Schloß Neuenburg bei Freyburg/Unstrut. Anmerkungen zur Baugeschichte der Vorburg. In: Burgen und Schlösser in Sachsen-Anhalt 12 (2003), S. 150–177.

5 Dieser Spitzgraben könnte natürlich auch älter sein und zu einem vermuteten Suburbium gehören.

6 Schmitt, Reinhard: Zu den romanischen Mauerwerksstrukturen auf der Neuenburg bei Freyburg/Unstrut. In: Burgenforschung aus Sachsen 12 (1999), S. 74–109, hier S. 96–98.

7 Müller, Christine: Landgräfliche Städte in Thüringen. Die Städtepolitik der Ludowinger im 12. und 13. Jahrhundert. Köln/Weimar/Wien 2003, S. 64–95, hier S. 70, 77 und 84 mit Anm. 73 (Veröffentlichungen der Historischen Kommission für Thüringen. Kleine Reihe. Band 7); dies.: Die Gründung der Stadt Freyburg an der Unstrut. In: Freyburg an der Unstrut. Beiträge zur

Frühgeschichte der Stadt von Bernd W. Bahn, Christine Müller, Reinhard Schmitt und
Bruno Tauché. Freyburg (Unstrut) 2004, S. 11–35, hier S. 13–15 (novum castrum.
Schriftenreihe des Vereins zur Rettung und Erhaltung der Neuenburg e.V. Heft 8).

8 Bahn, Bernd W.: Freyburg an der Unstrut vor 1203 – Voraussetzungen einer Siedlung
vor der Stadtgründung. In: Freyburg an der Unstrut 2004 (wie Anm. 7), S. 36–56, hier
S. 43–45.

9 Lepsius, Carl Peter: Kleine Schriften. Zweiter Band. Magdeburg 1854, S. 15–19; Wäscher,
Hermann: Feudalburgen in den Bezirken Halle und Magdeburg. Berlin 1962, S. 183. Zu
diesem Thema jüngst Biller, Thomas: Burgmannensitze in Burgen des deutschen Raumes.
In: Château Gaillard 21 (2004), S. 7–16.

10 Schmitt, Reinhard und Wilfried Weise: Forschungen zur Baugeschichte der Neuenburg
und der Eckartsburg in romanischer Zeit. Freyburg 1997, S. 42–43 (novum castrum.
Schriftenreihe des Vereins zur Rettung und Erhaltung der Neuenburg e.V. Heft 5);
Säckl, Joachim: Die wüste Burg Haldecke zwischen Schloß Neuenburg und Stadt
Freyburg/Unstrut. In: Burgen und Schlösser in Sachsen-Anhalt. Sonderheft. Halle (Saale)
1996, S. 49–89.

11 Schmitt, Reinhard: Baugeschichte und Denkmalpflege. In: Die Eckartsburg. Halle/Saale
1998, S. 14–53, 357–366, hier S. 28 (Schriftenreihe der Stiftung Burgen, Schlösser und
Gärten des Landes Sachsen-Anhalt. Band 1); Tebruck, Stefan: Die Eckartsburg und die
Ludowinger. In: Dass., S. 69–107, 367–378, hier S. 99–103.

12 Lippert, Woldemar und Hans Beschorner: Das Lehnbuch Friedrichs des Strengen 1349/50.
Leipzig 1903, S. 152–153 (Aus den Schriften der Kgl. Sächsischen Kommission für
Geschichte. Band 8): „curias ante castrum Nuenburg iure castrensi" sowie „in castro
Nuwenburg 1 curiam".

13 Grimm 1990 (wie Anm. 1), S. 112.

14 Werner, Matthias: Die heilige Elisabeth in Thüringen. 2., veränderte Auflage. Freyburg
2000, S. 10 (novum castrum. Schriftenreihe des Vereins zur Rettung und Erhaltung der
Neuenburg e.V. Heft 1). Jüngste Zusammenfassung zur Bedeutung der Neuenburg aus
historischer Sicht von Tebruck, Stefan: Die Neuenburg über Freyburg/Unstrut und die
Landgrafen von Thüringen im 12. und 13. Jahrhundert. In: Archäologie in Sachsen-Anhalt.
Neue Folge 1 (2002), S. 38–45.

15 Urkunden der Markgrafen von Meißen und Landgrafen von Thüringen 1396–1406.
Hg. von Hubert Ermisch. Leipzig 1902, S. 270 Nr. 404 (Codex diplomaticus Saxoniae
regiae I B 2) nach Thüringisches Hauptstaatsarchiv Weimar, EGA, Reg. Bb 1858, Bl. 10r.

16 Sächsisches Hauptstaatsarchiv Dresden, Wittenberger Archiv, Loc. 4334 Nr. 12bII, Bl. 87r.

17 Belege für hochmittelalterliche Verwendung des Terminus „Vorburg": Lexer, Matthias:
Mittelhochdeutsches Handwörterbuch. Teil III. Leipzig 1878, Sp. 462; ähnlich Grimm,
Jacob und Wilhelm: Deutsches Wörterbuch. Band 12/II. Leipzig 1951, Sp. 941–942:
vor der Burg, aber auch vor der Stadt gelegen. Weitere Belege für „Vorburg" im Kontext
zu Burg finden sich bei Heinrich von Veldeke in seinem Äneasroman aus den 1180er
Jahren, bei Hartmann von Aue (Iwein, ca. 1205), Heinrich von Freiberg (Tristan, um
1290) oder in der Livländischen Reimchronik (1291/98). Freundliche Hinweise von
Herrn Prof. Dr. Manfred Lemmer, Halle/Saale.

18 Für die Errichtung einer Kapelle oder gar eines Burgstifts in der Vorburg gibt es genügend
Parallelen; zu verweisen wäre etwa auf Seeburg: Wäscher 1962 (wie Anm. 9), S. 195.

19 Strickhausen, Gerd: Zum Verhältnis von Burg und Kapelle in der Salier- und Stauferzeit
am Beispiel der Burgen der Ludowinger. In: Burgen und Schlösser in Thüringen 1998,
S. 19–33.

20 Sächsisches Hauptstaatsarchiv Dresden, Cop. 105, Bl. 207v.

21 Schmitt, Reinhard: Die Doppelkapelle der Neuenburg bei Freyburg/Unstrut. Bericht über
neue baugeschichtliche Untersuchungen. In: Sachsen und Anhalt 19 (1997), S. 73–164,
hier S. 133.

22 Im Visitationsprotokoll von 1539 erscheinen zwei Vikarien: Nikolaus und Allerheiligen. Da
    wir aber Kenntnis von einer Elisabethkapelle von 1458/59 haben – dem Obergeschoss der
    Doppelkapelle – und dieses Patrozinium 1539 fehlt, ist die Zuordnung der Altäre von 1539
    nicht leicht. Burkhardt, Carl August Hugo: Geschichte der sächsischen Kirchen- und Schul-
    visitationen 1524 bis 1545. Leipzig 1879, S. 247. Diese beiden Vikarien erscheinen auch
    noch in den Visitationsprotokollen von 1555 und 1575: Landeshauptarchiv Sachsen-Anhalt,
    Rep. A 29a II Nr. 12, Bl. 77v und Nr. 14, Bl. 25r.

23 Schmitt, Reinhard: Schloß Neuenburg bei Freyburg/Unstrut. Archivalische Quellen zur
    Baugeschichte der Vorburg. Teil I: Vom 15. Jahrhundert bis zum Ende des 17. Jahrhunderts.
    Recherchiert und zusammengestellt von Reinhard Schmitt. Landesamt für Denkmalpflege
    Sachsen-Anhalt. Halle/Saale 1998 (Computerausdruck). – Berbig, Roswitha: Schloß Neuen-
    burg als preußische Domäne von 1815 bis 1945. Aus den archivalischen Quellen zusammen-
    gestellt und ausgewertet. Schloss Neuenburg. Freyburg 1995; dies.: Schloß Neuenburg als
    preußische Domäne von 1815 bis 1945. Überarbeitete und gekürzte Fassung von Manfred
    Fachmann. Freyburg 1995 (novum castrum. Schriftenreihe des Vereins zur Rettung und
    Erhaltung der Neuenburg e.V. Heft 4).

Baugeschichtliche Bedeutung im Vergleich mit dem Burgenbau der Zeit

1   Badstübner, Ernst: Die Ludowinger als Bauherren. In: Burgen und Schlösser in Thüringen
    1998. Jena 1998, S. 6–18; ders.: Die Ludowinger als Bauherren. In: „ES THVN IHER VIEL
    FRAGEN". Kunstgeschichte in Mitteldeutschland – Hans-Joachim Krause gewidmet.
    Petersberg 2001, S. 31–44 (Beiträge zur Denkmalkunde in Sachsen-Anhalt. Band 2).

2   Diese verschiedenen steinernen Wohngebäude auf der Neuenburg sind von Gerd Strickhau-
    sen sowohl in ihrer baugeschichtlichen Bedeutung als auch im Hinblick auf die Entwicklung
    und Funktionen der einzelnen landgräflichen Burgen deutlich unterbewertet worden: Burgen
    der Ludowinger in Thüringen, Hessen und dem Rheinland. Studien zu Architektur und Landes-
    herrschaft im Hochmittelalter. Darmstadt/Marburg 1998, S. 18–19, 47–54 und 145–157
    (Quellen und Forschungen zur hessischen Geschichte. Band 109); ders.: Die Baupolitik Land-
    graf Ludwigs II. von Thüringen und die Bedeutung des Palas der Wartburg. In: Forschungen
    zu Burgen und Schlössern. Band 5. München/Berlin 2000, S. 71–90. Ebenso ließ er die
    bereits in die Zeit um 1000 zu datierenden Wohnbauten auf der Burg Querfurt außer Betracht;
    dazu zuletzt Schmitt, Reinhard: Burg Querfurt. Beiträge zur Baugeschichte – Baubefunde
    und archivalische Quellen. Querfurt 2002 (Schriftenreihe Museum Burg Querfurt. Sonder-
    heft). Zur Dissertation von Strickhausen: Schmitt, Reinhard: Zur Geschichte und Bauge-
    schichte der Neuenburg bei Freyburg/Unstrut. Wege der Forschung seit 1984. In: Burgen
    und Schlösser in Sachsen-Anhalt 7 (1998), S. 202–239; ders.: Gerd Strickhausen: Burgen
    der Ludowinger in Thüringen, Hessen und dem Rheinland. Studien zu Architektur und Lan-
    desherrschaft im Hochmittelalter. Darmstadt/Marburg 1998 (Quellen und Forschungen zur
    hessischen Geschichte. Band 109). In: Forschungen zu Burgen und Schlössern. Band 5.
    Nürnberg 1999, S. 271–275 (Rezension). Auch Thomas Steinmetz übergeht die hochrangige
    baugeschichtliche Entwicklung im Zusammenhang mit Überlegungen zur „Entstehung der
    ‚klassischen Adelsburg'": Die Königspfalz Rothenburg ob der Tauber. Brensbach 2002,
    S. 96–114. Auf S. 145 der Hinweis auf die Mehrteiligkeit der Burg mit zwei Vorburgen. Dass
    diese Annahme der älteren Literatur so nicht korrekt ist, bereits 1997 erläutert: Schmitt,
    Reinhard und Wilfried Weise: Forschungen zur Baugeschichte der Neuenburg und der Eckarts-
    burg in romanischer Zeit. Freyburg 1997, S. 39–43 (novum castrum. Schriftenreihe des
    Vereins zur Rettung und Erhaltung der Neuenburg e.V. Heft 5).

3   Tebruck, Stefan: Die Neuenburg über Freyburg/Unstrut und die Landgrafen von Thüringen im
    12. und 13. Jahrhundert. In: Archäologie in Sachsen-Anhalt. Neue Reihe 1 (2002), S. 38–45.

4   Gabler, Gottlob Traugott: Freyburg, Kirche, Schule und fromme Stiftungen. Querfurt 1840,
    S. 246. Zu Weißensee im Jahre 1211: Kirchschlager, Michael: Schriftliche Quellen zur Bau-
    geschichte der Runneburg. In: Burg Weißensee „Runneburg" Thüringen. Baugeschichte und

Forschung. Hg. Thüringisches Landesamt für Denkmalpflege. Frankfurt am Main 1998, S. 32–61, hier S. 37; zur Wartburg im Jahre 1306/07: Beck, Manfred und Hilmar Schwarz: Die Eisenacher Burg. In: Wartburg-Jahrbuch 1996. Regensburg 1997, S. 35–66, hier S. 58–60.

5   Zuletzt Strickhausen 1998 (wie Anm. 2), S. 185–209, v. a. S. 189–190 und 2000 (wie Anm. 2), jedoch ohne Diskussion dieser Situation. Zu den jüngsten Veröffentlichungen von Elmar Altwasser und Hilmar Schwarz vgl. Schmitt, Reinhard: Der romanische Palas der Wartburg. Bauforschung an einer Welterbestätte, Bd. I/hrsg. von Günter Schuchardt. – Regensburg: Schnell & Steiner, 2001. In: Zeitschrift des Vereins für Thüringische Geschichte 57 (2003), S. 334–340 (Rezension).

6   Dass die entscheidenden Baumaßnahmen auf den thüringischen Landgrafenburgen unter Landgraf Ludwig II. (bis 1172) stattgefunden hätten, wie Gerd Strickhausen annahm, ist eher zu bezweifeln: Strickhausen 1998 und 2000 (wie Anm. 2). Im Falle der Neuenburg könnten die Arbeiten für den neuen Palas noch unter ihm begonnen haben; der umfassende Aufbau dürfte aber unter Landgraf Ludwig III. bzw. Pfalzgraf Hermann erfolgt sein. Da eine genaue zeitliche Fixierung der Vorburgtürme derzeit nicht möglich ist, muss folglich offen bleiben, unter welchem Landgrafen diese errichtet worden sind. Die Burgen Creuzburg, Eckartsburg und Runneburg werden wohl ebenfalls erst nach 1172 in größerem Umfang errichtet worden sein. Dazu Schmitt 1998 (wie Anm. 2). Allein der bislang fassbare Neubau der Wartburg ab etwa 1156 (Palas) kann sicher mit dem Wirken Ludwigs II. in Beziehung gebracht werden; er darf als deren Initiator, als ihr Bauherr, verstanden werden.

7   Über die Burg in Marburg ist trotz der Bauforschungen der letzten Jahrzehnte vergleichs-weise wenig bekannt: Meiborg, Christa: Neue Forschungen zur Frühzeit des Marburger Schlosses. In: Böhme, Horst Wolfgang und Otto Volk (Hg.): Burgen als Geschichtsquelle. Marburg 2003, S. 151–159 (Kleine Schriften aus dem Vorgeschichtlichen Seminar Mar-burg. Heft 54); auch Grabolle, Roman: Die Baugeschichte des Marburger Schlosses nach archäologischen, baugeschichtlichen und kunsthistorischen Untersuchungen. Seminararbeit im Fach Kunstgeschichte an der Otto-Friedrich-Universität Bamberg. Bamberg 2003 (dem Verfasser vom Autor freundlicherweise zur Verfügung gestellt).

8   Wichtig auch: Frank, Lorenz: Beobachtungen zum Profanbau der Stauferzeit in Mitteleuropa vor dem Hintergrund der Entwicklung von Herrschaft und Gesellschaft. In: Kunst im Reich Kaiser Friedrichs II. von Hohenstaufen. Hg. von Kai Kappel, Dorothee Kemper und Alexander Knaak. München/Berlin 1996, S. 113–126; Barz, Dieter: Saal- und Wohnbauten im Burgenbau der Pfalz – Bemerkungen zur Repräsentations- und Wohnfunktion auf hochmittelalterlichen Burgen. In: Festschrift für Hartmut Hofrichter zum 60. Geburtstag. Kaiserslautern 1999, S. 13–23.

9   Es sind bei den archäologischen Untersuchungen vorwiegend Funde aus der Steinzeit und der Bronzezeit zu Tage gefördert geworden.

10   Tauber, Jürg: Die Ödenburg bei Wenslingen – eine Grafenburg des 11. und 12. Jahrhunderts. Derendingen-Solothurn 1991, S. 134–138 (Basler Beiträge zur Ur- und Frühgeschichte. Band 12).

11   Zur Auswahl eines Burgplatzes vgl. Meyer, Werner: Platzwahl. In: Burgen in Mitteleuropa. Ein Handbuch. Band I: Bauformen und Entwicklung. Hg. von der Deutschen Burgenver-einigung e.V. Stuttgart 1999, S. 191–195.

12   Jost, Bettina: Burg Babenhausen – eine regelmäßige Wasserburg der 1180er Jahre und ihre Einordnung in das Baugeschehen der Stauferzeit. In: Burgen und Schlösser 40 (1999), S. 122–136; Biller, Thomas: Die Entwicklung regelmäßiger Burgformen in der Spätromanik und die Burg Kaub (Gutenfels). In: Forschungen zu Burgen und Schlössern. Band 7. München/Berlin 2002, S. 23–44. Jüngst ders. in Biller, Thomas und G. Ulrich Großmann: Burg und Schloß. Der Adelssitz im deutschsprachigen Raum. Regensburg 2002, S. 79–80. – Problematisch Zimmermann, Reinhard: Der Burgengrundriß als

symbolische Form. In. Herzner, Volker, Krüger, Jürgen und Franz Staab (Hg.): Kunst der Stauferzeit im Rheinland und in Italien. Speyer 2003, S. 29–45.

13 Dazu Strickhausen 1998 (wie Anm. 2).

14 Ob der Turm als Wohnturm oder Bergfried interpretiert werden muss, soll an dieser Stelle nicht diskutiert werden.

15 Schmitt, Reinhard: Die Eckartsburg im späteren 12. und frühen 13. Jahrhundert – Aus der Arbeit des Referates für Bauforschung im Landesamt für Denkmalpflege Sachsen-Anhalt. In: Schumann, Dirk (Hg.): Bauforschung und Archäologie. Stadt- und Siedlungsentwicklung im Spiegel der Baustrukturen. Berlin 2000, S. 86–113.

16 Grewe, Klaus: Aquädukt-Marmor. Kalksinter der römischen Eifelwasserleitung als Baustoff des Mittelalters. In: Bonner Jahrbücher 191 (1991), S. 321 ff.; Klaua, Dieter: Kanalsinter – ein besonderes Baumaterial für Säulen auf der Wartburg. In: Wartburg-Jahrbuch 1994. Eisenach 1995, S. 49–57.

17 Lieb, Stefanie: Die romanische Kapitellornamentik der Runneburg in Weißensee. In: Burg Weißensee 1998 (wie Anm. 4), S. 280–298; Badstübner, Ernst: Zur Kapitellornamentik der ludowingischen Hauptburgen in Thüringen. In: Wartburg-Jahrbuch 1997. Regensburg 1998, S. 11–30; Lieb, Stefanie: Wechselwirkungen in der romanischen Kapitellornamentik zwischen dem mitteldeutschen Raum und dem Rheinland. In: Bonner Jahrbücher 201 (2001) [2004], S. 365–375.

18 Schmitt, Reinhard: Frühe runde Burgtürme Mitteldeutschlands im Vergleich mit anderen Burgenlandschaften. In: Burgen und Schlösser in Sachsen-Anhalt 9 (2000), S. 39–66.

19 Heine, Hans-Wilhelm: Burgen der salischen Zeit in Niedersachsen – Ein Überblick. In: Burgen der Salierzeit. Band 1. Hg. von Horst Wolfgang Böhme. Sigmaringen 1991, S. 56–58 (Römisch-Germanisches Zentralmuseum. Monographien. Band 25).

20 Hoffmann, Yves: Steinbauten des 11. und 12. Jahrhunderts im Burgenbau des heutigen Sachsen. Ein Beitrag zur zeitlichen Gliederung des Burgenbaus (im Druck für Forschungen zu Burgen und Schlössern der Wartburg-Gesellschaft).

21 Korf, Winfried: Die Burg Anhalt im Unterharz. Geschichte – Baugeschichte – Umfeld. In: Burgen und Schlösser in Sachsen-Anhalt 1 (1992), S. 27–42; Träger, Ottomar: Schloß Bernburg. 5. Auflage. Leipzig 1991 (Baudenkmale. Heft 26).

22 Binding, Günther: Deutsche Königspfalzen. Von Karl dem Großen bis Friedrich II. (765–1240). Darmstadt 1996.

23 Königfeld, Peter und Reinhard Roseneck: Burg Dankwarderode. Ein Denkmal Heinrichs des Löwen. Bremen 1995.

24 Zettler, Alfons: Zähringerburgen – Versuch einer landesgeschichtlichen und burgenkundlichen Beschreibung der wichtigsten Monumente in Deutschland und in der Schweiz. In: Die Zähringer. Schweizer Vorträge und neue Forschungen. Hg. von Karl Schmid. Sigmaringen 1990, S. 95–176 (Veröffentlichungen zur Zähringer-Ausstellung. Band III).

25 Zuletzt Jost, Bettina: Burgruine Münzenberg. Adelsburg der Stauferzeit – bedeutende Höhenburg des 12. und 13. Jahrhunderts. Regensburg 2000 (Edition der Verwaltung der Staatlichen Schlösser und Gärten Hessen. Broschüre 9).

Heizungen

1 Tauber, Jürg: Herd und Ofen im Mittelalter. Untersuchungen zur Kulturgeschichte am archäologischen Material vornehmlich der Nordwestschweiz (9.–14. Jahrhundert). Olten 1980 (Schweizerische Beiträge zur Kulturgeschichte und Archäologie des Mittelalters. Band 7); Meckseper, Cord: Wärmequellen. In: Burgen in Mitteleuropa. Ein Handbuch. Band I: Bauformen und Entwicklung. Hg. von der Deutschen Burgenvereinigung e.V. Stuttgart 1999, S. 295–299; Cvrcová, Marta: Heizungssysteme im mittelalterlichen Haus. In: Historischer Haus- und Stadtbau im böhmisch-sächsischen Raum. Ustí nad Labem / Pirna 2000, S. 112–121; mehrere Beiträge in: Von der Feuerstelle zum Kachelofen – Heizanlagen und Ofenkeramik vom Mittelalter bis zur Neuzeit. Hg. Manfred Schneider. Stralsund 2001 (Stralsunder Beiträge zur

Archäologie, Geschichte, Kunst und Volkskunde in Vorpommern. Band III), ebenso in: Mittelalterliche Öfen und Feuerungsanlagen. Beiträge zusammengestellt von Ralph Röber. Stuttgart 2002 (Materialhefte zur Archäologie in Baden-Württemberg. Heft 62).

2 Auf Herdfeuer soll hier nicht eingegangen werden.

3 Bingenheimer, Klaus: Die Luftheizungen des Mittelalters. Zur Typologie und Entwicklung eines technikgeschichtlichen Phänomens. Hamburg 1998 (Antiquitates. Archäologische Forschungsergebnisse. Band 17).

4 Kluge-Pinsker, Antje: Wohnen im hohen Mittelalter (10.–12. Jahrhundert, mit Ausblick in das 13. Jahrhundert). In: Geschichte des Wohnens. Band 2: 500–1800. Hausen, Wohnen, Residieren. Hg. von Ulf Dirlmeier. Stuttgart 1998, S. 85–228, hier S. 208–213.

5 Die folgenden Erläuterungen gründen gänzlich auf Bingenheimer 1998 (wie Anm. 3).

6 Ein Vergleichsbeispiel für einen ebenfalls sehr frühen Kamin (um 1100) besitzt auch die Burg Flossenbürg: Boos, Andreas: Die Ruine Flossenbürg. Auferstehung einer Burg des hohen und späten Mittelalters. Weiden 1993, S. 44–50.

7 Eine in der Vorburg gefundene Kaminwange könnte von ihm stammen.

8 Arnold, Susanne: Baden und Badewesen im Mittelalter. In: Denkmalpflege in Baden-Württemberg 25 (1996), S. 23–29; Zeune, Joachim: Badestube. In: Burgen in Mitteleuropa. Ein Handbuch. Band I: Bauformen und Entwicklung. Hg. von der Deutschen Burgenvereinigung e.V. Stuttgart 1999, S. 303–305; Tuchen, Birgit: Öffentliche Badhäuser in Deutschland und der Schweiz im Mittelalter und der Frühen Neuzeit. Petersberg 2003, S. 20–35, 69–75.

9 Kniesche, Annette: Ein romanischer Ofenkachelfund von der Neuenburg. In: Burgen und Schlösser in Sachsen-Anhalt 2 (1993), S. 6–14; Schmitt, Reinhard: Reste eines Kachelofens von der Neuenburg als Zeugnis fürstlicher Wohnkultur im 12./13. Jahrhundert. In: Thüringen und Hessen. Von den Anfängen bis zur Reformation. Ausstellungskatalog. Marburg 1992, S. 157.

10 Meyer, Werner: Die Frohburg. Ausgrabungen 1973–1977. Zürich 1989, S. 66–67 mit Abb. S. 146: Typengruppe 13 (B 86 und 87), Becherkacheln; 2. Viertel bis Mitte des 13. Jahrhunderts; Lumpe, Julia: Pfalz – Hospital – Pfrundhaus. Neue Ausgrabungen am St. Petri-Gemeindehaus in Soest und ihre Bedeutung für die Geschichte des „Hohen Hospitals". Soest 2000, S. 33–34 mit Abb. 13 und Taf. 4 (Soester Beiträge zur Archäologie. Band 4): Topfkacheln mit leicht spitzem Boden, 1. Hälfte des 13. Jahrhunderts; Stephan, Hans-Georg: Kacheln aus dem Werratal. Die Entwicklung der Ofenkacheln vom 13. bis 17. Jahrhundert im unteren Werra-Raum. Witzenhausen 1991, S. 19–22 mit Abb. 1–3 und 5–6 (Schriften des Werratalvereins Witzenhausen. Heft 23): ab 1250.

11 Stelzle-Hüglin, Sophie: Von Kacheln und Öfen im Mittelalter. Eine quellenkritische Betrachtung zum Forschungsstand. In: Jahrbuch für Hausforschung 50 (2004), S. 319–339. Der Neuenburger Fund wird auf S. 333 als „mit Warmluft beheizter Kachelofen" vorgestellt.

12 Rykl, Michael: Die Feste Litovice und ihre Holzstube. In: Jahrbuch für Hausforschung 51 (2002), S. 107–122.

Bauhistorische Forschung

1 Die Literatur zur Bauforschung und ihren Methoden ist sehr zahlreich, so dass an dieser Stelle nur wenige Arbeiten aufgeführt werden können: Cramer, Johannes (Hg.): Bauforschung und Denkmalpflege. Umgang mit historischer Bausubstanz. Stuttgart 1987; Mader, Gert: Bauforschung und Denkmalpflege. In: Dokumentation der Jahrestagung des Arbeitskreises Theorie und Lehre der Denkmalpflege. Hg. von Achim Hubel. Bamberg 1989, S. 11–31; Knopp, Gisbert, Nußbaum, Norbert und Ulrich Jacobs: Bauforschung. Dokumentation und Auswertung. Köln 1992 (Arbeitsheft der rheinischen Denkmalpflege. Heft 43); Schmitt, Reinhard: Aufgaben und Bedeutung bauarchäologischer Forschungen für die Restaurierung und Erschließung von Burgen und Schlössern. In: Burgen und Schlösser in Sachsen-Anhalt 1 (1992), S. 48–51; mehrere Beiträge in: Bauforschung und

ihr Beitrag zum Entwurf. Zürich 1993 (Veröffentlichungen des Instituts für Denkmalpflege an der ETH Zürich. Band 12); Großmann, Ulrich G.: Einführung in die historische Bauforschung. Darmstadt 1993; mehrere Beiträge in: Schumann, Dirk (Hg.): Bauforschung und Archäologie. Stadt- und Siedlungsentwicklung im Spiegel der Baustrukturen. Berlin 2000; mehrere Beiträge in: Historische Bauforschung in Sachsen. Dresden 2000 (Arbeitsheft 4 des Landesamtes für Denkmalpflege Sachsen); Kavacs, Günter und Norbert Oelsner: Historische Bauforschung. In: Sächsische Heimatblätter 50 (2004), S. 224–228.

2   Autenrieth, Hans Peter: Über das Feinrelief in der romanischen Architektur. In: Baukunst des Mittelalters in Europa. Hans Erich Kubach zum 75. Geburtstag. Hg. von Franz J. Much. Stuttgart 1988, S. 27–70; Hochkirchen, Dorothea: Mittelalterliche Steinbearbeitung und die unfertigen Kapitelle des Speyerer Domes. Köln 1990 (39. Veröffentlichung der Abteilung Architekturgeschichte des Kunsthistorischen Instituts der Universität zu Köln); Schmitt, Reinhard: Zu den romanischen Mauerwerksstrukturen auf der Neuenburg bei Freyburg/ Unstrut. In: Burgenforschung aus Sachsen 12 (1999), S. 74–109; vorzügliche aktuelle Anwendung in: Der romanische Palas der Wartburg. Bauforschung an einer Welterbestätte. Band I. Hg. von Günter Schuchardt. Regensburg 2001.

3   Eckstein, Dieter, Thomas Eißing und Peter Klein: Dendrochronologische Datierung der Wartburg. Köln 1992 (46. Veröffentlichung der Abteilung Architekturgeschichte des Kunsthistorischen Instituts der Universität zu Köln); Cramer, Johannes und Thomas Eißing: Dächer in Thüringen. Bad Homburg und Leipzig 1996 (Arbeitshefte des Thüringischen Landesamtes für Denkmalpflege. Heft 2); Eißing, Thomas und Frank Högg: Gefügeforschung am Dom zu Magdeburg. In: Denkmalpflege in Sachsen-Anhalt 8 (2000), S. 123–134.

4   Eine abschließende Bearbeitung und Auswertung ist vorgesehen. Zu danken ist Herrn Dr. Thomas Eißing, Otto-Friedrich-Universität Bamberg, Institut für Denkmalpflege und Bauforschung, Abteilung Dendrochronologie und Gefügekunde/Dendrolabor.

5   Schmitt, Reinhard: Zu den achteckigen Türmen im Schloß Neuenburg bei Freyburg an der Unstrut. In: Architektur – Struktur – Symbol. Streifzüge durch die Architekturgeschichte von der Antike bis zur Gegenwart. Festschrift für Cord Meckseper zum 65. Geburtstag. Hg. von Maike Kozok. Petersberg 1999, S. 247–268; ders. und Wilfried Weise: Forschungen zur Baugeschichte der Neuenburg und der Eckartsburg in romanischer Zeit. Freyburg 1997 (novum castrum. Schriftenreihe des Vereins zur Rettung und Erhaltung der Neuenburg e.V. Heft 5).

6   Schmitt, Reinhard: Zur Geschichte und Baugeschichte der Neuenburg bei Freyburg/Unstrut. Wege der Forschung seit 1984. In: Burgen und Schlösser in Sachsen-Anhalt 7 (1998), S. 202–239. In zahlreichen Beiträge sind vom Verfasser die archivalischen Quellen veröffentlicht worden, verständlicherweise zu Bauarbeiten seit dem 17. Jahrhundert.

7   Wäscher, Hermann: Feudalburgen in den Bezirken Halle und Magdeburg. Berlin 1962, S. 170–175.

8   Zeune, Joachim: Burgen. Symbole der Macht. Ein neues Bild der mittelalterlichen Burg. 2. Auflage. Darmstadt 1997, S. 13–157; Biller, Thomas: Burgenforschung heute – Gedanken aus der Praxis. In: Der romanische Palas der Wartburg. Bauforschung an einer Welterbestätte. Band I. Hg. von Günter Schuchardt. Regensburg 2001, S. 126–138; Großmann, G. Ulrich: Die Erforschung der Burgen und Schlösser. In: Biller, Thomas und G. Ulrich Großmann: Burg und Schloß. Der Adelssitz im deutschsprachigen Raum. Regensburg 2002, S. 13–27.

Zeugnisse herrschaftlicher Repräsentation

Geld und Kunst – Repräsentation im Zahlungsmittel

1   Vgl. Kluge, Bernd: Brakteaten. Mitteldeutsche Brakteaten aus dem Münzkabinett der Staatlichen Museen zu Berlin. Berlin 1984, S. VI (Die Schatzkammer, Band 35).

2   Vgl. zu Rechnungseinheiten und Wert Noll, Gudrun: Kaufwert des Schatzes und sein Eigentümer. In: Dies./Pollmann, Hans-Otto: Der Erfurter Brakteatenschatz. Erfurt 1997, S. 38–39.

3   Vgl. zur Problematik des Brakteatenursprungs und ihrer Verbreitung Kluge, Bernd: Brakteaten. Deutsche Münzen des Hochmittelalters. Berlin 1976, S. 1–5 (Kleine Schriften des Münzkabinetts Berlin, Heft 2).

4   Ders. 1984 (wie Anm. 1), S. VII.

5   Bei Prägungen geistlicher Münzherrn auch der/die Schutzpatron(e).

6   Vgl. Kluge 1984 (wie Anm. 1), S. VI.

7   Vgl. hierzu auch Noll/Pollmann 1997 (wie Anm. 2), S. 95, Katalognummer 116.

8   Vgl. hierzu auch ebd., Katalognummer 115.

9   Vgl. hierzu auch ebd., S. 93, Katalognummer 109.

10 Vgl. Kluge 1984 (wie Anm. 1), S. XI.

11 Vgl. Noll/Pollmann 1997, S. 91–95, Katalognummern 105, 106, 107, 108, 109, 110, 111, 112, 113, 114, 115.

12 Vgl. Hessen und Thüringen. Von den Anfängen bis zur Reformation. Eine Ausstellung des Landes Hessen. Marburg/Wiesbaden 1992, S. 156.

13 So auf seinem zweiten Siegel (1209–1211). Vgl. Die Zeit der Staufer. Geschichte – Kunst – Kultur. Katalog der Ausstellung. Stuttgart 1977. Band 2, Abb. 20.

14 Zu Reflexionen historischer Sachverhalte und zur Wappendarstellung vgl. Kluge 1984 (wie Anm. 1), S. IX. Auffällig ist auch, dass auf den Reinhardsbrunner Grabplatten diejenige Landgraf Ludwigs III. den Fürsten mit einem Adlerschild zeigt, während alle anderen männlichen Vertreter der landgräflichen Familie (von denen ein solches Denkmal erhalten ist) den Löwen führen. Vgl. Schubert, Ernst: Drei Grabmäler des Thüringer Landgrafenhauses aus dem Kloster Reinhardsbrunn. In: Skulptur des Mittelalters. Funktion und Gestalt. Hrsg. von Friedrich Möbius und Ernst Schubert. Weimar 1987, S. 212–242. Möglicherweise wird auch auf diesen erst um 1300 entstandenen Abbildungen der bedeutende Zugewinn der Pfalzgrafschaft Sachsen unter Ludwig III. im Jahr 1180 thematisiert. Der Fall einer parallelen Münzprägung Hermanns als Pfalzgraf von Sachsen noch während der Regierungszeit seines Bruders erscheint nach den bisherigen Datierungen, Lokalisierungen und Personenzuweisungen der numismatischen Forschung eher unwahrscheinlich. Zudem ist über selbständige Münzrechte und Prägestätten der Pfalzgrafschaft Sachsen bis heute nichts bekannt.

15 Solche Variationen sind auch zu beobachten. Vgl. z. B. Noll/Pollmann 1997 (wie Anm. 2), S. 91–96.

16 Wenngleich Bestrebungen des Stempelschneiders, existierende Bauwerke möglichst wiedererkennbar abzubilden, nicht auszuschließen sind. Vgl. Friedensburg, Ferdinand: Symbolik der Mittelaltermünzen. 1913, S. 139 (für diesen Hinweis und freundlichen Rat zur Fragestellung allgemein ist Frau Dr. Eva Wipplinger, Halle/Saale herzlich zu danken). Allerdings war dies für den Zeitgenossen wohl eher nachzuvollziehen als für den heutigen Betrachter. Vgl. auch Kluge 1984 (wie Anm. 1), S. VI.

Der Neuenburger Pferdeschmuck-Anhänger

1   Dieser Beitrag wurde zuerst veröffentlicht in: Zeitschrift des Deutschen Vereins für Kunstwissenschaft, Band 52/53 (1998/99) S. 109–113. Fundmeldung vom 20. 5. 1997: Reinhard Schmitt und Wilfried Weise, Fund vom 28. 2. 1997, im Landesamt für Denkmalpflege und Archäologie Sachsen-Anhalt. Allgemein zur Erforschung der Baugeschichte

Geld und Kunst – Repräsentation im Zahlungsmittel

Der Neuenburger Pferdeschmuck-Anhänger

Der Fürst der Dichter – Landgraf Hermann I.

der Neuenburg: Reinhard Schmitt: Zur Geschichte und Baugeschichte der Neuenburg bei Freyburg/Unstrut. Wege der Forschung seit 1984. In: Burgen und Schlösser in Sachsen-Anhalt. Mitteilungen der Landesgruppe Sachsen-Anhalt der Deutschen Burgenvereinigung e.V., Heft 7 (1998), S. 202–239. Mit Dank an Reinhard Schmitt und Wilfried Weise.

2   Restaurierungsbericht von Ulrich Sieblist, Questenberg, von September 1997, im Landesamt für Denkmalpflege und Archäologie Sachsen-Anhalt.

3   Besonders auf einfacheren Bronzearbeiten wie Leuchtern, Weihrauchfässern, Aquamanilen etc., z. B. Schaftleuchter Inv. Nr. X 13978, Museum für Kunsthandwerk Frankfurt/Main, Weihrauchfass Inv. Nr. G 575 a, b, Schnütgen-Museum Köln, und zahlreiche andere.

4   Freundliche Mitteilung von Archeologische Werkgemeenschap voor Nederland, Afd. Lek- en Merwestreek, Herr Teus Koorevar, auf Vermittlung von Geneviève François, Corpus des émaux méridionaux, Paris.

5   Vgl. z. B. die Rundbrosche in Sitten, Schweiz, Musées Cantonaux du Valais. Das Reich der Salier 1024–1125 (Ausstellungskatalog Speyer). Sigmaringen 1992, S. 124 (Mechthild Schulze-Dörlamm).

6   Beispiele in Salier (Anm. 3), S. 127 f., 153, 158 f. u. ö.(Mechthild Schulze-Dörlamm). Bernward von Hildesheim und das Zeitalter der Ottonen (Ausstellungskatalog Hildesheim). Hildesheim und Mainz 1993, Bd. 2, S. 169 f. (Egon Wamers). Seit der Erstpublikation dieses Beitrags ist ein weiteres, eng verwandtes Vergleichsstück publiziert worden: Anne Pedersen, „Fundet mellem gammelt jærn i en smedje …", in: Arvasølvet – Studier fra Nationalmuseet tilegnet Fritze Lindahl (Kopenhagen 2003) S. 7–16.

7   Vgl. z. B. die Schmuckscheibe Inv. Nr. 88:5/2080 im Braunschweigischen Landesmuseum. Heinrich der Löwe und seine Zeit. Herrschaft und Repräsentation der Welfen 1125–1235 (Ausstellungskatalog Braunschweig). München 1995, Bd. 1, S. 406 (Axel Lungershausen).

Der Fürst der Dichter – Landgraf Hermann I.

1   Zitiert nach der Ausgabe von Cormeau, Christoph (Hg.): Walther von der Vogelweide. Leich, Lieder, Sangsprüche. 14., völlig neubearbeitete Auflage der Ausgabe Karl Lachmanns. Berlin/New York 1996, 12/XV (S. 67). Die Texte sind ohne Überschriften überliefert; hier handelt es sich um eine moderne Hinzufügung seitens des Verfassers.

2   Unter Hof ist der Personenkreis zu definieren, der sich im direkten Umfeld des Herrschers befand. Dies meint keinen konkreten geografischen Ort, sondern ein lokal nicht gebundenes herrschaftlich-kommunikatives Zentrum. Es wird auch noch unterschieden in einen inneren (Kreis langfristig Anwesender) und einen äußeren (Kreis nur zu bestimmten Anlässen wie Hoftage, Rechtsgeschäfte etc. temporär Anwesender) Hof. Vgl. Schröder, Sybille: Höfisches Leben und Alltag am Landgrafenhof von Thüringen zur Zeit der heiligen Elisabeth. In: Zeitschrift des Vereins für Thüringische Geschichte 57 (2003), S. 9 f. mit Anm. 2–4.

3   So z. B. Wien, Thüringen, Henneberg, Meißen, Schlesien, Böhmen, Brandenburg und Ende des 13./Anfang des 14. Jahrhunderts auch Rügen.

4   Vgl. Bumke, Joachim: Höfische Kultur. Literatur und Gesellschaft im hohen Mittelalter. 6. Auflage. München 1992. Band 2, S. 700–704.

5   Vgl. ebd., S. 704–706.

6   Vgl. Lemmer, Manfred: Die Neuenburg in Geschichte, Literatur und Kunst des hohen Mittelalters. Freyburg 1993, S. 23 (novum castrum. Schriftenreihe des Vereins zur Rettung und Erhaltung der Neuenburg e.V. Heft 2).

7   Der Übertragung liegt folgende Ausgabe des mittelhochdeutschen Textes zugrunde: Kartschoke, Dieter (Hg.): Heinrich von Veldeke. Eneasroman. Mittelhochdeutsch/Neuhochdeutsch. Stuttgart 1986, S. 750–753.

8   Vgl. zur Überlieferungslage von Werk und Epilog Fromm, Hans (Hg.): Heinrich von Veldeke. Eneasroman. Die Berliner Handschrift mit Übersetzung und Kommentar. Frankfurt am Main 1992, S. 745–754 (Bibliothek des Mittelalters 4) sowie Kartschoke 1986 (wie Anm. 7), S. 856–862.

9 Zur Forschungssituation vgl. Hahn, Reinhard: unz her quam ze Doringen in daz lant. Zum Epilog von Veldekes Eneasroman und den Anfängen der höfischen Dichtung am Thüringer Landgrafenhof. In: Archiv für das Studium der neueren Sprachen und Literaturen 237 (2000), S. 241–266, hier S. 259–265.

10 In V. 13.443 „her liez ez dorch einen zoren" wird darauf verwiesen, dass der Dichter seine Arbeit wegen eines „Ärgernisses" unterbrechen musste. „zoren" mit der ebenfalls möglichen Bedeutung „Zank/Streit" als Hinweis auf die Auseinandersetzung zwischen den Schwarzburgern und den Ludowingern (s. u.) in Betracht zu ziehen, bleibt doch sehr fraglich. Vgl. Bastert, Bernd: Dô si der lantgrâve nam. Zur „Klever Hochzeit" und der Genese des Eneas-Romans. In: Zeitschrift für deutsches Altertum und deutsche Literatur 123 (1994), S. 253–273, hier S. 264.

11 Vgl. ebd., S. 253–273 und Kartschoke 1986 (wie Anm. 7), S. 853.

12 Vgl. Fromm 1992 (wie Anm. 8), S. 747 sowie Hahn 2000 (wie Anm. 9), S. 246 und S. 265 mit den Ausführungen zur Überlieferungsgeschichte. Demnach gehören die Handschriften M und w einer älteren (spätes 12. Jahrhundert), die Handschriften H, E und G einer jüngeren Variante an.

13 Hier kann im folgenden nur versucht werden, verschiedene Fragen anzuschneiden und einen kurzen Überblick zu geben. Grundsätzlich wird die Problematik des Diebstahls hinsichtlich Ort, Zeitpunkt und Täterschaft im Kontext ihrer Konsequenzen für die Werksentstehung und die Chronologie der höfischen Romane in den neuen Arbeiten von Bernd Bastert (s. Anm. 10) und Reinhard Hahn (s. Anm. 9) diskutiert.

14 Vgl. Hahn 2000 (wie Anm. 9), S. 248–251 mit Anm. 40 zu den Überlegungen Bernd Basterts. Sicher gewichtig auch der auf S. 250 angeführte Hinweis, dass sich die Auseinandersetzungen zwischen den Schwarzburgern und den Ludowingern erst für den Zeitraum nach dem Manuskriptdiebstahl fassen lassen.

15 Vgl. Bastert 1994 (wie Anm. 10), S. 256 mit Anm. 13 und Hahn 2000 (wie Anm. 9), S. 252 mit Anm. 56.

16 Ob die Gräfin von Kleve auch die ursprüngliche Auftraggeberin war ist höchst unsicher. Vgl. Fromm 1992 (wie Anm. 8), S. 756. Unklar bleibt, ob Heinrich von Veldeke vorher für einen anderen Auftraggeber am Eneasroman arbeitete.

17 V. 13.448– 13.453 in Kartschoke 1986 (wie Anm. 7), S. 750.

18 Vgl. Bastert 1994 (wie Anm. 10), S. 264 f. Ungeklärt bleibt aber der Weg aus dem Schwarzburger Nachlass zu Hermann I. Vgl. auch Hahn 2000 (wie Anm. 9), S. 250–252.

19 Zum Mainzer Hoffest vgl. u. a. Bumke 1992 (wie Anm. 4) Band 1, S. 276–280. Die Teilnahme Heinrichs von Veldeke ist nicht belegt, erscheint aber durch die besagte Schilderung im Eneasroman wahrscheinlich. Vielfach ist auch diskutiert worden, in wessen Gefolge er möglicherweise nach Mainz gereist sei. Wenn man voraussetzt, dass Mäzen und Autor sich erst auf dem Hoffest kennen lernten, scheidet eine Zugehörigkeit des Dichters zum Umfeld Hermanns zu diesem Zeitpunkt aus. Ob das prächtige Hoffest des Kaisers für Hermanns I. Mäzenatentum Initialwirkung hatte oder ihn in seinen Interessen bestärkte, muss offen bleiben. Vgl. Hahn 2000 (wie Anm. 9), S. 257 f. sowie S. 266.

20 Die Abfolge bleibt freilich unklar. Der Epilog sagt nur, dass dem Dichter sein Manuskript neun Jahre unzugänglich blieb, bis er nach Thüringen kam und dort den Pfalzgrafen „vant". Bisherige Übertragungen ins Neuhochdeutsche sprechen hier von „finden" oder „treffen". Vgl. die Werkausgaben (s. Anm. 7 und 8) sowie hierzu zuletzt Hahn 2000 (wie Anm. 9), S. 254, mit dem Hinweis, dass der Epilog keinen Hinweis auf eine konkrete Einladung oder Berufung des Dichters enthält. Aber wie wäre sich das vorzustellen? Als ungeplante Zusammenkunft? Was hätte denn Veldeke veranlassen sollen, ohne Grund seine Heimat zu verlassen und nach Thüringen zu reisen, um dort mehr oder minder zufällig seinen späteren Gönner zu „finden"? Überträgt man aber „vant" mit der ebenso möglichen Bedeutung „aufsuchen", so erscheint der Vorgang doch etwas zielgerichteter und lässt eine Einladung bzw. das deutlich erkennbare Angebot zur Fertigstellung

Geld und Kunst – Repräsentation im Zahlungsmittel

Der Neuenburger Pferdeschmuck-Anhänger

Der Fürst der Dichter – Landgraf Hermann I.

vermuten. Zumindest hätte Veldeke jedoch wissen müssen, dass sich der Torso im Besitz Pfalzgraf Hermanns befand. Und hier stellt sich wieder die Frage: Woher? Am ehesten durch ein Zusammentreffen beider in Mainz. Dies schließt nicht aus, dass die Initiative zur „Auffindung" des Dichters von Hermann I. ausging.

21 Vgl. Hahn 2000 (wie Anm. 9), S. 253.

22 Vgl. Bumke 1992 (wie Anm. 4), S. 719 f.

23 Zuletzt Goller, Detlef: Heinrich von Veldeke auf der Neuenburg. In: Seidel, Andrea / Solms, Hans-Joachim (Hg.). Dô tagte ez. Deutsche Literatur des Mittelalters in Sachsen-Anhalt. Dössel 2003, S. 49.

24 Vgl. Kartschoke 1986 (wie Anm. 7), S. 824 f.; Fromm 1992 (wie Anm. 8), S. 905–907; Hahn 2000 (wie Anm. 9), S. 265 und S. 252 mit der Vermutung, dass der Dichter „den fehlenden Teil des Werks vielleicht nach dem Gedächtnis abschloss". Dies hätte ihn aber zumindest mit Hinsicht auf die Erreichbarkeit diverser Vorlagen relativ ortsunabhängig gemacht.

25 Vgl. Lemmer 1993 (wie Anm. 2), S. 23; Hahn 2000 (wie Anm. 9), S. 256. Die Möglichkeit einer von Vorlagen unabhängigen Fertigstellung (s. Anm. 24) würde dies noch unterstreichen.

26 In ihrem Ausbau bot die Burg durchaus wohnliche Bedingungen und damit die Voraussetzung auch für längere Aufenthalte. Wann und ob sie Arbeits- und auch Auftrittsort war, ist nicht zu entscheiden. Gerade zu Zeiten, in denen der Hof nicht anwesend war, dürfte ein ungestörtes Arbeiten möglich gewesen sein. Künstlerische Auftritte sind sowohl vor einem kleinern als einem größeren Publikum denkbar. Die ständige, wesentlich kleinere Burgbesatzung als „Störfaktor" anzunehmen – vgl. Hahn 2000 (wie Anm. 9), S. 255 – leuchtet nicht so recht ein.

27 Vgl. Bumke, Joachim: Geschichte der deutschen Literatur im hohen Mittelalter. München 1990, S. 139–142 und Moser, Hugo / Tervooren, Helmut (Bearb.): Des Minnesangs Frühling. Unter Benutzung der Ausgaben von Karl Lachmann und Moritz Haupt, Friedrich Vogt und Carl von Kraus. Bd. 1 Texte. Stuttgart 1977.

28 Werkausgaben durch Kartschoke 1986 (wie Anm. 7) und Fromm 1992 (wie Anm. 8).

29 Vgl. Bumke 1990 (wie Anm. 27), S. 142.

30 Vgl. u. a. Kartschoke 1986 (wie Anm. 7), S. 800 f., 822 f.; Fromm 1992 (wie Anm. 8), S. 857–859, 899–901. Zur Motivation auch Lemmer, Manfred: der Dürnge bluome schînet dur den snê. Thüringen und die deutsche Literatur des hohen Mittelalters. Eisenach 1981, S. 27. Die Erwähnung des Ereignisses von 1184 im Eneasroman gibt Anlass, eine persönliche Teilnahme Heinrichs von Veldeke zu vermuten. Vgl. Bumke 1992 (wie Anm. 4), S. 648.

31 Vgl. Lemmer 1981 (wie Anm. 30), S. 24; Schweikle, Günther (Hg.): Dichter über Dichter in mittelhochdeutscher Literatur. Tübingen 1970, S. 8, 17, 23, 33, 74, 75, 77 f., 79, 84, 107.

32 Zu weiteren Werken, mit deren Entstehung Hermann I. in Verbindung gestanden haben könnte vgl. Lemmer 1981 (wie Anm. 30), S. 36–40; Bumke 1992 (wie Anm. 4), S. 663.

33 Zitiert nach der Ausgabe Frommann, Karl Georg (Hg.): Herbort's von Fritslâr. Liet von Troye. Quedlinburg / Leipzig 1837 (Bibliothek der gesammten deutschen National-Literatur 5). Nachdruck: Amsterdam 1966.

34 Ebd., V. 18.451.

35 Vgl. ebd., V. 6.694 und ab V. 17.381.

36 Ebd., V. 1.325–1.330.

37 Zitiert nach der Ausgabe Bartsch, Karl (Hg.): Albrecht von Halberstadt und Ovid im Mittelalter. Quedlinburg / Leipzig 1861 (Bibliothek der gesammten deutschen National-Literatur 38). Nachdruck: Amsterdam 1966.

38 Der Dichter selbst bezeichnet sich lediglich als einen Sachsen, der in Halberstadt geboren wurde. Im Fall des Halberstädter Domherren müsste aufgrund der genauen Lokalisierung im Prolog davon ausgegangen werden, dass dieser nur temporär zur Abfassung des Werks im Kloster Jechaburg weilte. Vgl. zur Problematik insgesamt Link, Heike: Die Metamorphosenverdeutschung des Albrecht von Halberstadt. In: Seidel / Solms 2003 (wie Anm. 23), S. 100 f.

39 Vgl. Lemmer 1981 (wie Anm. 30), S. 31.

40 Das Problem der Datierung ergibt sich aus der Angabe „zwelf hundert jâr und zehen bevorn, sît unser herre wart geborn" im Prolog. Zwei Varianten sind hier immer wieder diskutiert worden: 1200 Jahre und 10 bzw. 1200 Jahre weniger 10. Beides ist denkbar, wenngleich Thema und Stil eher in das Ende des 12. Jahrhunderts zu gehören scheinen. Vgl. Link 2003 (wie Anm. 38), S. 100 f. Ein weiteres Argument für 1190 könnte auch die Annahme sein, dass der Kleriker Albrecht lediglich die Jahresangabe römischer Zahlen (MCXC) in Text umwandelte.

41 Zur Problematik der direkten Übertragung des antiken Stoffs und den Anforderungen des höfischen Publikums vgl. Link 2003 (wie Anm. 38), S. 107–112.

42 Zitiert nach der Ausgabe Heinzle, Joachim (Hg.): Wolfram von Eschenbach. Willehalm. Frankfurt am Main 1991 (Bibliothek des Mittelalters 9).

43 Vgl. Schirok, Bernd (Hg.): Wolfram von Eschenbach. Parzival. Berlin, New York 1998.

44 Vgl. hierzu grundlegend Bumke 1990 (wie Anm. 27), S. 162–186.

45 Vgl. Lemmer 1981 (wie Anm. 30), S. 54.

46 Zitiert nach der Ausgabe von Cormeau 1996 (wie Anm. 1), 9/V (S. 38).

47 Neben weiteren kritischen Äußerungen Walthers von der Vogelweide sind auch solche Wolframs von Eschenbach überliefert. Vgl. Lemmer 1981 (wie Anm. 30), S. 68–75. Zur Hofkritik allgemein vgl. Bumke 1992 (wie Anm. 4), S. 583–594.

48 Zu den Aufführungs- und Auftrittsbedingungen vgl. ebd., S. 721–725, 751–758.

49 Vgl. ebd., S. 691 mit Anm. 27.

50 Vgl. Bumke 1990 (wie Anm. 27), S. 314–316.

51 Ebd., S. 128–133 ein kurzer Überblick zur Spruchdichtung Walthers von der Vogelweide. Werkausgabe durch Cormeau 1996 (wie Anm. 1).

52 Vgl. Lemmer 1981(wie Anm. 30), S. 76.

53 Vgl. Kartschoke 1986 (wie Anm. 7), S. 845–856 und Fromm 1992 (wie Anm. 8), S. 757.

54 Vgl. Bumke 1990 (wie Anm. 27), S. 163 f.

55 Vgl. Lemmer 1981 (wie Anm. 30), S. 78 f.; Bumke 1992 (wie Anm. 4), S. 627 f.

56 Nach Lemmer 1981 (wie Anm. 30), S. 17.

57 Vgl. zum Thema generell Wachinger, Burghart: Sängerkrieg. Untersuchungen zur Spruchdichtung des 13. Jahrhunderts. München 1973.

58 Vgl. Lemmer 1981 (wie Anm. 30), S. 92.

59 Nach Richter-Heimbach, Arthur: Thüringens Sagenschatz. Quedlinburg 1912, S. 28–30.

Geld und Kunst –
Repräsentation im
Zahlungsmittel

Der Neuenburger
Pferdeschmuck-
Anhänger

Der Fürst der Dichter –
Landgraf Hermann I.

Zur Baugeschichte der Neuenburg II

Wohnturm

1   Schmitt, Reinhard: Zu den Wohn- und Palasbauten der Neuenburg bei Freyburg/Unstrut vom
    Ende des 11. Jahrhunderts bis zur Mitte des 13.Jahrhunderts. In: Forschungen zu Burgen und
    Schlössern. Band 5. München/Berlin 2000, S. 15–30; ders.: Steinerne Wohnbauten und
    Wohntürme vom 10. bis zum 13. Jahrhundert in Sachsen-Anhalt. In: Burgenforschung aus
    Sachsen. Sonderheft Wohntürme. Kolloquium vom 28. September bis 30. September 2001
    auf Burg Kriebstein/Sachsen. Hg. von Heinz Müller. Weißbach 2002, S. 91–103.

2   Diese lassen sich sehr gut mit denen im Hauptgeschoss des Bergfrieds auf der Schönburg bei
    Naumburg vergleichen, kürzlich dendrochronologisch in die Zeit um 1230 datiert: Schmitt,
    Reinhard: Zur Geschichte und Baugeschichte der Schönburg, Burgenlandkreis. In: Burgen und
    Schlösser in Sachsen-Anhalt 12 (2003), S. 15–79, hier S. 52–55.

3   Schmitt, Reinhard: Der vermutlich romanische Fensterverschluss von der Neuenburg ist ein
    wertvoller Beleg für die Wohnverhältnisse auf einer Burg. In: Thüringen und Hessen. Von den
    Anfängen bis zur Reformation. Ausstellungskatalog. Marburg 1992, S. 156–157.

4   Die vorhandenen eisernen Haspen gehörten wohl zur ersten Ausstattung mit Läden. Die 1462/
    63 funktionslos gewordenen und erhalten gebliebenen Holzläden benutzten diese Haspen aber
    schon nicht mehr. Demzufolge muss es zu einer Erneuerung der Läden nach 1225/26 und vor
    1462/63 gekommen sein. Eine dendrochronologische Datierung gelang bisher nicht.

5   Reinle, Adolf: Zur Geschichte des Fensterladens. In: Festschrift Walter Drack zu seinem 60. Ge-
    burtstag. Beiträge zur Archäologie und Denkmalpflege. Stäfa (Zürich) 1977, S. 264–267; Kluge-
    Pinsker, Antje: Wohnen im hohen Mittelalter (10.–12. Jahrhundert, mit Ausblick in das 13. Jahr-
    hundert). In: Geschichte des Wohnens. Band 2: 500–1800. Hausen, Wohnen, Residieren. Hg.
    von Ulf Dirlmeier. Stuttgart 1998, S. 85–228, hier S. 214; Heine, Hans-Wilhelm: Beiträge der
    Archäologie Nordwestdeutschlands zu Fenster- und Türverschlüssen. In: Fenster und Türen in
    historischen Wehr- und Wohnbauten. Hg. von Barbara Schock-Werner und Klaus Bingenheimer.
    Stuttgart 1995, S. 74–78 (Veröffentlichungen der Deutschen Burgenvereinigung e.V. Reihe B:
    Schriften. Band 4); Möller, Roland: Fenster, Fensterläden und andere Verschlüsse. In: Burgen
    in Mitteleuropa. Ein Handbuch. Band I: Bauformen und Entwicklung. Hg. von der Deutschen
    Burgenvereinigung e.V. Stuttgart 1999, S. 272–274; Kleinmanns, Joachim: Fensterglas – Glas-
    fenster. Die Entwicklung im norddeutschen Profanbau bis 1800. In: Jahrbuch für Hausforschung
    50 (2004), S. 161–171.

6   Badstübner, Ernst: Die Wartburg – Burg und Landschaft. In: Forschungen zu Burgen und
    Schlössern. Band 1. München/Berlin 1994, S. 105–113. Die große Öffnung auf Burg Boymont
    ist nach Udo Liessem ebenfalls als „Öffnung einer Loggia zu interpretieren, von der aus sich
    die Landschaft genießen läßt. Der Beginn des bewußten Naturerlebnisses scheint hier faßbar
    zu werden." (Liessem, Udo: Burg Boymont bei Bozen – Baugestalt und Einordnung. In: Forschun-
    gen zu Burgen und Schlössern. Band 4. München/Berlin 1998, S. 73–86, hier S. 77) Auch:
    Grupp, Anselm: Zur Funktion der großen Bogenöffnungen an Tiroler Burgen. In: Fenster und
    Türen in historischen Wehr- und Wohnbauten. Hg. von Barbara Schock-Werner und Klaus
    Bingenheimer. Stuttgart 1995, S. 61–64 (Veröffentlichungen der Deutschen Burgenvereini-
    gung e.V. Reihe B: Schriften. Band 4); Biller, Thomas: Die Pfalz Friedrichs I. zu Kaiserswerth –
    zu ihrer Rekonstruktion und Interpretation. In: Forschungen zu Burgen und Schlössern.
    Band 4. München/Berlin 1998, S. 184 erwähnt den Blick vom hoch gelegenen Saal in die
    Flusslandschaft. – Zu Henneberg: Eigene Überlegungen des Verfassers; in der Literatur
    gibt es bisher keine Deutungsversuche der großen Öffnung.

7   Binding, Günther: Friedrich Barbarossa als Bauherr ad regni decorem. In: Von Sacerdotium
    und Regnum. Geistliche und weltliche Gewalt im frühen und hohen Mittelalter. Festschrift
    für Egon Boshof zum 65. Geburtstag. Hg. von Franz-Reiner Erkens und Hartmut Wolff.
    Köln/Weimar/Wien 2002, S. 461–470, hier S. 468. – Vgl. auch mehrere Beiträge in:
    Mensch und Natur im Mittelalter. Hg. von Albert Zimmermann und Andreas Speer. Berlin/

New York 1992 (Miscellanea Mediaevalia. Band 21); Schubert, Ernst: Alltag im Mittelalter. Natürliches Lebensumfeld und menschliches Miteinander. Darmstadt 2002.

8 Vergleichsbeispiele: Abbildung bei Möller, Roland: Oberflächenstrukturen und Farbigkeit durch Steinbearbeitung, Putz und Farbe an mittelalterlichen Wehrbauten in Thüringen. In: Putz und Farbigkeit an mittelalterlichen Bauten. Hg. von Hartmut Hofrichter. Stuttgart 1993, S. 40 mit Abb. 9 (Veröffentlichungen der Deutschen Burgenvereinigung e.V. Reihe B: Schriften). Ähnlich breit aufgesetzte Fugenbänder an der Dorfkirche Reinsfeld bei Arnstadt (ebenda, S. 40 Abb. 8); zu Reinsdorf zuletzt Müller, Rainer: Mittelalterliche Dorfkirchen in Thüringen dargestellt anhand des Gebietes des ehemaligen Archidiakonats St. Marien zu Erfurt. Erfurt 2001, S. 77 (Arbeitsheft des Thüringischen Landesamtes für Denkmalpflege. Neue Folge Heft 2). Vergleichbar auch ein Befund in der Gotthardtskirche in Brandenburg: Möller, Roland: Natürliche Steinfarbe und Oberflächenstrukturen als Dekorationssysteme an Bauwerken in vorromanischer Zeit bis zur Mitte des 13. Jahrhunderts. In: Abhandlungen des Staatlichen Museums für Mineralogie und Geologie zu Dresden 35 (1988), S. 106–107 mit Abb. 10; ähnlich auch ders.: Oberflächengestaltungen auf Stein und Putz – Aspekte ihrer Bedeutung und Erhaltung bei Konservierungsmaßnahmen. In: Steinschäden – Steinkonservierung. Hannover 1991, S. 71 mit Abb. 9 (Berichte zu Forschung und Praxis der Denkmalpflege in Deutschland. Band 2). Dorfkirche Stanau in Thüringen: Bruhm, Wolfgang: Zur denkmalgerechten Instandsetzung der Dorfkirche Stanau – Ein Arbeitsbericht. In: Arbeitshefte des Thüringischen Landesamtes für Denkmalpflege 1/1994, S. 47 mit Abb. 6 und 8; Thomaskirche Leipzig (Ende 12. Jahrhundert): Stadt Leipzig. Die Sakralbauten. Bearbeitet von Heinrich Magirius, Hartmut Mai, Thomas Trajkovits und Winfried Werner. Band I. München/Berlin 1995, S. 348 und 350 mit Abb. 300. Angeblich aus der Zeit um 1300 an der Dorfkirche in Teicha nördlich von Halle: Beschreibende Darstellung der älteren Bau- und Kunstdenkmäler der Stadt Halle und des Saalkreises. Bearbeitet von Gustav Schönermark. Halle 1886, S. 585 (Beschreibende Darstellung der älteren Bau- und Kunstdenkmäler der Provinz Sachsen und angrenzender Gebiete. Neue Folge. Band 1). – Ausführlichere Befundvorlagen in: Mittelalterliche Putze und Mörtel im Land Brandenburg. Potsdam 1998 (Arbeitshefte des Brandenburgischen Landesamtes für Denkmalpflege Nr. 9). – In einem städtischen Profanbau in Quedlinburg sind vor kurzem Bandfugen aus der Zeit um 1215 entdeckt worden, die zu den frühesten bislang dokumentierten gehören dürften.

9 Bumke, Joachim: Höfische Kultur. Literatur und Gesellschaft im hohen Mittelalter. Band 1. München 1986, S. 149–161; Kluge-Pinsker 1998 (wie Anm. 5), S. 216–224; Herrmann, Christopher: Mobiliar. In: Burgen in Mitteleuropa. Ein Handbuch. Band I: Bauformen und Entwicklung. Hg. von der Deutschen Burgenvereinigung e.V. Stuttgart 1999, S. 305–306.

10 Vgl. die Beiträge von Dieter Barz, Bettina Jost, Ingolf Gräßler, Rudolf Meister sowie Norbert Oelsner und Uwe Richter in: Wohntürme 2002 (wie Anm. 1); Schock-Werner, Barbara und Reinhard Friedrich: Wohnturm. In: Wörterbuch der Burgen, Schlösser und Festungen. Hg. von Horst Wolfgang Böhme, Reinhard Friedrich und Barbara Schock-Werner. Stuttgart 2004, S. 265–267.

11 So auch auf der Oberburg Giebichenstein aus dem späten 12. Jahrhundert: Schmitt, Reinhard: Burg Giebichenstein in Halle/Saale. 3., veränderte Auflage. München/Berlin 2000, S. 8 mit Abb. S. 7 (Große Baudenkmäler Heft 446).

Zisterne, Küche, Badestube, Latrinen

1 Mehrere Beiträge in: Die Wasserversorgung im Mittelalter. Mainz 1991 (Geschichte der Wasserversorgung. Band 4); Kluge-Pinsker, Antje: Wohnen im hohen Mittelalter (10.–12. Jahrhundert, mit Ausblick in das 13. Jahrhundert). In: Geschichte des Wohnens. Band 2: 500–1800. Hausen, Wohnen, Residieren. Hg. von Ulf Dirlmeier. Stuttgart 1998, S. 85–228, hier S. 199–208; Grewe, Klaus. Die Wasserversorgung der Burgen. In: Burgen

Wohnturm

Zisterne, Küche,
Badestube, Latrinen

Doppelkapelle

in Mitteleuropa. Ein Handbuch. Band I: Bauformen und Entwicklung. Hg. von der Deutschen Burgenvereinigung e.V. Stuttgart 1999, S. 310–313.

2   Ausführlich zu Zisternen in Mitteldeutschland Höhne, Dirk: Die Wasserversorgung der Schaumburg bei Schalkau, Lkr. Sonneberg, eine bemerkenswerte Zisternenanlage in Südthüringen (mit einem Exkurs über Zisternenbauten mit Wasserreinigung im mittel-deutschen Raum. In: Alt-Thüringen 35 (2002), S. 161–214, zur Neuenburg S. 185–186.

3   Vielleicht ist auch auf der Burg Zips in der Slowakei ein abgebrochener Bergfried als Zisterne benutzt worden. Genauere Angaben als in einem Burgführer konnten bisher nicht ermittelt werden.

4   Schmitt, Reinhard: Die Eckartsburg im späteren 12. und frühen 13. Jahrhundert – Aus der Arbeit des Referates für Bauforschung im Landesamt für Denkmalpflege Sachsen-Anhalt. In: Schumann, Dirk (Hg.): Bauforschung und Archäologie. Stadt- und Siedlungsentwicklung im Spiegel der Baustrukturen. Berlin 2000, S. 86–113, hier S. 106.

5   Sächsisches Hauptstaatsarchiv Dresden, Rentkopial für 1575 Vol. II, Bl. 637r–637v.

6   Sächsisches Hauptstaatsarchiv Dresden, Rentkopial für 1601 Vol. I, Bl. 88r.

7   Landeshauptarchiv Sachsen-Anhalt, Rep. A 30c II Nr. 429.

8   In der klassischen burgenkundlichen Literatur finden sich auch Zusammenstellungen bekannter Latrinen, etwa bei Viollet-Le-Duc, Eugène Emmanuel: Dictionnaire raisonné de l'architecture francaise du XIe au XIVe siècle. Vol.VI. Paris 1863, S. 163–170); Piper, Otto: Burgenkunde. Bauwesen und Geschichte der Burgen. Neue, verbesserte und erweiterte Auflage. Frankfurt 1967,), S. 486–494; Bornheim gen. Schilling, Werner: Rheinische Höhenburgen. Band 1. Neuß 1964, S. 139–140 (Rheinischer Verein für Denkmalpflege und Heimatschutz. Jahrbuch 1961/63). An neuerer Literatur sei angeführt: Binding, Günther: Abtritt. In: Lexikon des Mittelalters. Band 1. München/Zürich 1980, Sp. 65–66; Ludwig, Thomas: Das Romanische Haus in Seligenstadt. Stuttgart 1987, S. 78–79 mit Zusammenstellungen von Latrinen in Burgen West- und Süddeutschlands (Anm. 161); Zeune, Joachim: Abortanlagen. In: Burgen in Mitteleuropa. Ein Handbuch. Band I: Bauformen und Entwicklung. Hg. Von der Deutschen Burgenvereinigung e.V. Stuttgart 1999, S. 301–303; Sack, Dorothée: Hausinstallationen. In: Schirmer, Wulf u. a.: Castel del Monte. Forschungsergebnisse der Jahre 1990 bis 1996. Mainz 2000, S. 66–73, zu Latrinenanlagen S. 71–73; Huber, Walter: Der Abort. Habilitationsschrift Karlsruhe 1948/50; aus dem Bereich des klösterlichen Lebens Zimmermann, Gerd: Ordensleben und Lebensstandard. Die cura corporis in den Ordensvorschriften des abendländischen Mittelalters. Münster 1973, S. 120–122, 411–413 (Beiträge zur Geschichte des Alten Mönchtums und des Benediktinerordens. Band 32).

9   Schmitt, Reinhard: Die Füllung eines Latrinenturmes von Schloß Neuenburg bei Freyburg an der Unstrut (im Druck). – Salische Latrinentürme auch in Arnsburg/Hessen, Steinenschloß und Schlössel bei Klingenmünster (Rheinland-Pfalz) oder auch Burg Tirol: Böhme, Horst Wolfgang: Burgen der Salierzeit in Hessen, in Rheinland-Pfalz und im Saarland. In: Burgen der Salierzeit. Hg. von Horst Wolfgang Böhme. Teil 2. Sigmaringen 1991, S. 7–80, hier S. 22–24, 55–58 (Römisch-Germanisches Zentralmuseum. Monographien. Band 26); Bernhard, Helmut und Dieter Barz: Frühe Burgen in der Pfalz. Ausgewählte Beispiele salischer Wehranlagen. In: Burgen der Salierzeit (wie zuvor), S. 125–175, hier S. 143–152; Bitschnau, Martin und Walter Hauser: Burg Tirol im Hochmittelalter – Bauphasen und Zeitstellung. In: Forschungen zu Burgen und Schlössern. Band 4. München/ Berlin 1998, S. 31–46, hier S. 33. Auf Burg Salzburg/Bayern ein Latrinenturm des späteren 12. Jahrhunderts: Ebhardt, Bodo: Forschungen und Ausgrabungen auf der fränkischen Salzburg bei Neustadt a. d. Saale 1899. In: Der Burgwart 1 (1899/1900), S. 18–19; Zeune, Joachim: Führer durch die Salzburg. Bad Neustadt/ Creußen 1994, S. 45–46. Stauferzeitlich der ehemals viersitzige Latrinenschacht des Trifels-Palas: Meyer, Bernhard: Burg Trifels. Die mittelalterliche Baugeschichte. Kaiserslautern 2001, S. 55–57 und 188 (Beiträge zur pfälzischen Geschichte. Band 12 = Pfälzisches Burgenlexikon. Sonderband 1); Wiedenau, Anita: Katalog der romanischen Wohnbauten in westdeutschen Städten und Siedlungen. Tübingen o. J., S. 65–68 (Das deutsche Bürgerhaus. Band XXXIV)

zum Stenshofturm; Walther, Frank: Befunde zur historischen Wasserversorgung und
Abwasserentsorgung im Ostflügel des Dresdner Schlosses und im Bereich der Schloß-
straße. In: Denkmalpflege in Sachsen. Mitteilungen des Landesamtes für Denkmalpflege
Sachsen 2002, S. 122–131, hier S. 123–124. Zur „Wasserspülung" auf der Wartburg:
Altwasser, Elmar: Aktuelle Bauforschung am Wartburg-Palas. Bericht und Resümee.
In: Der romanische Palas der Wartburg. Regensburg 2001, S. 23–106, hier S. 69 (Baufor-
schung an einer Welterbestätte. Band I. Hg. von Günter Schuchardt).

10 Cramer, Johannes: Der Abtritt. Anmerkungen zu einem vergessenen Thema. In: Hausbau
im Mittelalter. Band II. Bad Windsheim 1985, S. 409–415 (Jahrbuch für Hausforschung.
Sonderband).

11 Schmitt, Reinhard: Der Nordturm der Erstanlage als „Danzker" (in einer umfassenden
Publikation über den Crac des Chevaliers; Leitung: Thomas Biller). Jüngst: Müller, Jakob:
Baugestalt und Funktion des Gebäudes südöstlich der Klausur. In: Aktuelle Forschungen
zum ehemaligen Reichs- und Königskloster Lorsch. Hg. von Ingolf Ericsson und Markus
Sanke. Darmstadt 2004, S. 103–115 (Arbeiten der Hessischen Historischen Kommission
N.F. Band 24).

Wohnturm

Zisterne, Küche,
Badestube, Latrinen

Doppelkapelle

Doppelkapelle

1 Heideloff, Carl: Die Ornamentik des Mittelalters. Textband I. Heft 5. Nürnberg 1847, S. 20.

2 Dazu Schmitt, Reinhard: Schloß Neuenburg bei Freyburg/Unstrut. Denkmalpflege in
der ersten Hälfte des 19. Jahrhunderts und die „Restauration" der Doppelkapelle. In:
Burgen und Schlösser in Sachsen-Anhalt 4 (1995), S. 118– 159; ders.: „... zu reinen sich
selbst überlassenen und keine weiteren Kosten erfordernden Ruinen zu machen ..."
Archivalische Quellen zur Denkmalpflege an Schloß Neuenburg bei Freyburg in der
ersten Hälfte des 19. Jahrhunderts. In: Denkmalkunde und Denkmalpflege. Wissen und
Wirken. Festschrift für Heinrich Magirius zum 60. Geburtstag am 1. Februar 1994.
Dresden 1995, S. 495–509; ders.: Carl Peter Lepsius und die Restaurierung der Doppel-
kapelle auf der Neuenburg in den Jahren 1842 und 1843. In: Burgen und Schlösser in
Sachsen-Anhalt. Sonderheft. Halle (Saale) 1996, S. 146–156.

3 Zur Baugeschichte nunmehr endlich mit dem Kenntnisstand von Ende 1995, jedoch
aktualisiert: Schmitt, Reinhard: Die Doppelkapelle der Neuenburg. Bericht über neue
baugeschichtliche Untersuchungen. In: Sachsen und Anhalt 20 (1997), S. 73–164.

4 Zur Verglasung jüngst: Kleinmanns, Joachim: Fensterglas – Glasfenster. Die Entwicklung
im norddeutschen Profanbau bis 1800. In: Jahrbuch für Hausforschung 50 (2004),
S. 161–171.

5 Dazu Glatzel, Kristine: Zu einer mittelalterlichen Inschrift im Obergeschoß der Doppelkapelle der Neuenburg. In: Burgen und Schlösser in Sachsen-Anhalt 2 (1993), S. 23–25;
Säckl, Joachim: Nochmals zur mittelalterlichen Inschrift im Obergeschoß der Doppelkapelle der Neuenburg. In: Burgen und Schlösser in Sachsen-Anhalt 3 (1994), S. 52–59.

6 Zuletzt zusammenfassend Schmitt, Reinhard: Zu den „Zackenbögen" der Freyburger
Doppelkapelle. In: Forschungen zu Burgen und Schlössern. Band I. München/Berlin
1994, S. 39–49 sowie Schmitt 1997 (wie Anm. 3), S. 125–126.

7 Kosch, Clemens: Neue Forschungen zu spätromanischen Bauteilen von St. Andreas.
Der Westquerbau. In: Colonia Romana XIV (1999), S. 9–40, hier S. 20–21 mit Verweis
auf „enge personelle und besitzrechtliche Kontakte der thüringischen -Landgrafen als
Bauherren mit dem Niederrhein-Maasgebiet". – Glaeseker, Michael: Der hoch- und spätromanische Bauschmuck des Naumburger Domes im Zusammenhang der Baugeschichte.
Studien zu Stützensystem und Bauornament im späten 12. und frühen 13. Jahrhundert.
Phil. Diss. Göttingen 2001, S. 454–458. – Es gibt in Deutschland zahlreiche Beispiele
für radial geführte Rundbogenfriese, die freilich auch aus der mozarabischen Architektur-
welt beeinflusst sein können: Maria Lyskirchen in Köln; Klosterkirche Mallersdorf; Portal
der Michaeliskirche in Ebrach; Lobenfeld; Schlettstadt (Vierungsturm); Johanniskirche

Göttingen; Westportal der Arnstädter Liebfrauenkirche; Südturm der Veßraer Klosterkirche; Westportal des Halberstädter Domes; Südnebenchor der Klosterkirche Lehnin. Die Ostkrypta des Bamberger Domes weist in der Nord-, Süd- und Westwand ebenfalls Zackenbögen auf, die auf Wandsäulen sitzen. Im Unterschied zur Westvorhalle der Kölner Andreaskirche und der Neuenburger Kapelle sind die Bamberger keine freien Gurtbögen, sondern stellen eher Fensterbögen dar.

8   Schmitt 1994 (wie Anm. 6) und 1997 (wie Anm. 3); Kosch 1999 (wie Anm. 7), S. 35 Anm. 65.

9   Schuchardt, Günter: „Romantik ist überall, wenn wir sie in uns tragen ...“ Der Kommandant und Zeichner der Wartburgwiederherstellung, Bernhard von Arnswald. In: Jahrbuch der Stiftung Thüringer Schlösser und Gärten 6 (2002), S. 125–132, hier S. 129 und Abb. 4; Beischrift „Solches findet man nur auf Wartburg“.

10   Schwarz, Hilmar: „Die Kapelle zur rechten Hand“. Zu einer vermuteten Wartburg-Kapelle und ihren Ursprüngen unter den Ludowingern. In: Wartburg-Jahrbuch 1997. Regensburg 1998, S. 48–90; vgl. auch Möller, Roland: Die Stucksäulen in der Kapelle der Wartburg. In: Hoernes, Martin (Hg.): Hoch- und spätmittelalterlicher Stuck. Material – Technik – Stil – Restaurierung. Regensburg 2002, S. 116–125.

11   Das Motiv würde dann einen zweiten Schub niederrheinischer Beeinflussung nach dem ersten in den 1160er/1170er Jahren auf der Wartburg bedeuten und vielleicht ins frühe 13. Jahrhundert verweisen. Allerdings ist die Zeichnung als Basis für solche Überlegungen zu wenig tragfähig.

12   Zur Geschichte der Öffnung vgl. Schmitt, Reinhard: Die Doppelkapelle der Neuenburg bei Freyburg/Unstrut – Überlegungen zu typologischen Aspekten. In: Burg- und Schloßkapellen. Hg. von Hartmut Hofrichter. Stuttgart 1995, S. 71–78 (Veröffentlichungen der Deutschen Burgenvereinigung e.V. Reihe B: Schriften. Band 3).

13   Tietz-Strödel, Marion: Die Kaiserpfalz Eger. In: Kunst in Eger. Stadt und Land. Hg. von Lorenz Schreiner. München/Wien 1992, S. 12–66, hier S. 22 („Ein Doppelte Capelle“).

14   Kavacs, Günter und Norbert Oelsner: Die Kapelle des Schlosses Lichtenwalde – eine unbekannte Doppelkapelle Heinrichs des Erlauchten? In: Denkmalpflege in Sachsen. Mitteilungen des Landesamtes für Denkmalpflege Sachsen 2001, S. 99–110; Biller, Thomas: Die Blasiuskapelle der staufischen Reichsburg Rothenburg ob der Tauber. In: Wider das „finstere Mittelalter“. Festschrift für Werner Meyer zum 65. Geburtstag. Basel 2002, S. 41–50; Pöschl, Antje: „Castrum nostrum Struomburc funditus destruxit“? Die archäologischen und bauhistorischen Untersuchungen der Stromberger Burg auf dem Pfarrköpfchen im Hunsrück. In: Burgen als Geschichtsquelle. Hg. von Horst Wolfgang Böhme und Otto Volk. Marburg 2003, S. 25–40 (Kleine Schriften aus dem Vorgeschichtlichen Seminar Marburg. Heft 54).

15   Stevens, Ulrich: Burgkapellen. Andacht, Repräsentation und Wehrhaftigkeit im Mittelalter. Darmstadt 2003, S. 69–124; ders.: Anmerkungen zum Wesen der mittelalterlichen Architekturkopie mit einem Exkurs zur Entstehung der Doppelkapelle. In: Form und Stil. Festschrift für Günther Binding zum 65. Geburtstag. Darmstadt 2001, S. 118–126.

16   Stevens, Ulrich: Burgkapellen im deutschen Sprachraum. Köln 1978, S. 131–134 (14. Veröffentlichung der Abteilung Architektur des Kunsthistorischen Instituts der Universität Köln).

17   Rezension in: Journal für Kunstgeschichte 8 (2004), S. 91. Dazu Meckseper, Cord: Oben und Unten in der Architektur. Zur Entstehung einer abendländischen Raumkategorie. In: Architektur als politische Kultur. Philosophia Practica. Hg. von Hermann Hipp und Ernst Seidl. Berlin 1996, S. 37–52.

18   Schmitt 1995 (wie Anm. 12). – Andere Überlegungen, jedoch nicht überzeugend bei Seeger, Ulrike: Die Neuenburger Doppelkapelle der Thüringer Landgrafen – Variation eines hochherrschaftlichen Bautyps. In: architectura 26 (1996), S. 1–23; dies.: Zisterzienser und Gotikrezeption. Die Bautätigkeit des Babenbergers Leopold VI. in Lilienfeld und Klosterneuburg. München/Berlin 1997, S. 161–62. Zweifel auch bei Glaeseker 2001 (wie Anm. 7), S. 433 Anm. 1018.

19   Streich, Gerhard: Burg und Kirche während des deutschen Mittelalters. Untersuchungen zur Sakraltopographie von Pfalzen, Burgen und Herrensitzen. Sigmaringen 1984, Teil II, S. 416

(Vorträge und Forschungen. Sonderband 29): „Der Verwendungszweck der Oberkapelle als Oratorium des Herrschers und seines näheren Gefolges und der der Unterkapelle für eine ständisch niedrigere Öffentlichkeit ist weitgehend gesichert." Ähnlich Stevens 2003 (wie Anm. 15), S. 116–117.

20 Schmitt, Reinhard: Die ehemalige Kilianskirche bei Freyburg – erste Burgkirche der Neuenburg. In: Burgen und Schlösser in Sachsen-Anhalt 2 (1993), S. 15–22; Müller, Christine: Landgräfliche Städte in Thüringen. Die Städtepolitik der Ludowinger im 12. und 13. Jahrhundert. Köln/Weimar/Wien 2003, S. 72–73 (Veröffentlichungen der Historischen Kommission für Thüringen. Kleine Reihe. Band 7).

21 Zahlreiche Vergleichsbeispiele bei Christiner, Rudolf: Mittelalterliche Taufbecken in Österreich. Eine formalgeschichtliche und ikonographische Untersuchung. Band 2: Abbildungen. Grau 1993, Abb. 18, 61, 77, 79. Jüngst: Kavacs, Günter und Norbert Oelsner: Bauforschungen an mittelalterlichen Denkmalen in Sachsen. In: Denkmalpflege in Sachsen. Mitteilungen des Landesamtes für Denkmalpflege Sachsen 2003. Beucha 2004, S. 111–122, hier S. 122 mit Aufmaßen des Taufsteins aus Klösterlein Zelle.

22 Landeshauptarchiv Sachsen-Anhalt, Rep. D Amt Freyburg A VII Nr. 1, Bl. 340r.

23 „In der Unterkirche: Der Altar mit einem gemalten Bilde, des Herrn Christi Nachtmahl vorstellend, war mit groben grünen Tuch behänget" (Gabler, Gottlob Traugott: Freyburg, Stadt und Schloß, nebst ihren Umgebungen. Querfurt 1836, S. 17).

24 Vielleicht geschah dies schon im Zusammenhang mit einem Umbau des oberen Kapellenraumes, der um 1400 gotische Fenster im Norden und Süden erhielt. Burkhardt, Carl August Hugo: Geschichte der sächsischen Kirchen- und Schulvisitationen 1524 bis 1545. Leipzig 1879, S. 247. – Sächsisches Hauptstaatsarchiv Dresden, Copial 105, Bl. 207v: „Eod die eyne presentatio ex Benedicto Cuntzel uf die capella sancti Nicolai uf dem Slosse Zu Friburg an den Ertzprister Zu Quernfurt" (Mittwoch nach Bartholomäi, d. h. am 26. August 1495); Thüringisches Hauptstaatsarchiv Weimar, EGA, Reg. Bb 1263, Bl. 372r. Aus diesem Zusammenhang geht hervor, dass offensichtlich nur das Oberge-schoss der Doppelkapelle im Jahre 1458/59 der hl. Elisabeth geweiht war („… fenster … vor sante Elysabethin Cappelln In der Stoben zu bussen …").

25 Korrigiert die Annahme des Verfassers, das Patrozinium könne aus ludowingischer Zeit stammen, von Strickhausen, Gerd: Zum Verhältnis von Burg und Kapelle in der Salier- und Stauferzeit am Beispiel der Burgen der Ludowinger. In: Burgen und Schlösser in Thüringen 1998, S. 19–33, hier S. 23. – Allgemein zu Patrozinien: Streich, Gerhard: Burgkapellen und ihre Patrozinien. In: Burgen in Mitteleuropa. Ein Handbuch. Band II: Geschichte und Burgenlandschaften. Hg. von der Deutschen Burgenvereinigung e.V. Stuttgart 1999, S. 58–65 ohne Verweis auf Elisabeth.

26 Über diese vermutlich von der Neuenburg stammende Elisabeth-Figur siehe Schmitt, Reinhard: Die heilige Elisabeth von Thüringen – Ein Bildwerk des späten 14. Jahrhunderts auf der Neuenburg bei Freyburg/Unstrut. In: Burgen und Schlösser in Sachsen-Anhalt 4 (1995), S. 180–190; Hellwig, Beate: Eine Plastik kehrt zurück. In: Querfurter Heimatblät-ter 5 (1995), S. 27–29. Zur Elisabethverehrung in Thüringen: Werner, Matthias: Mater Hassiae – Flos Ungariae – Gloria Teutoniae. Politik und Heiligenverehrung im Nachleben der hl. Elisabeth von Thüringen. In: Politik und Heiligenverehrung im Hochmittelalter. Hg. von Jürgen Petersohn. Sigmaringen 1994, S. 449–540 (Vorträge und Forschungen. Band XLII).

27 Klaua, Dieter: Dekorationssteine an romanischen Burgen Thüringens und ihre Herkunft. In: Abhandlungen des Staatlichen Museums für Mineralogie und Geologie zu Dresden 35 (1988), S. 15 ff. (S. 17 mit ähnlichem Ergebnis: belgisch-nordfranzösischer Raum); Grewe, Klaus: Aquädukt-Marmor. Kalksinter der römischen Eifelwasserleitung als Baustoff des Mittelalters. In: Bonner Jahrbücher 191 (1991), S. 277–343, hier S. 321ff; Beeger, Dieter: Zum Natursteinmaterial doppelgeschossiger Burgkapellen in Sachsen-Anhalt. In: Burgenforschung aus Sachsen 3/4, 1994, S. 225–227, hier S. 226 der Hinweis,

Wohnturm

Zisterne, Küche, Badestube, Latrinen

Doppelkapelle

dass eine Säule Buntsandstein, eventuell von Nebra, stammen könne. So auch in ders.: Natursteinimporte in das Gebiet zwischen Werra und Mittelelbe vom 10. bis 13. Jahrhundert. In: Veröffentlichungen des Brandenburgischen Landesmuseums für Ur- und Frühgeschichte 29 (1995), S. 245–248, hier S. 247.

28 Zuletzt Klaua, Dieter: Die Baumaterialien der Wartburg. In: Der romanische Palas der Wartburg. Bauforschung an einer Welterbestätte. Band I. Hg. von Günter Schuchardt. Regensburg 2001, S. 107–110; ders.: Petrographische Untersuchungen an den Bau- und Dekorationsgesteinen der Runneburg. In: Burg Weißensee „Runneburg" Thüringen. Baugeschichte und Forschung. Hg. Thüringisches Landesamt für Denkmalpflege. Frankfurt am Main 1998, S. 207–228.

29 Klaua, Dieter: Petrographisches Gutachten zu Bausteinen von romanischen Bauteilen der Neuenburg bei Freyburg/Unstrut (Manuskript). Jena 1999.

30 Dazu zusammenfassend bei Schmitt 1997 (wie Anm. 3), S. 100–104 und 121–131 mit ausführlichen Literaturangaben. Seitdem sind erschienen: Lieb, Stefanie: Die romanische Kapitellornamentik der Runneburg in Weißensee. In: Burg Weißensee „Runneburg" Thüringen. Baugeschichte und Forschung. Hg. Thüringisches Landesamt für Denkmalpflege. Wissenschaftliche Koordination Cord Meckseper, Roland Möller, Thomas Stolle. Frankfurt am Main 1998, S. 280–298 (ab 1170er Jahre); Badstübner, Ernst: Zur Kapitellornamentik der ludowingischen Hauptburgen in Thüringen. In: Wartburg-Jahrbuch 1997. Regensburg 1998, S. 11–30, hier S. 28–30 (Nähe zu Wartburg und Runneburg); Dombrowski, Susanne: Die Bauzier der Doppelkapelle der Neuenburg in Freyburg/Unstrut. In: Nieuwsbrief „Kunst en Regio" 1998/1, S. 8–10 (Tagungsbericht) sowie dies.: Die Bauzier der Doppelkapelle der Neuenburg in Freyburg/Unstrut. Ihre regionalen und überregionalen Verflechtungen. In: Niederdeutsche Beiträge zur Kunstgeschichte 37 (1998), S. 8–27 (um 1220, wohl von einem Steinmetztrupp aus Brauweiler; Planwechsel im Obergeschoss vom Magdeburger Dom beeinflusst).

31 So auch noch bei Glaeseker 2001 (wie Anm. 7), S. 429–441; Rezension von Volker Seifert in: Sachsen und Anhalt 24 (2002/2003), S. 540–543. Glaeseker erkennt zwar die stilistische Verwandtschaft zwischen Unter- und Obergeschoss, akzeptiert auch die bauliche Einheit, trennt aber nicht die beiden Bauphasen im Obergeschoss, kommt schließlich zur Abhängigkeit von Naumburg. Die vom Verfasser bereits publizierten Dendrodaten um 1170/75 erwähnt er zwar, versucht sie jedoch nicht mit der Bauzier zu korrelieren.

32 Kaelble, Brigitte: Zu den frühesten Kapitellen im staufischen Neubau von St. Andreas. In: Colonia Romanica V (1990), S. 69–78.

33 Kosch 1999 (wie Anm. 7), S. 15–24; Eschenbrücher, Ralf, Köhren-Jansen, Helmtrud und Norbert Nußbaum: Das staufische Langhaus von St. Andreas in Köln. Untersuchungen zu seiner Baugeschichte. In: Jahrbuch der rheinischen Denkmalpflege 38 (1999), S. 1–30; Glaeseker 2001 (wie Anm. 7), S. 441–458.

34 Ausführliche Einschätzung in einem Brief vom 22. Januar 1997 nach brieflichem Gedankenaustausch seit den 1980er Jahren und einer gemeinsamen Besichtigung vor Ort. Der Verfasser ist Frau Dr. Brigitte Kaelble, Berlin, sehr herzlich für diese Diskussionen dankbar. – Ins letzte Viertel des 12. Jahrhunderts datiert auch Strickhausen, Gerd: Burgen der Ludowinger in Thüringen, Hessen und dem Rheinland. Studien zu Architektur und Landesherrschaft im Hochmittelalter. Darmstadt/Marburg 1998, S. 151–153 (Quellen und Forschungen zur hessischen Geschichte. Band 109).

35 Barbknecht, Monika: Die Fensterformen im rheinisch-spätromanischen Kirchenbau. Köln 1986, S. 225–226 (31. Veröffentlichung der Abteilung Architektur des Kunst-historischen Instituts der Universität zu Köln).

36 Glaeseker 2001 (wie Anm. 7), S. 432.

37 Von Seifert 2002/2003 (wie Anm. 31), S. 542 bezüglich der Kapellendatierung hinterfragt.

38 Bezüglich des Palas der Runneburg vgl. die Rezension von Reinhard Schmitt in: Die Denkmalpflege 57 (1999) [2000], S. 165–170.

39 Zur Kapelle jetzt mit Verweis auf die Literatur: Schmitt, Reinhard: Zur Baugeschichte der Doppelkapelle in Landsberg, Saalkreis. In: Burgen und Schlösser in Sachsen-Anhalt 13 (2004), S. 54–80.

40 Eschenbrücher/Köhren-Jansen/Nußbaum 1999 (wie Anm. 33), S. 28 (im Vergleich mit Vorhallenkapitellen in Maria Laach sowie einigen Chorkapitellen in Brauweiler: frühe 1190er Jahre); Kosch 1999 (wie Anm. 7), S. 32 (trotz jüngster Bauuntersuchungen unsicher, von „kurz nach 1190" bis ins zweite Jahrzehnt des 13. Jahrhunderts möglich); Glaeseker 2001 (wie Anm. 7), S. 454–458 datiert mit dem Verweis auf die Westvorhalle die gesamte Oberkapelle, obwohl er aus den Veröffentlichungen des Verfassers von der Zweiphasigkeit weiß. Die von Brigitte Kaelble erkannten Vorbilder für die erste Phase unterscheidet er nicht von der Bauzier am Bündelpfeiler. – Jüngst datierte Brigitte Kaelble die Bauzier auf der Westempore – also oberhalb der sog. Westvorhalle gelegen und folglich etwas jünger – „kurz nach 1200": Kaelble, Brigitte: Rundkapitelle aus St. Pantaleon oder St. Gereon in Köln. In: Bonner Jahrbücher 201 (2001) [2004], S. 299–333, hier S. 318–319.

41 Kosch, Clemens: Zur spätromanischen Schatzkammer (dem sog. Kapitelsaal) von St. Pantaleon. In: Colonia Romanica VI (1991), S. 34–63; Krombholz, Rolf: Köln: St. Maria Lyskirchen. Köln 1992, Abb. 67 (Stadtspuren. Denkmäler in Köln. Band 18).

42 Diesen Wunsch äußerte kürzlich Stefanie Lieb ebenfalls: Wechselwirkungen in der romanischen Kapitellornamentik zwischen dem mitteldeutschen Raum und dem Rheinland. In: Bonner Jahrbücher 201 (2001) [2004], S. 365–375, hier S. 368–369. Sie sieht für die erste Phase der Doppelkapelle Vorbilder in Knechtsteden, Kleve, St. Gereon und St. Andreas in Köln (ab 1170er Jahre). Die Überlegungen von Susanne Dombrowski 1998 (wie Anm. 30) – Vorbilder, vielleicht gar ein Steinmetztrupp aus Brauweiler – sind möglich. Eine Datierung der Lilienfenster als spätes Zitat um 1200, wie Seeger 1996 (wie Anm. 18) vorschlug, erscheint zu konstruiert, da die Landgrafen offensichtlich ganz moderne Bauformen und Bauzier des Rheinlands übernahmen. Wie Dombrowski nimmt Lieb jetzt für den jüngeren Bündelpfeiler im Obergeschoss „regionales Formengut aus Magdeburg und Naumburg" an. Doch weshalb sollten auf der Neuenburg lediglich die Zackenbögen aus der Andreaskirche übernommen worden sein, die Bauzier aber aus der Nachbarschaft? Der Verfasser plädiert deshalb für eine Abhängigkeit auch der Bauzier von St. Andreas – und damit von der Datierung dieses Baues. Grundsätzlich richtig ist aber die Annahme von Stefanie Lieb, dass es zwei vom Rhein-Maas-Gebiet beeinflusste Stilphasen in Mitteldeutschland gegeben hat: von den 1150er bis in die 1170er Jahre sowie zwischen 1190 und 1220. In der ersten Phase entstanden die Kapitelle der Wartburg und der Neuenburg, nach der Vermutung des Verfassers auch die des Runneburg-Palas. In der zweiten Phase entstanden wohl noch Teile der Bauzier der Runneburg, der Umbau im Obergeschoss der Doppelkapelle, später (um 1220) die Bauzier in Naumburg, Freyburg (Stadtkirche), Goseck, Memleben, Magdeburg.

43 Hierzu vgl. die Literaturangaben bei Schmitt 1997 (wie Anm. 3), Anm. 172–176.

44 Dehio, Georg: Handbuch der deutschen Kunstdenkmäler. Band I: Mitteldeutschland. Berlin 1924, S. 115.

Elisabeth-Rapport

1   Nigg, Walter/Schamoni, Wilhelm (Hg.): Elisabeth von Thüringen. Heilige der ungeteilten
    Christenheit. Dargestellt von den Zeugen ihres Lebens. Düsseldorf 1963, S. 107.

2   Vgl. Schmidt, Paul Gerhard: Die zeitgenössische Überlieferung zum Leben und der Heilig-
    sprechung der heiligen Elisabeth. In: Sankt Elisabeth. Fürstin Dienerin Heilige. Aufsätze
    Dokumentation Katalog. Hg. von der Philipps-Universität Marburg in Verbindung mit dem
    hessischen Landesamt für geschichtliche Landeskunde. Sigmaringen 1981, S. 107 ff.

3   Nigg/Schamoni 1963 (wie Anm. 1), S. 73.

4   Ebd., S. 90.

5   Vgl. Schmidt 1981 (wie Anm. 2), S. 1 und Anm. 1.

6   Kößling, Rainer: Leben und Legende der heiligen Elisabeth. Nach Dietrich von Apolda.
    Frankfurt am Main/Leipzig 1997, S. 116–120.

7   Nigg/Schamoni 1963 (wie Anm. 1), S. 72.

8   Ebd., S. 73.

9   Kößling 1997 (wie Anm. 6), S. 19.

10 Vgl. Schwind, Fred: Die Landgrafschaft Thüringen und der landgräfliche Hof zur Zeit der
    Elisabeth. In: Sankt Elisabeth. Fürstin Dienerin Heilige. Aufsätze Dokumentation Katalog.
    Hg. von der Philipps-Universität Marburg in Verbindung mit dem hessischen Landesamt für
    geschichtliche Landeskunde. Sigmaringen 1981, S. 40.

11 Vgl. Werner, Matthias: Die heilige Elisabeth und Konrad von Marburg. In: Sankt Elisabeth.
    Fürstin Dienerin Heilige. Aufsätze Dokumentation Katalog. Hg. von der Philipps-Universität
    Marburg in Verbindung mit dem hessischen Landesamt für geschichtliche Landeskunde.
    Sigmaringen 1981, S. 48.

12 Ebd.

13 Die eigentliche Erneuerung der Bußpraxis im 13. Jahrhundert bestand in der Ausübung der
    Werke der Barmherzigkeit durch Laien. Ende des 12. Jahrhunderts wurde durch Gelehrte der
    Schule von Notre Dame in Paris das Fegefeuer in das System der christlichen Theologie
    eingeführt. Das Fegefeuer war im Unterschied zur Hölle kein Ort, in dem die sündige Seele
    immer verbleiben musste. Es war das Purgatorium, die Reinigung von den Sünden, die durch-
    litten werden musste, um in den Himmel zu kommen. Die Qualen konnten gelindert oder
    verkürzt werden, indem die Gläubigen im irdischen Leben für ihr Seelenheil gute Taten voll-
    brachten. Dies konnte auch von den Lebenden für die Toten geleistet werden. Die Ausübung
    der Werke der Barmherzigkeit galt dabei als direktes Gegenmittel gegen die Todsünden. Gerade
    zur Zeit Elisabeths nahmen die Fegefeuer- und Höllenvorstellungen ungeheuer an Drastik
    und Grausamkeit zu. Ihr Schrecken erschütterte die Menschen. Bußorden und büßende
    Laien traten mit ihrem Engagement in Spitälern die Nachfolge der Klöster an. Die Bußpraxis
    war zum Lenkungsinstrument einer theologisch fundierten Soziallehre geworden und
    gewann umfassende Auswirkungen auf die Armen- und Krankenpflege des Mittelalters.
    Vgl. Wehrli-Johns, Martina: „Tuo daz guote und laz daz übele". Das Fegefeuer als Soziallehre.
    In: Himmel Hölle Fegefeuer. Das Jenseits im Mittelalter. Eine Ausstellung des Schweizerischen
    Landesmuseums in Zusammenarbeit mit dem Schnütgen-Museum und der Mittelalterabtei-
    lung des Wallraf-Richartz-Museums der Stadt Köln. Hg. von der Gesellschaft für das Schwei-
    zerische Landesmuseum. Zürich/München 1994, S. 47–58.

14 Ketzerbewegungen, Häresie: Die Ketzer folgten einer eigenwilligen, von der Kirche nicht
    sanktionierten Auslegung der Bibel. Mit ihrer eigenständigen theologischen Diskussion und
    inbrünstigen Suche nach neuen Frömmigkeitsformen überschritten sie die Toleranzgrenze
    der Kirche. Im 12. und 13. Jahrhundert wurde mit den beiden Großsekten der Katharer und
    Waldenser die Ketzerei zu einer Massenbewegung. Auch die Ketzer strebten nach einer
    evangelientreuen Lebensweise nach Christus- und Apostelvorbild und waren der Armut
    verpflichtet. Sie erkannten jedoch die Autorität der Kirche nicht an und lehnten z. T. sowohl
    die Sakramente wie auch die Lehre vom Fegefeuer ab. In einer Gesellschaft, in der Religion

Konvention war, wurden Glaubensabweichungen zum Sakrileg und als Majestätsverbrechen angesehen und verfolgt.

15 Nigg/Schamoni 1963 (wie Anm. 1), S. 75.

16 Ebd., S. 76.

17 Ebd., S. 19.

18 Ebd., S. 103.

19 Werner, Matthias: Die heilige Elisabeth in Thüringen. 2., veränderte Auflage. Freyburg 2000 (novum castrum. Schriftenreihe des Vereins zur Rettung und Erhaltung der Neuenburg e. V. Heft 1), S. 17 f.

20 Benedikt von Nursia (geb. um 480 v. Chr., gest. um 560), Begründer des Benediktinerordens und damit des abendländischen Mönchstums.

21 Vgl. Elm, Kaspar: Die Stellung der Frau in Ordenswesen, Semireligiosentum und Häresie zur Zeit der heiligen Elisabeth. In: Sankt Elisabeth. Fürstin Dienerin Heilige. Aufsätze Dokumentation Katalog. Hg. von der Philipps-Universität Marburg in Verbindung mit dem hessischen Landesamt für geschichtliche Landeskunde. Sigmaringen 1981, S. 8.

22 Nigg/Schamoni 1963 (wie Anm. 1), S. 100.

23 Ebd., S. 98.

24 Vgl. Seiler, Roger: Mittelalterliche Medizin und Probleme der Jenseitsvorsorge. In: Himmel Hölle Fegefeuer. Das Jenseits im Mittelalter. Eine Ausstellung des Schweizerischen Landesmuseums in Zusammenarbeit mit dem Schnütgen-Museum und der Mittelalterabteilung des Wallraf-Richartz-Museums der Stadt Köln. Hg. von der Gesellschaft für das Schweizerische Landesmuseum. Zürich/München 1994, S. 120.

25 Angenendt, Arnold: Geschichte der Religiosität im Mittelalter. Darmstadt 1997, S. 60.

26 Werner 2000 (wie Anm. 19), S. 22.

27 Nigg/Schamoni 1963 (wie Anm. 1), S. 104.

28 Werner 1981 (wie Anm. 11), S. 58.

29 Vgl. Boockmann, Hartmut: Die Anfänge des Deutschen Ordens in Marburg und die frühe Ordensgeschichte. In: Sankt Elisabeth. Fürstin Dienerin Heilige. Aufsätze Dokumentation Katalog. Hg. von der Philipps-Universität Marburg in Verbindung mit dem hessischen Landesamt für geschichtliche Landeskunde. Sigmaringen 1981, S. 144.

30 Vgl. Geese, Uwe: Die Elisabethreliquien in der Wallfahrtskirche. In: 700 Jahre Elisabethkirche in Marburg: 1238–1983. Katalog, Band 1. S. 16.

31 Vgl. Schmitt, Reinhard: Die Doppelkapelle der Neuenburg bei Freyburg/Unstrut – Überlegungen zu typologischen Aspekten. In: Burg- und Schlosskapellen. Hg. von Hartmut Hofrichter. Stuttgart 1995, S. 71–78, hier S. 76 mit Anm. 46 (Veröffentlichungen der Deutschen Burgenvereinigung e. V., Reihe B: Schriften, Band 3).

32 Vgl. Säckl, Joachim: Nochmals zur mittelalterlichen Inschrift im Obergeschoß der Doppelkapelle der Neuenburg. In: Burgen und Schlösser in Sachsen-Anhalt 3 (1994), S. 52–55.

Literaturverzeichnis (Auswahl)

Angenendt, Arnold: Geschichte der Religiosität im Mittelalter. Darmstadt 1997

Bastert, Bernd: Dô si der lantgrâve nam. Zur „Klever Hochzeit" und der Genese des Eneas-Romans. In: Zeitschrift für deutsches Altertum und deutsche Literatur 123 (1994), S. 253–273

Cormeau, Christoph (Hg.): Walther von der Vogelweide. Leich, Lieder, Sangsprüche. 14., völlig neubearbeitete Auflage der Ausgabe Karl Lachmanns. Berlin / New York 1996

Bumke, Joachim: Geschichte der deutschen Literatur im hohen Mittelalter. München 1990

Ders.: Höfische Kultur. Literatur und Gesellschaft im hohen Mittelalter. 2 Bde. München 1992

Fromm, Hans (Hg.): Heinrich von Veldeke. Eneasroman. Die Berliner Handschrift mit Übersetzung und Kommentar. Frankfurt / Main 1992 (Bibliothek des Mittelalters 4)

Gabler, Gottlob Traugott: Freyburg, Stadt und Schloß, nebst ihren Umgebungen. Querfurt 1836

Geese, Uwe: Die Elisabethreliquien in der Wallfahrtskirche. In: 700 Jahre Elisabethkirche in Marburg: 1238–1983. Katalog, Band 1. Marburg 1983, S. 15–18

Glatzel, Kristine / **Schmitt**, Reinhard: Schloß Neuenburg in der Zeit der Romanik. 2., veränderte Auflage. München / Berlin 1995 (Große Baudenkmäler. Heft 448)

Glatzel, Kristine / **Hellwig**, Beate / **Schmitt**, Reinhard: Schloß Neuenburg in Freyburg / Unstrut. 2., veränderte Auflage. München / Berlin 1997 (Große Baudenkmäler. Heft 516)

Hahn, Reinhard: unz her quam ze doringen in daz lant. Zum Epilog von Veldekes Eneasroman und den Anfängen der höfischen Dichtung am Thüringer Landgrafenhof. In: Archiv für das Studium der neueren Sprachen und Literaturen 237 (2000), S. 241–266

Heinemeyer, Walter: Die heilige Elisabeth in ihrer Zeit. In: 700 Jahre Elisabethkirche in Marburg: 1283–1983. Katalog, Band 4. Marburg 1983, S. 15–57

Hessen und Thüringen. Von den Anfängen bis zur Reformation. Eine Ausstellung des Landes Hessen. Marburg / Wiesbaden 1992

Himmel Hölle Fegefeuer: Das Jenseits im Mittelalter. Eine Ausstellung des Schweizerischen Landesmuseums in Zusammenarbeit mit dem Schnütgen-Museum und der Mittelalterabteilung des Wallraf-Richartz-Museums der Stadt Köln. Hg. von der Gesellschaft für das Schweizerische Landesmuseum. Zürich / München 1994

Kartschoke, Dieter (Hg.): Heinrich von Veldeke. Eneasroman. Mittelhochdeutsch / Neuhochdeutsch. Stuttgart 1986

Kluge, Bernd: Brakteaten. Mitteldeutsche Brakteaten aus dem Münzkabinett der Staatlichen Museen zu Berlin. Berlin 1984 (Die Schatzkammer. Band 35)

Ders.: Brakteaten. Deutsche Münzen des Hochmittelalters. Berlin 1976 (Kleine Schriften des Münzkabinetts Berlin. Heft 2)

Kößling, Rainer: Leben und Legende der heiligen Elisabeth. Nach Dietrich von Apolda. Frankfurt am Main / Leipzig 1997

Kotzur, Hans-Jürgen (Hg.): Die Kreuzzüge. Kein Krieg ist heilig. Katalogbuch. Mainz 2004

Lemmer, Manfred: der Dürnge bluome schînet dur den snê. Thüringen und die deutsche Literatur des hohen Mittelalters. Eisenach 1981

Ders.: Die Neuenburg in Geschichte, Literatur und Kunst des hohen Mittelalters. Freyburg 1993 (novum castrum. Schriftenreihe des Vereins zur Rettung und Erhaltung der Neuenburg e.V. Heft 2)

Müller, Christine: Landgräfliche Städte in Thüringen. Die Städtepolitik der Ludowinger im 12. und 13. Jahrhundert. Köln/Weimar/Wien 2003 (Veröffentlichungen der Historischen Kommission für Thüringen. Kleine Reihe. Band 7)

Nigg, Walter/**Schamoni**, Wilhelm (Hg.): Elisabeth von Thüringen. Heilige der ungeteilten Christenheit. Dargestellt von den Zeugen ihres Lebens. Düsseldorf 1963

Noll, Gudrun/**Pollmann**, Hans-Otto (Hg.): Der Erfurter Brakteatenschatz. Erfurt 1997

Patze, Hans/**Schlesinger**, Walter (Hg.): Geschichte Thüringens. Band 2, 1. Teil: Hohes und spätes Mittelalter. Köln/Wien 1974 (Mitteldeutsche Forschungen 48/II, 1)

Sankt Elisabeth. Fürstin Dienerin Heilige. Aufsätze Dokumentation Katalog. Hg. von der Philipps-Universität Marburg in Verbindung mit dem hessischen Landesamt für geschichtliche Landeskunde. Sigmaringen 1981

Säckl, Joachim: Nochmals zur mittelalterlichen Inschrift im Obergeschoß der Doppelkapelle der Neuenburg. In: Burgen und Schlösser in Sachsen-Anhalt 3 (1994), S.52–55

Schmitt, Reinhard: Zu den „Zackenbögen" der Freyburger Doppelkapelle. In: Forschungen zu Burgen und Schlössern. Band I. München/Berlin 1994, S. 39–49

Ders.: Ein bemerkenswerter Bergfriedstumpf auf der Neuenburg bei Freyburg/Unstrut. In: Burgen und Schlösser in Sachsen-Anhalt 4 (1995), S. 35–50

Ders.: Die Doppelkapelle der Neuenburg bei Freyburg/Unstrut – Überlegungen zu typologischen Aspekten. In: Burg- und Schloßkapellen. Hg. von Hartmut Hofrichter. Stuttgart 1995, S. 71–78 (Veröffentlichungen der Deutschen Burgenvereinigung e.V., Reihe B: Schriften, Band 3)

Ders.: Schloß Neuenburg bei Freyburg/Unstrut. Denkmalpflege in der ersten Hälfte des 19. Jahrhunderts und die „Restauration" der Doppelkapelle. In: Burgen und Schlösser in Sachsen-Anhalt 4 (1995), S. 118–159

Ders.: Schloß Neuenburg bei Freyburg/Unstrut. Nutzungsvarianten und Ausbauarbeiten von der zweiten Hälfte des 18. Jahrhunderts bis zur Mitte des 19. Jahrhunderts. In: Burgen und Schlösser in Sachsen-Anhalt. Sonderheft. Halle 1996, S. 90–145

Ders.: Die Doppelkapelle der Neuenburg bei Freyburg/Unstrut. Bericht über neue baugeschichtliche Untersuchungen. In: Sachsen und Anhalt 19 (1997), S. 73–164

Ders.: Zur Geschichte und Baugeschichte der Neuenburg bei Freyburg/Unstrut. Wege der Forschung seit 1984. In: Burgen und Schlösser in Sachsen-Anhalt 7 (1998), S. 202–239

Ders.: Zu den romanischen Mauerwerksstrukturen auf der Neuenburg bei Freyburg/Unstrut. In: Burgenforschung aus Sachsen 12 (1999), S. 74–109

Ders.: Zu den achteckigen Türmen im Schloß Neuenburg bei Freyburg an der Unstrut. In: Architektur – Struktur – Symbol. Streifzüge durch die Architekturgeschichte von der Antike bis zur Gegenwart. Festschrift für Cord Meckseper zum 65. Geburtstag. Hg. von Maike Kozok. Petersberg 1999, S. 247–268

Ders.: Zu den Wohn- und Palasbauten der Neuenburg bei Freyburg/Unstrut vom Ende des 11. Jahrhunderts bis zur Mitte des 13. Jahrhunderts. In: Forschungen zu Burgen und Schlössern. Band 5. München/Berlin 2000, S. 15–30

Ders.: Frühe runde Burgtürme Mitteldeutschlands im Vergleich mit anderen Burgenlandschaften. Burgen und Schlösser in Sachsen-Anhalt 9 (2000), S. 39–66

Ders.: Zur Geschichte und Baugeschichte des Bergfriedes „Dicker Wilhelm" vom 12. bis zum 18. Jahrhundert. In: Unsere Neuenburg (Mitteilungen des Vereins zur Rettung und Erhaltung der Neuenburg e.V.). Heft 2. Freyburg (Unstrut) 2001, S. 8–20

Ders.: Schloß Neuenburg bei Freyburg/Unstrut. Anmerkungen zur Baugeschichte der Vorburg. In: Burgen und Schlösser in Sachsen-Anhalt 12 (2003), S. 150–177

Schmitt, Reinhard/**Weise**, Wilfried: Forschungen zur Baugeschichte der Neuenburg und der Eckartsburg in romanischer Zeit. Freyburg 1997 (novum castrum. Schriftenreihe des Vereins zur Rettung und Erhaltung der Neuenburg e.V. Heft 5)

Schröder, Sybille: Höfisches Leben und Alltag am Landgrafenhof von Thüringen zur Zeit der heiligen Elisabeth. In: Zeitschrift des Vereins für Thüringische Geschichte 57 (2003), S. 9–42

Die Zeit der Staufer. Geschichte – Kunst – Kultur. Katalog der Ausstellung Stuttgart 1977. Stuttgart 1977

Stevens, Ulrich: Burgkapellen. Andacht, Repräsentation und Wehrhaftigkeit im Mittelalter. Darmstadt 2003

Strickhausen, Gerd: Burgen der Ludowinger in Thüringen, Hessen und dem Rheinland. Studien zu Architektur und Landesherrschaft im Hochmittelalter. Darmstadt/Marburg 1998 (Quellen und Forschungen zur hessischen Geschichte. Band 109)

Suhle, Arthur: Deutsche Münz- und Geldgeschichte von den Anfängen bis zum 15. Jahrhundert. 3., durchgesehene Auflage. Berlin 1968

Tebruck, Stefan: Die Gründungsgeschichte des Klosters Zscheiplitz. In: Zscheiplitz. Pfalzgrafenhof, Kirche, Kloster und Gut. Freyburg 1999, S. 6–35 (novum castrum. Schriftenreihe des Vereins zur Rettung und Erhaltung der Neuenburg e.V. Heft 7)

Ders.: Die Reinhardsbrunner Geschichtsschreibung im Hochmittelalter. Klösterliche Traditionsbildung zwischen Fürstenhof, Kirche und Reich. Frankfurt/Main – Berlin – Bern – Bruxelles – New York – Oxford – Wien 2001 (Jenaer Beiträge zur Geschichte. Band 4)

Ders.: Die Neuenburg über Freyburg/Unstrut und die Landgrafen von Thüringen im 12. und 13. Jahrhundert. In: Archäologie in Sachsen-Anhalt. Neue Reihe 1 (2002), S. 38–45

Wäscher, Hermann: Die Baugeschichte der Neuenburg bei Freyburg an der Unstrut. Halle 1955 (Schriftenreihe der Staatlichen Galerie Moritzburg in Halle. Heft 4)

Wagner, Siegfried (Hg.): Naumburger Münzen. Zur Münzgeschichte der Stadt Naumburg. Naumburg (Saale) 1998

Werner, Matthias: Die heilige Elisabeth in Thüringen. 2., veränderte Auflage. Freyburg 2000 (novum castrum. Schriftenreihe des Vereins zur Rettung und Erhaltung der Neuenburg e.V. Heft 1)

Ders. (Hg.): Heinrich Raspe – Landgraf von Thüringen und römischer König (1227–1247). Frankfurt/Main – Berlin – Bern – Bruxelles – New York – Oxford – Wien 2003 (Jenaer Beiträge zur Geschichte. Band 3)

Abbildungsverzeichnis (nach Abbildungsnummern)

Staatsbibliothek zu Berlin, Stiftung Preußischer Kulturbesitz (Ms. germ. fol. 282): **68** (Bl. 29r)

Steffen Liebezeit, Erfurt; Wilfried Weise, Museum Schloss Neuenburg: **22**

Steffen Liebezeit/Marcel Trommer, Erfurt; Wilfried Weise, Museum Schloss Neuenburg: **12, 13, 17, 21, 28, 29, 32, 35, 42**

Schlossmuseum Gotha: **4**

Gert Schütze, Halle/Saale: **62**

Universitätsbibliothek Heidelberg (cpg 848): **65** (Bl. 219v), **66** (Bl. 149v), **67** (Bl. 30r), **70** (Bl. 124r), **71** (Bl. 305r)

Thüringische Universitäts- und Landesbibliothek Jena (Ms. El. f. 101): **72** (Bl. 123v)

Matthias Knoch, Leipzig: Titelbild, Rückumschlag, Empfehlung zum Rundgang durch die Ausstellung, **58, 59, 60, 94**

KOCMOC.NET GmbH Leipzig/Museum Schloss Neuenburg: **16, 26, 92** (unter Verwendung photogrammmetrischer Aufnahmen der fokus GmbH Leipzig); **53** (unter Verwendung eines Fotos von Gert Schütze, Halle)

Museum für Kunst und Kulturgeschichte der Hansestadt Lübeck: **99** (Tafel 1), **101** (Tafel 5), **104** (Tafel 17), **105** (Tafel 11), **107** (Tafel 20), **108** (Tafel 22), **111** (Tafel 18) (Herbert Jäger)

Bildarchiv Foto Marburg: **9**

Evangelisches Pfarramt der Elisabethkirche Marburg: **7, 100, 106, 109, 110** (Herr Pfarrer Dietrich)

Hessisches Staatsarchiv Marburg: **103, 112**

Bayerische Staatsbibliothek München (cgm 193-III):**69** (Bl. 1r)

Domstiftsarchiv Naumburg: **5**

Archeologische Werkgemeenschap voor Nederland, Teus Koorevar: **63**

Museum Schloss Neuenburg: **24, 47, 54, 64** (Wilfried Weise); **52** (Thomas Tempel); **1, 2, 3, 6, 38, 43, 44, 45, 46, 49, 50, 57, 61, 75, 76, 78, 81, 83, 85, 89, 93, 97, 98, 102**

Landesamt für Denkmalpflege und Archäologie Sachsen-Anhalt: **14, 15** (Anja Lützkendorf/ Reinhard Schmitt/Wilfried Weise; Umzeichnung: Ingrid Kube); **10, 19, 25, 27, 30, 31, 39, 48, 51, 74, 77, 79, 80, 87, 88, 91, 95, 114** (Gunar Preuß); **40** (Reinhard Rüger); **18, 20, 23, 33, 34, 36, 37, 41, 55, 82, 84, 86, 90, 96** (Reinhard Schmitt); **11, 73** (Reinhard Ulbrich)

Thüringisches Hauptstaatsarchiv Weimar: **56, 113**

Staatsarchiv Würzburg: **8**

Die Ausstellung entstand mit freundlicher Unterstützung von:

sowie privaten Förderern.